VOZES DA MARCHA PELA TERRA

Andrea Paula dos Santos
Suzana Lopes Salgado Ribeiro
José Carlos Sebe Bom Meihy

VOZES DA MARCHA
PELA TERRA

Foto da capa:
Sebastião Salgado

Revisão:
Silvana Cobucci
Renato Rocha Carlos

Diagramação:
Paula R. R. Cassan

Edições Loyola
Rua 1822 nº 347 – Ipiranga
04216-000 São Paulo, SP
Caixa Postal 42.335
04299-970 São Paulo, SP
✆ (011) 6914-1922
Fax: (011) 6163-4275
Home page e vendas: www.loyola.com.br
e-mail: loyola@ibm.net

Todos os direitos reservados. Nenhuma parte desta obra pode ser reproduzida ou transmitida por qualquer forma e/ou quaisquer meios (eletrônico, ou mecânico, incluindo fotocópia e gravação) ou arquivada em qualquer sistema ou banco de dados sem permissão escrita da Editora.

ISBN: 85-15-01834-9

© EDIÇÕES LOYOLA, São Paulo, Brasil, 1998

SUMÁRIO

Agradecimentos 8
Há vidas na reforma agrária — *João Pedro Stedile* 9
A semeia 13
    Trabalhando no campo dos trabalhadores 15
    As pedras do caminho 16
    A hora da colheita 19
Histórias de vida 21
    Lúcia — DF 23
    Cristiane — MS 35
    Rosineide — RO 53
    Ojefferson — BA 63
    Edivaldo — GO 81
    Maria José — MA 89
    Marlene — MT 105
    Zenir — SC 119
    Jonas — MG 133
    Dirce — RS 145
    Antônio — PE 165
    Marquinhos — ES 173
    Benedito — RJ 189
    João — SP 201
    Mazinho — PA 215
    Valdecir — PR 231
Escutar as vozes da Marcha 241
    A vez dos valores 249
Bibliografia 251

MANIFESTAMOS nossa profunda indignação diante da miséria e das injustiças que estão destruindo nosso país, e compartilhamos os sonhos da construção de um novo projeto de desenvolvimento para o Brasil, um projeto do povo brasileiro.

Manifesto das Educadoras e dos Educadores da
Reforma Agrária ao Povo Brasileiro, 1997.

AGRADECIMENTOS

ESTE livro é resultado de um *trabalho coletivo*, uma *cooperativa* de idéias.

Temos muito a agradecer a diversas pessoas. A começar pelo professor José Carlos Sebe Bom Meihy, que sempre nos guiou nessa caminhada. Em Brasília, a Ado e Bel, que nos acolheram naqueles dias. A Andreas, que gentilmente cedeu a casa de seus familiares para uma imersão em nosso trabalho documental. A Luciano, Emerson e Maria, amigos que nos acompanharam. A Joceley e Leo, que, identificando-se com os ideais deste livro, fizeram-no mais bonito. A Ioka, que sempre esteve presente suportando nosso mau humor...

A nossos pais e irmãos, que nos deram mais que suporte material: reconheceram a importância de nosso trabalho e nos apoiaram nessa Marcha.

Queremos registrar ainda o carinho com que fomos recebidas por Sandra, Neury, José Trevisol e João Pedro Stedile, da Direção Nacional do MST, bem como por Fátima e Edgar, que nos deram a oportunidade de participar do 3º *Encontro de Estudantes Universitários do MST*. Agradecemos também a Sebastião Salgado pela foto da capa.

Especialmente, ao Departamento de História da USP, chão onde cresceu este trabalho. E, sobretudo, ao pessoal das Edições Loyola, particularmente a Marcos Marcionilo, que o materializou.

Por fim, queremos dedicar este livro a todos os trabalhadores brasileiros, sobretudo aos nossos colaboradores do Movimento, que nos ensinaram esta lição: *O conhecimento, quando não está à disposição dos trabalhadores, por ter sido apropriado por alguns, torna-se um latifúndio tão maléfico quanto o da terra. A democracia precisa chegar na terra e no conhecimento acumulado pelo processo histórico* (Movimento dos Trabalhadores Rurais Sem Terra. Setor de Educação. "Alfabetização de jovens e adultos. Como organizar". *Caderno de Educação*, n. 3, São Paulo, 1994, p. 7).

HÁ VIDAS
NA REFORMA AGRÁRIA

MUITO já se falou e escreveu sobre a luta pela reforma agrária. Prós e contras. Escreveu-se sobre sua viabilidade econômica, sobre a trajetória histórica dos movimentos camponeses e suas lideranças. Sobre a necessidade de superar a gritante concentração de terra existente em nosso país. Sobre o poderio econômico, social e político dos coronéis do campo. Sobre os promissores resultados obtidos pelas famílias assentadas. Não faltam até mesmo registros sobre os diferentes governos que, demagogicamente, sempre prometeram fazer a — nunca realizada — reforma agrária.

E, correndo o risco de parecer contraditório, é exatamente por nunca ter sido realizada que a reforma agrária escreve uma das páginas mais ricas da história de nosso país. A luta dos trabalhadores para se libertar da opressão do latifúndio e democratizar o acesso à terra determinou fatos marcantes de nossa história, desde a chegada dos portugueses até os dias de hoje: a luta dos povos indígenas para não serem escravizados ou exterminados física e culturalmente; os quase quatrocentos anos de lutas dos povos negros contra os grilhões do trabalho escravo, pilar de sustentação e de desenvolvimento das grandes fazendas; a coragem heróica dos sertanejos liderados por Antônio Conselheiro no Nordeste, e dos camponeses da região do Contestado, no sul do país; a façanha das Ligas Camponesas, que tanto assustaram as elites deste país simplesmente por terem se organizado e lutado pelo direito a trabalhar na terra, livres da humilhação dos usineiros. Esses são apenas alguns exemplos da luta histórica de nosso povo contra o latifúndio.

Agora, depois de passar um longo período esquecida, a luta pela reforma agrária voltou a ocupar espaço na mídia e nas discussões sobre os problemas centrais de nosso país. Contrariando as afirmações de muitos estudiosos e especialistas, que consideravam a questão agrária já superada, e rompendo o bloqueio de informações imposto pelas elites, o debate sobre a reforma agrária voltou a figurar no cenário nacional.

Há quem pense que o destaque hoje obtido pela reforma agrária é apenas uma onda passageira, conseqüência da popularização do tema graças a uma novela de televisão. Para o governo, trata-se simplesmente do barulho provocado por pequenos grupos que lhe fazem oposição. Muitos tentam menosprezá-la dizendo que tem motivação política, como se a reforma agrária não fosse um problema essencialmente político. Esquecem-se de que, por trás das lutas, dos protestos das praças, das longas caminhadas, debaixo das lonas pretas dos acampamentos, há vidas. Vidas sofridas por causa da fome e do frio. Vidas ameaçadas pelas armas assassinas do latifúndio e pela arbitrariedade da polícia. Vidas marcadas pela dor de ouvir o choro de uma criança com fome. Vidas que foram privadas do acesso à saúde, à educação e aos benefícios proporcionados pelos avanços científicos e tecnológicos. Vidas calejadas pela exclusão social a que foram submetidas durante os quinhentos anos de nossa história.

Mas, por trás da luta pela reforma agrária, há também vidas alegres ao ver seus filhos desenharem a primeira letra do alfabeto. Há vidas esperançosas que sonham com o primeiro plantio, a primeira colheita, a primeira mesa farta em alimentos. Há vidas solidárias ao receber as visitas, os incentivos, os donativos dos que partilham o mesmo sonho de ver a reforma agrária acontecer. Há vidas corajosas que não temem cortar o arame farpado do latifúndio, única alternativa para vislumbrar dias melhores para suas famílias.

Com tanta vida, como imaginar que a luta pela terra seja modismo ou manipulação política? Pode ser que o espaço na mídia seja passageiro, uma vez que, como a terra, os meios de comunicação estão quase todos concentrados nas mãos de uma elite conservadora, avarenta de riqueza e poder, plenamente identificada com os interesses dos latifundiários.

Porém, a teimosia de nosso povo, a necessidade de satisfazer as condições básicas de uma vida digna e a certeza de que é possível construir um Brasil democrático, socialmente justo e igualitário, nos dão a garantia de que a luta pela reforma agrária somente cessará quando a propriedade da terra for realmente democratizada.

Há vida na luta pela terra. Há vozes. Vozes que muitas vezes parecem apenas vindas das lideranças que recebem espaço na mídia, nos debates, nos atos públicos. Mas elas são caixas de ressonância das vozes dos acampamentos, das marchas, das lutas e das conquistas.

Essas *Vozes da Marcha pela Terra* são o registro histórico dos que realmente fazem a história: os trabalhadores anônimos. Nossos militantes da reforma agrária.

O relato de vida das pessoas entrevistadas é a melhor defesa que se poderia fazer da reforma agrária. Nele encontramos os dramas, as conquistas, as alegrias e tristezas, a coragem e o medo dos que lutam, os desafios que foram superados, o orgulho de estar presente na luta, o companheirismo, a solidariedade e a identidade forjadas na vida de um acampamento, a ousadia de vencer o latifúndio.

Como não se emocionar com o relato desses lutadores e lutadoras? Como permanecer insensível diante da canção feita por Cristiane, de 14 anos, que diz: "Sou criança e sei pensar. Tenho direitos e vou cobrar uma vida digna"? Como não admirar a coragem de Maria José, que não hesita em afirmar: "Se tiver que morrer na luta, vou morrer. Mas não vou sair daqui de cabeça baixa"? Como não se comover ao constatar que Lúcia, de 23 anos, "está impregnada da felicidade de se sentir artífice de um futuro melhor para sua família, e de cotidianamente viver em comunhão com pessoas que acreditam e amam"? Esta é a luta pela reforma agrária. Estas são as pessoas que estão fazendo esta luta.

As entrevistas realizadas são fundamentais para quem quer compreender o que é essa luta, qual é o combustível que move essas pessoas, quais são seus sonhos. São matéria indispensável para quem quer saciar a sede diretamente na fonte. Estes relatos exalam o cheiro da terra, do povo, da vida.

Mas os depoimentos das entrevistas não servem apenas para os que querem conhecer e entender a luta pela terra. Eles são indispensáveis também para os que já estão na luta. São depoimentos que nos servem de incentivo e ânimo. São testemunhos de vida que nos dão a certeza de que estamos no caminho certo e que as conquistas são recompensadoras. São a certeza de que cada militante da luta pela reforma agrária encontrará nestas páginas o incentivo necessário para continuar lutando. São a história de vida de nosso povo lutador.

A riqueza destes relatos estaria comprometida, porém, se eles encontrassem ouvidos insensíveis. Mas a entrevista não se limitou a apresentar perguntas e recolher respostas. Ela teve o mérito de captar os sentimentos, de saber ouvir e respeitar as características de cada entrevistado. A interação entre entrevistador e entrevistado resultou nesta coletânea de depoimentos de vida, que não é um mero amontoado de entrevistas. Nesse detalhe também reside a riqueza deste livro.

Certamente ele será de grande importância para que a reforma agrária atinja amplos setores da sociedade e atraia um número maior de simpatizantes e militantes para nossa luta. Somos gratos a todos os que contribuíram de alguma forma para a elaboração e a edição deste precioso depoimento histórico.

João Pedro Stedile
Membro da Direção Nacional do MST
São Paulo, agosto de 1998

A SEMEIA

> Sem-terra estão se organizando de norte a sul deste país
> para derrubar o latifúndio que deixa o povo sem raiz,
> cansado de tantas promessas e ver tanta enganação,
> jogada dos politiqueiros, que o tempo inteiro roubam essa nação!
>
> Zé Pinto, "Causa nobre". *Sem-terra: as músicas do MST.*

No dia 17 de fevereiro de 1997, foi iniciada uma ação destinada a ser a maior expressão política de um movimento social organizado em oposição ao governo de Fernando Henrique Cardoso, até então considerado uma "unanimidade nacional" — segundo a imprensa —, em seus quase dois anos e meio de mandato. Era a Marcha Nacional por Reforma Agrária, Emprego e Justiça, promovida pelo Movimento de Trabalhadores Rurais Sem Terra (MST), que se impunha como contestação de causas emergentes, perturbando a tranqüilidade aparentemente inabalável que o governo ostentava.

Partindo de três diferentes estados brasileiros, os cerca de 1.300 sem-terra representavam acampamentos e assentamentos de todo o país. Na cidade de São Paulo reuniu-se o maior grupo, com aproximadamente 550 agricultores, das regiões Sul e Sudeste. Outros dois grupos saíram de Governador Valadares (MG) e de Rondonópolis (MT), com 400 e 350 pessoas, respectivamente.

Somados, os grupos pretendiam caminhar mais de mil quilômetros, passar por centenas de cidades — chamando a atenção e conquistando o apoio da sociedade — e chegar a Brasília no dia 17 de abril daquele ano. Lá, iriam pressionar o governo federal pela realização da conclamada reforma agrária. A data era significativa: a morte de 19 trabalhadores rurais no episódio que ficou conhecido como o Massacre de Eldorado dos Carajás completava um ano sem que houvesse punição dos responsáveis e providências em relação à posse da terra.

Ao contrário do que ocorre neste segundo ano do Massacre — em que os formadores de opinião se mostram mais indignados com o MST que com o governo e os criminosos —, naquela época os protestos dos trabalhadores rurais e dos outros movimentos sociais receberam ampla cobertura. Toda a sociedade parecia insatisfeita com a falta de vontade política dos governantes para resolver a questão agrária brasileira. Até mesmo a novela das 8 tratava do tema, atestando a simpatia nacional.

Foram dois meses de reportagens diárias em jornais e na televisão, em que os sem-terra apareciam como protagonistas de um grande feito, embora quase sempre fossem retratados como seres "primitivos", "arcaicos", "messiânicos", deslocados no tempo e no espaço.

Acompanhando a cobertura, soubemos que, no dia 9 de abril, os grupos provenientes de São Paulo e de Minas Gerais uniram-se em Cristalina (GO), a 150 quilômetros de Brasília, para seguirem juntos até a capital federal. Faltava pouco para que as duas colunas se encontrassem no centro decisório do país, num dia que já começávamos a considerar histórico para as lutas populares brasileiras. Afinal, apesar do cansaço evidenciado nas muitas bolhas nos pés exibidas nacionalmente pela televisão, aqueles homens, mulheres e crianças diziam estar lutando por um futuro melhor e não pareciam dispostos a desanimar até atingir o objetivo proposto.

Com o passar dos dias, aumentava nossa curiosidade de cidadãos e historiadores de ofício sobre quem seriam esses "novos personagens que entravam em cena"[1]. E, mesmo que os livros acadêmicos teorizassem sobre eles e nos trouxessem imagens diferentes das veiculadas pela mídia[2], estar lá, documentando aquelas trajetórias de vida unidas por um acontecimento único, tornou-se idéia fixa de um projeto coletivo a ser desenvolvido pelo Núcleo de Estudos em História Oral (NEHO/USP)[3]. Acima de tudo, a simpatia pela bandeira de luta levantada, considerada justa e oportuna, conduziu nossas intenções de realização do trabalho de pesquisa.

Contudo, unindo os poucos recursos financeiros, individuais e coletivos de que dispúnhamos, só pudemos estar em Brasília depois daquele histórico dia 17 de abril. Acompanhamos a chegada da Marcha Nacional à distância, mas com grande entusiasmo, e constatamos que o que pretendia ser uma manifestação política setorizada de determinado movimento social

---

1. SADER, E. *Quando novos personagens entram em cena*. Rio de Janeiro, Paz e Terra, 1988.
2. Em destaque os trabalhos de José de Souza Martins.
3. O Prof. Dr. José Carlos Sebe Bom Meihy, coordenador do NEHO/USP, incentivou e orientou todo o trabalho de pesquisa de campo e de elaboração documental, assumindo conosco sua direção.

transformou-se, naqueles dias, na própria palavra de ordem levantada pelo MST: "Reforma Agrária, uma luta de todos". Mais de 40 mil pessoas, particularmente trabalhadores e estudantes, assistiram à entrada e ao encontro das Marchas na Esplanada dos Ministérios, prestando solidariedade ao MST e fazendo coro com ele.

Definitivamente convencidas da importância do projeto sobre as histórias de vida dos trabalhadores rurais participantes daquela manifestação, partimos uma semana antes do encerramento do Acampamento Nacional, instalado ali por 15 dias, onde se reuniram cerca de 2 mil sem-terra de 15 estados brasileiros e do Distrito Federal. Devido ao pouco tempo disponível e à equipe reduzida de pesquisadoras que foram ao "campo" — duas pessoas —, estabelecemos que o trabalho de pesquisa consistiria em gravar entrevistas com um representante de cada delegação estadual acampada, além dos anfitriões do Distrito Federal. Sob a orientação dos pressupostos metodológicos da história oral de vida[4], os blocos cronológicos seriam entremeados com perguntas de corte a respeito da trajetória pessoal antes e depois do ingresso no MST e da participação na Marcha Nacional.

TRABALHANDO NO CAMPO DOS TRABALHADORES

> A luta de classes "já não existe",
> mas quem faz, resiste e procura vencer.
> Por mais que se queira transformar em nada,
> saibam que a história é como a madrugada,
> quem acorda cedo faz o amanhecer.
>
> A. Bogo, "Manter a esperança". *Sem-terra: as músicas do MST*.

O acampamento estava armado em frente ao Grancircular — local destinado a manifestações públicas na cidade de Brasília, localizado entre a rodoviária central e a Esplanada dos Ministérios. As características barracas de lona preta sobre estacas de madeira rodeavam um circo de lona, espaço das assembléias, atos políticos e atividades culturais do Movimento.

No acampamento, onde jornalistas, estudantes e curiosos circulavam livremente, fomos bem recebidas por um senhor acampado, que fazia a guarda. Explicamos nosso projeto, e ele nos levou para dentro do circo,

---

4. Cf. especialmente a esse respeito MEIHY, J. C. S. B. *Manual de história oral*. São Paulo, Loyola, 2ª ed., 1998; id., *Canto de morte Kaiowá*. São Paulo, Loyola, 1991; SANTOS, A. P. dos. *Ponto de vida: cidadania de mulheres faveladas*. São Paulo, Loyola, 1996; GATTAZ, A. C. *Braços da resistência: uma história da imigração espanhola*. São Paulo, Xamã, 1996; e ATAÍDE, Y. D. B. *Decifra-me ou te devoro: história oral dos meninos de rua de Salvador*. São Paulo, Loyola, 1993.

pedindo que o aguardássemos até que trouxesse Lúcia, a liderança local do MST, que poderia nos ajudar. Enquanto esperávamos, um ato político se desenrolava. Nele, uma menina participante do Movimento discursava ao microfone em agradecimento ao apoio de um deputado ali presente, que recebeu de suas mãos um boné, como sinal de gratidão. Muito aplaudida, Cristiane nos chamou a atenção desde logo. Coincidentemente, pouco mais tarde, gravaríamos com ela nossa primeira entrevista. Lúcia foi uma espécie de guia que funcionou como anfitriã e colaboradora, tornando-se amiga no decorrer do trabalho.

Em sua entrevista, Lúcia deixou claro que se pretendêssemos realizar nosso projeto um pouco antes — precisamente antes da Marcha Nacional — ele teria de passar por uma avaliação interna para ver se poderíamos ou não nos aproximar das pessoas e entrevistá-las. Consciente da importância do apoio da sociedade e de como poderíamos contribuir para consolidá-lo — com a proposta de elaborar uma documentação diferenciada —, ela nos deu seu voto de confiança, e isso foi um importante alento. Após uma rápida visita às bancadas estaduais, Lúcia listou um representante de cada local, em conjunto com os consultados, totalizando 16 entrevistados, incluindo a si mesma e Cristiane, como representantes do DF e MS, respectivamente. Assim, a rede de entrevistados foi organizada por Lúcia e complementada por outros militantes do Movimento a par de nosso projeto. Cristiane e Sérgio, também do DF, se incumbiram de nos auxiliar, especialmente para localizar as pessoas e trazê-las ao nosso encontro para as gravações.

AS PEDRAS DO CAMINHO

> Companheiros de jornada
> dessa longa caminhada,
> vamos falar um pouquinho
> dessa história que é formada
> com luta, com sofrimento,
> com sangue que é derramado
> daqueles que dão as mãos.
> Aos companheiros massacrados
> pelo homem que é tirano
> com poder que é desumano,
> com dinheiro que é roubado.
> Perguntaram: quantos somos?
> Gritamos: Somos milhões!

Z. Bonomo, "A voz da maioria", *Sem-terra: as músicas do MST*.

Para além de nos apoiar, os colaboradores tomaram a plena realização do projeto para si, com um entusiasmo contagiante, que sem dúvida pode ser atribuído à comunhão de propósitos: nossa identificação incondicional com as bandeiras de luta defendidas naquele momento pelo MST foi explicitada desde o início, servindo como base para as negociações em torno da obtenção das entrevistas. O compromisso público assumido e a convivência nos últimos dias do acampamento levaram a uma relação de amizade, fundada na certeza de um trabalho coletivo a ser concluído.

Outro fator a ser considerado para entender a realização compartilhada desta pesquisa diz respeito à prática da história oral de vida. Por meio dela, diferenciamo-nos do enorme contingente de "entrevistadores" presentes no acampamento, jornalistas e estudantes, em geral, que estavam apenas "passando" por ali, com questionários fechados que, em sua grande maioria, embutiam em si as respostas desejadas. Ao contrário deles, "ficamos" o maior tempo possível com nossos colaboradores e não fizemos, como eles disseram, as "perguntas bestas" que todos já estavam cansados de ouvir. Alguns admitiram que tinham respostas prontas para essas ocasiões e que perceberam desde o início que nossas preocupações eram bem diferentes...

Além disso, eles mesmos apontaram nosso próprio comportamento mais amistoso antes, durante e depois das gravações: por sermos jovens, como a maioria deles, agíamos de igual para igual; conversávamos com todos sobre vários assuntos; participávamos das manifestações, assembléias, festas, atividades culturais e almoços no acampamento... E, sobretudo, nos interessávamos pelas experiências pessoais dos entrevistados, nos emocionávamos com eles, com um certo "jeito de olhar nos olhos" de quem contava sua história de vida, como constatou Valdecir, um dos colaboradores. Também foi ele quem nos disse que, para transformar a sociedade, "cada um deve lutar com as armas que tem": a dele era ocupar a terra, a nossa era expor publicamente o conhecimento lá adquirido. O sentido da *história pública* estava mais que evidenciado por alguém que nos mostrou ser seu agente principal.

A despeito do entrosamento geral com nossa rede de colaboradores, a timidez e o maior distanciamento dos homens em relação a nós, mulheres, refletiram-se nas narrativas, que se diferenciam das feitas de mulheres para mulheres. Os homens preferiam falar das ações e não dos sentimentos, limitando-se a fazer um resumo de sua trajetória de vida nos primeiros quinze minutos de gravação, o que exigia a retomada de alguns temas e a elaboração de perguntas mais pontuais sobre o cotidiano e os sentimentos do narrador. Algumas mulheres entrevistadas também não fugiram a essa característica; todavia, no próprio decorrer da entrevista, falavam de forma mais aberta e confiante.

Muitos foram os casos em que a própria entrevista levou a uma aproximação que pôs fim ao distanciamento. Isso explica a possível diferença entre as gravações feitas nos primeiros e nos últimos dias do trabalho de campo, apesar do pequeno espaço de tempo entre umas e outras...

Ao registrar as narrativas deparamos expressões de oralidades complexas, representadas por falas carregadas de expressões e sotaques regionais, intercaladas com outras de vocabulário limitado. Seria praticamente impossível ler as transcrições literais, repletas do que o linguajar culto considera "erro" e permeadas por vícios de linguagem. Assim, a "tradução" do sentido das experiências de vida estaria seriamente comprometida se não empreendêssemos um cuidadoso trabalho de construção do documento escrito a partir da fonte oral, por meio de uma metodologia particular relacionada à história oral, amplamente abordada em várias publicações[5]. Cabe dizer que esse exaustivo processo de criação documental foi concretizado por uma equipe de dez pessoas do NEHO/USP em mais de um ano de trabalho[6].

Assumimos o papel de mediadores, deixando alguns traços da oralidade nas histórias de vida, a ponto de não descaracterizá-las nem inviabilizar sua leitura por um público mais amplo, incluindo aí os próprios colaboradores. Conferi-las junto com cada colaborador ainda é nossa meta, não alcançada devido à falta de condições financeiras requeridas para a execução dessa tarefa ética. Na falta temporária desta, o apoio e a autorização da Direção Nacional do MST — na pessoa de Sandra, Neury e José Trevisol —, bem como seu empenho na difícil localização dos entrevistados — ainda em curso —, nos motivam a continuar com este projeto e seus desdobramentos.

Escolhemos esse caminho sobretudo por reconhecermos a presença da identidade coletiva — sem dúvida forjada pelo movimento social — nas narrativas, em que "eu" era substituído por "nós" e "a gente". Nem por isso a individualidade de cada entrevistado desapareceu das histórias pessoais, como se pode ver. Abrangendo homens e mulheres na maioria jovens, entre 20 e 30 anos, mas também uma adolescente e um idoso, as histórias de vida que construímos apresentam-se como caminhadas individuais que se encontraram numa grandiosa caminhada coletiva, a Marcha Nacional de 1997. Falas que, desde a realização das gravações, mesclam-se e interagem com nossas perguntas e observações são exemplos aqui do encontro de muitas subjetividades: as dos entrevistados e as das entrevistadoras[7].

---

5. Cf. nota anterior.
6. Este projeto se situa em um contexto de trabalhos pedagógicos que ganham força no NEHO. Desde a elaboração de planos de estudos até a conclusão dos textos, estas aventuras constituem um dos melhores resultados da equipe. Exemplos dessa atitude encontram-se em BRITO, F. B. de. "História Oral Escolar: uma experiência no ensino médio". *Neho-História*. São Paulo, n. 0, NEHO-USP, 1998, sobre o uso didático da história oral por meio de uma visita de professores e estudantes a um assentamento do MST em Itapeva, SP.
7. PATAI, D. *Brazilian Women Speak: Contemporary Live Stories*. New Brunswick, Rutgers University Press, 1988.

A partir da subjetividade que perpassa o trabalho de campo do oralista, empenhamo-nos em mostrar uma história "vista de baixo"[8], daqueles que geralmente são excluídos da história oficial. Recebemos em troca o espírito coletivo do Movimento que pretendíamos "estudar", e que muito nos ensinou pelas mãos e pelas palavras de seus participantes.

A HORA DA COLHEITA

> Aí cantaremos segredos, e todos os medos serão alegrias
> veremos que o passo só cansa quando não alcança sua rebeldia,
> e na sombra da verdade estará a liberdade que a gente queria.
> Então ouviremos da história o grito de glória da nossa utopia.
>
> A. Bogo, "Companheiros de Guevara". *Sem-terra: as músicas do MST.*

Nossa estada no campo terminou às vésperas do *Dia dos Trabalhadores*. Na noite da festa de encerramento do Acampamento Nacional, choramos, nos abraçamos... Quando nos veríamos novamente?

Com os certificados de participação da Marcha Nacional na mão, Lúcia e Sérgio nos convidaram para entrar na barraca. Ali estavam quase todos os assentados de Três Conquistas, DF, em volta de uma vela, que serviu de iluminação para que Sérgio mostrasse o certificado e as fotos que ganhou. Orgulhoso e feliz, leu — em voz alta — seu nome escrito em letras garrafais naquele precioso documento, e exibiu as fotografias da bancada, como prêmios de valor incalculável. Foi então que, entre emocionadas e surpresas, sentimos intensamente aquele espírito de comunhão tão mencionado nas histórias de vida que gravamos! Felizes por estar ali, comemoramos com a bebida que nos ofereceram... e cantamos juntos a música "Assim já ninguém chora mais" que Sérgio pediu, dizendo ser sua preferida:

Sabemos que o capitalista/Diz não ser preciso
Ter reforma agrária/ Seu Projeto traz miséria
Milhões de sem-terra/Jogados na estrada
Com medo de ir pra cidade/Enfrentar favela
Fome e desemprego/Saída nessa situação
É segurar as mãos de outros companheiros

E assim ninguém chora mais
ninguém tira o pão de ninguém

---

8. Cf. TREBISTCH, M. "A função epistemológica e ideológica da história oral no discurso da história contemporânea". In: MORAES, M. (org.), *História oral*. Rio de Janeiro, Diadorim, 1994; e VILANOVA, M. *Las mayorias invisibles. Explotación fabril, revolución y represión*. Barcelona, Icaria/Antrazyt, 1997.

> *o chão que pisava o boi*
> *é feijão e arroz, capim já não convém*
> *Compadre junte ao movimento/Convide a comadre*
> *E a criançada/Porque a terra só pertence*
> *A quem traz nas mãos/os calos da enxada*
> *Se somos contra o latifúndio/Da Mãe-Natureza*
> *Somos aliados/E viva a vitória no chão*
> *Sem a concentração dos latifundiários*
>
> *Seguimos ocupando terra/Derrubando cercas*
> *Conquistando chão/Que chore o latifundiário*
> *Pra sorrir os filhos/De quem colhe o pão*
> *E a luta por reforma agrária/A gente até pára*
> *Se tiver enfim/Coragem a burguesia agrária*
> *De ensinar seus filhos/A comer capim.*

Z. Pinto, "Assim já ninguém chora mais". *Sem-terra: as músicas do MST.*

Aprendemos essa música, mais um emblema de nossa comunhão, nos dias que se seguiram à Marcha Nacional de 1997, nos quais podemos orgulhosamente dizer que fizemos história com o MST.

Uma história diferente. De lutas e revoluções. De pessoas, e não de grandes heróis. Bem diversa da história oficial, tradicionalmente ensinada na Universidade. Naqueles dias, não observamos acontecimentos remotos, distantes de nós, no tempo e no espaço. O que fizemos, além de testemunhar, foi colher experiências pessoais e propor sua conversão em História. Documentamos narrativas. Falas emocionadas. Triunfos enaltecidos. Exemplos generosos. O melhor foi fundir nossos sonhos nos deles e fazer de ambos a proposta do amanhã.

HISTÓRIAS DE VIDA

HISTORIAS DE VIDA

> E assim ninguém chora mais,
> ninguém tira o pão de ninguém,
> o chão que pisava o boi
> é feijão e arroz, capim já não convém
>
> Zé Pinto, "Assim já ninguém chora mais"

LÚCIA
Distrito Federal

UMA *reserva inicial cercou a entrevista de Lúcia, por ter sido uma das primeiras. Ao longo da convivência, nossas características comuns foram se delineando, trazendo grande identificação e oferecendo o espírito coletivo do Movimento como ponto de partida de nosso relacionamento... Por ser do Distrito Federal, foi para ela que explicamos a idéia deste projeto e pedimos a colaboração para concretizá-lo. Nossa anfitriã no acampamento nacional gravou sua história de vida e arranjou novos colaboradores, entusiasmando-se dia a dia com o trabalho. A história de vida de Lúcia — ex- -empregada doméstica, 23 anos, divorciada, com duas filhas — está impregnada da felicidade de se sentir artífice de um futuro melhor para sua família e de, cotidianamente, viver em comunhão com pessoas que acreditam e amam. O apreço pelo trabalho, que deixa de ser uma obrigação para se tornar um prazer — agora desenvolvido coletivamente no campo —, e a festa da colheita por ela narrada são mais que representativos de uma nova condição de vida gerada pela posse da terra. Suas palavras sintetizam as trajetórias aqui presentes: "Primeiro a terra, depois a vida..."*

Um pedacinho de terra para trabalhar... Acho que esse é o ideal de cada pessoa... Primeiro a terra, depois a vida!

MEU nome é Lúcia Ferreira dos Santos. O ano do meu nascimento é 1973. Nasci e fui criada no estado de Goiás. Na minha família são sete irmãos: quatro mulheres e três homens.

A vida na cidade era muito difícil! Eu vim de uma família muito pobre; todo mundo tinha que trabalhar, porque senão não tinha como viver! A casa era própria... Meus pais venderam algumas coisas e compraram essa casa. E a gente vivia lá.

Meu pai decidiu ir acampar por causa da situação que a gente vivia na cidade! Porque ele morava com a gente na cidade de Itaporanga e trabalhava na roça para o fazendeiro. Trabalhava de meeiro, a semana toda lá na fazenda, onde dormia, e no final de semana vinha para casa... Na cidade, minha mãe era lavadeira.

Em 85, meus pais se separaram. E, naquele processo da separação dos dois, ele quis se afastar mesmo, porque não dava certo. Foi criando uma situação que ele resolveu mesmo partir para a questão da luta pela terra! Ficou acampado, e hoje já tem onze anos que ele é assentado, no estado de Goiás. A vida dele melhorou cem por cento! A gente chega lá e nem imagina, se for olhar para trás, o que era a vida do meu pai... a vida dele mudou bastante!

Ele ficou acampado dois anos, depois conseguiu a terra dele. Quando meu pai foi para um acampamento do Movimento Sem Terra, levou quatro irmãos mais novos do que eu. E com a minha mãe ficou eu, meu irmão mais velho e minha irmã mais velha, que era casada. A gente ficou na cidade, onde fiz até a 5ª série.

Nessa época, odiava falar em Movimento Sem Terra! Tinha vergonha de falar em Movimento Sem Terra! Não gostava de falar que meu pai era um acampado, que era do Movimento... O povo era muito preconceituoso! As pessoas, às vezes, falavam assim:

— É! O pai da Lúcia tá lá... É "sem-terra"!

Eu não gostava do que falavam... No começo nem ia no acampamento visitar meu pai. Não ia!

Depois de um tempo, minha mãe me pegou e me levou... Eu tinha 12 anos de idade. Me pegou na marra, me levou e me deixou lá! Passei uma temporada com meu pai... cinco meses no acampamento...

Quando cheguei lá? Ah! Tudo o que sentia era uma vontade de ir embora! Voltar para casa! Mas fui me acostumando, arrumando umas amizades...

No dia-a-dia no acampamento, o pessoal trabalhava no coletivo. Tinha a roça coletiva... tinha as reuniões com as equipes que é montada dentro do acampamento. Até uma vez quiseram me colocar na equipe de negociação, mas, por ser muito nova — não tinha nenhuma experiência —, resolveram me tirar...

Foi quando retornei pra cidade de novo.

Com 16 anos, fui embora. Passei uma temporada em Goiânia, trabalhando. Não ficava nem com meu pai, nem com minha mãe: ficava solta... Na verdade, ficava mais na cidade trabalhando em casa de família, como empregada doméstica...

Em 89, surgiu um novo acampamento. Na fazenda dos Caiado, daquele Ronaldo Caiado. Essa é a família dos mandantes do estado de Goiás! Então, fizeram essa ocupação... e meu irmão estava lá, com a mulher dele! Ele é três anos mais velho do que eu. Ia andando, quando o ônibus passou:

— Olha o acampamento dele...

Comecei a olhar e vi meu irmão... Ele acenou a mão para mim e gritou:

— Desce, desce!

— Não! Eu vou para Itaporanga, depois volto...

Foi então que me deu uma vontade doida de ir até esse acampamento, que nunca vi desse tanto! E nem tinha vocação para acampamento! Não sei bem por quê! Acho que porque meu irmão e meu cunhado estavam lá... Aí falei:

— Vou lá nesse acampamento!

No outro dia, marchei para lá...

E fiquei. Lá, conheci um rapaz, e aí a gente começou a namorar... Enfim... começamos a fazer coisas que não devia. Então a gente passou a morar, conviver junto. Morei com ele durante sete anos. Tenho duas filhas: a Maiara, de 6 anos, e a Mirela, de 4...

O começo, a primeira tarefa que peguei, era coordenadora do grupo. Todo dia de manhã, levantava cedo e fazia o café. Naquela época, a cesta que o Incra mandava era mais gordinha: a gente fazia uns bolinho assado na panela... Vinha uma cesta completa, com arroz, feijão, óleo, sal, charque, bombril, sabão, creme dental, até marmelada, doce, tudo! Cada um fazia seu café nas suas barraquinhas. Depois, eu lavava as roupas todinha, para não juntar: quarava e lavava roupa. E aí vinha para reunião que começava 9 horas da manhã e terminava entre 11 horas e meio-dia, dependendo dos pontos que tinha que ser discutido...

Fazia almoço, e às 2 horas tinha reunião de grupo. Porque no acampamento não tinha trabalho de roça, as reunião eram só mesmo para organização interna do acampamento. A gente fazia estudo sobre a questão do *Jornal Sem Terra* — a gente tem um jornalzinho — e também preparação do pessoal. À noite, tinha a questão da animação, a mística... O pessoal ia cantar músicas do Movimento, contar piada... Quem quisesse ficar até as 10 horas, podia... Se não quisesse, ia dormir. Mas o horário de silêncio era às 10 horas. Porque os guardas têm que trabalhar! A gente tem que ter a segurança do acampamento. As pessoas iam dormir, mas tinha outras que ficavam de guarda, igual a gente tira aqui no acampamento nacional. Enquanto uns estão dormindo, outros estão na equipe de segurança. Cada dia é um grupo: quando chegar no último, começa do primeiro de novo. Fazendo revezamento todo dia, para não ser muito cansativo.

Minha vida de casada nos acampamentos — sendo ele da direção e eu da coordenação estadual — era muito difícil! A gente convivia muito pouco com as meninas... No começo era bom, porque eu não tinha nenhuma tarefa: a minha dedicação era a filho e marido! Quando entrei de cara no Movimento, aí já não tinha só que ficar com aquelas duas "tarefinhas"!

Minha filha mais velha nasceu quando estava num acampamento; a mais nova eu já estava na cidade. Minha vida de grávida era normal. Eu trabalhava, mas crianças, gestantes e velhinhos sempre têm alguns privilégios... só pode trabalhar de acordo com sua capacidade... Eu, quando podia fazer alguma coisa, fazia. Quando não dava conta, ficava quieta e deixava os outros fazerem... Essa é a vida do acampamento...

Às vezes, fico lembrando que eu tinha muito medo de como as pessoas iam tratar a gente. Na época, falar em Movimento Sem Terra era muito raro! Tinha camiseta, boné, mas não podia usar na cidade, porque senão as pessoas discriminavam a gente! Não podia andar nem com material dentro da pasta porque, se as polícia visse, tomava. Se suspeitasse da gente, tomava. Nem material a gente podia carregar!

No acampamento, a gente tinha nossa barraca tudo organizadinho. A gente trabalhava na roça coletiva também. Nos primeiros anos era assim... A gente plantava arroz, feijão, milho, batata, mandioca... Eu gosto muito de trabalhar na roça, porque fui criada assim. Sempre tive contato com a terra! Já sabia plantar as coisas. Ia para a roça, com meu pai, desde criança.

Fiquei lá um tempo, esse pessoal foi assentado, e eu peguei e retornei de novo para Itaporanga. Fiquei na casa da minha mãe. Meu ex-marido começou militando no movimento, sempre avançando na discussão. É uma pessoa bastante inteligente: entende muito da questão do Movimento Sem Terra. Aliás, ele não entende mais nada a não ser da questão do Movimento! E ele continuou militando...

A partir do momento que conheci o Davi — que hoje é membro da direção estadual do Distrito Federal —, acho que, pelo envolvimento que tive com ele, acabei mudando minha cabeça... Ele ia passando suas idéias para mim sobre a questão do Movimento. Então, acho que foi por isso que mudei meu pensamento. Não tenho mais aquela visão ultrapassada.

Quando chego lá no interior de Itaporanga e vou conversar com minhas amigas de infância, nem tenho assunto! Elas têm umas idéias, assim, que não encaixam comigo hoje! Totalmente diferente! Elas vão falar alguma coisa da vida, da rotina delas, e eu acho que é bobeira delas ficar dizendo aquelas coisas! Quer dizer, a vida delas é só aquele meiozinho! É, eu tinha a mesma vida que elas! As casadas cuidam dos filhos, do marido... A vida delas só é aquele miolinho ali! Mas eu não...

Saí, fui para Minas, São Paulo e outros estados, fazendo uns cursinhos de preparações, uma formação do tipo que a gente faz aqui no circo, no acampamento nacional, todos os dias. Por isso, hoje minha cabeça é totalmente diferente da delas! Não sei como explicar... só sei que não dá para encaixar mais as nossas idéias! Acho que as conversas delas são muito sem futuro. Eu acho! Mas não critico, porque tive — eu digo assim — um privilégio de estar no Movimento Sem Terra e de ter uma visão melhor do que a que eu tinha! Quando chego lá, elas dizem:

— Aí, sem-terra!

Hoje não me importo mais! Ando com boné, com camiseta... As pessoas me perguntam e faço questão de falar que sou do Movimento Sem Terra! Eu me orgulho de falar... em qualquer lugar, me identifico como Movimento Sem Terra. Não é qualquer pessoa que pode chegar e falar em nome do Movimento! Mas eu me sinto capaz...

Hoje estou na coordenação estadual, aqui do Distrito Federal, e estou num pré-assentamento.

Tem um ano que me separei... as idéias da gente já não bate mais...

Em 90, meu marido veio para Brasília... Tocar o Movimento aqui, porque não tinha... Eu fiquei lá. Mas no final de 93, começo de 94, vim para cá e trouxe as meninas...

Em maio de 94, comecei a fazer o primeiro curso de formação de base. Fazia um cursinho, participava de um encontro... A gente fez a primeira ocupação, em Braslândia, aqui no Distrito Federal: não deu certo, porque o pessoal daqui nem ouvia falar em reforma agrária. E tem bastante famílias de sem-terra! Bastante! Na época dessa ocupação tinha 150 famílias... A gente juntava essas famílias indo nas comunidades, fazendo trabalho de base, conversando com as pessoas...

Primeiro, quando vai fazer uma ocupação, a gente faz a preparação, levanta as propostas na reunião da coordenação e leva para a assembléia, para saber se o pessoal concorda ou não, e pedir aprovação. Se der a maioria que topa fazer a ocupação, aí já vai preparando... E não comunica o pessoal o dia nem a hora, para não ter vazamento de informação. Porque é muita gente e não se sabe... De repente, vamos supor, a gente combina tal dia e tal hora: às vezes, sem querer, uma pessoa chega para um amigo que confia e fala; outro faz o mesmo... Quando der fé, está todo mundo sabendo! Um segredo que não deveria sair... Então, fica em torno de três, quatro pessoas, sabendo o dia e a hora exata, e o pessoal todo só sabe mesmo na hora! Quando chega a hora, cada coordenador vai lá no seu grupo e diz:

— Ó, se prepara, que os caminhão já estão chegando para gente sair!

O pessoal se prepara, a equipe já fica ali porque, de repente, pode ter algum infiltrado. Assim como foram pegos dois P2, que são policiais infiltrados, na Marcha Nacional, tentando colher informações. Para não haver coisas assim, a gente prefere manter nossa organização mais em segredo. Até um tempo atrás, a gente não dava entrevista contando como é nossa organização! Era para nós mesmo... A gente nunca dava uma entrevista aberta igual hoje!

Chegamos lá em Braslândia, montamos as barracas de madrugada, às 5 horas da manhã! Ficamos quatro meses negociando, tentando negociar — era o tempo do Joaquim Roriz, como governador —, mas não deu certo porque alguns partidos interferiram na nossa organização. Fizemos essa ocupação, ficamos quatro meses e fomos despejados... Ele botou a polícia lá, e arrancaram todo mundo!

Na primeira tentativa de despejo do governador, a gente ficou sabendo: aí não conseguiram. Quando foi da segunda tentativa, a gente tornou a ficar sabendo, e viemos com uma resistência psicológica! Nossa resistência é psicológica: a gente fala, mas não faz... Depois, na terceira, a gente estava totalmente despreparado! Tinha uma intuição de que não ia mais ser despejado. Quando foi no dia 19 de janeiro de 95, fomos despejados...

A gente ficou na beira de uma BR, por dois meses! As pessoas começaram a se dispersar, a se desmotivar, e sair do acampamento. Uns foram até Flores e acabaram assentados lá. Outros desistiram...

Pegamos e fizemos outro acampamento-assembléia, ali na beira do rio Preto, divisa com Minas Gerais, com 1.200 famílias. Esse deu certo! Porque fizemos 45 dias de preparação do pessoal, trabalhando, chamando para a questão da reforma agrária. Fizemos outra ocupação em Minas, porque a gente trabalha a região do Distrito Federal e em torno. Hoje, a gente tem dois pré-assentamentos em Minas, através desse acampamentão. Essas famílias já estão assentadas: não todas, mas pelo menos metade delas. Os que acreditaram na luta hoje são assentados... os que não acreditaram, desistiram...

Nesse período, a gente retornou de novo para Brasília... para fazer um novo acampamento. Foi quando fizemos um outro acampamentão de luta pela reforma agrária, em Planaltina, pertinho do Ibrapa. Fizemos uma ocupação na fazenda Grotão.

A ocupação não foi difícil, porque chegamos e entramos. Teve uns conflitos porque alguns pistoleiros — polícias disfarçados de pistoleiros — bateram em três companheiros nossos. Quando a gente vai para ocupação, sempre fala:

— Olha, não dispersa! Se sair, saí de dez acima!

Mas eles saíram os três, foram caçar. E os pistoleiros aproveitaram, pegaram e bateram neles...

A gente começou a negociar, mas era o governo Cristovam Buarque, do PT, o que fez bastante diferença! O governo arrumou três áreas: uma em Taguatinga, que é perto da Estadual, uma em Paranoar — que é na DF 130, onde moro — e outra em São Sebastião, perto aqui da Papuda, o presídio. Também tem o Sarandi, lá no lugar desse mesmo acampamentão. Com ele, a gente conseguiu que os acampados fossem logo assentados. Eles já estão definitivamente, com 28 famílias.

Acho maravilhosa essa nossa vida aqui na luta! Está certo que às vezes a gente passa muita dificuldade, principalmente em questão de alimentação no acampamento... Porque a gente não trabalha para ganhar dinheiro, mas sim em prol de uma luta, de uma vida... A gente trabalha por uma transformação! Esse é o termo que a gente usa: TRANSFORMAÇÃO... A gente não ganha nada, vive mais de doações. A partir de que é assentado, aí sim vêm os créditos, e a gente começa a trabalhar e tal, se manter por conta própria! Mas, no período do acampamento, são as doações que sustentam a gente... Tanto faz se é remédio, alimentação ou roupas...

No meu pré-assentamento, já temos uma produção, apesar que a terra ainda não foi dividida... Fica perto de uma cidadezinha, aqui em Paranoar, na DF 130, km 45, indo para o Padef. Lá, a gente está com 68 famílias ainda acampadas... em barraca de lona porque é mais estruturada e organizadinha. Vivemos eu, uma das minhas filhas — a mais nova — e a minha irmã. A minha filha mais velha fica com minha mãe: ela está estudando e, não sei, não quis vir prá cá. No assentamento já tem escola, duas salas de aula, de 1ª a 4ª série... Mas ela não quis vir, e também não forçamos a barra... Então, fica lá, em Itaporanga...

Nos dias de trabalho na roça, plantamos muitas diversidades de plantações... A maioria que vai para roça é de mulheres. Até mesmo porque acho que tem mais mulheres do que homens: elas têm filhos, mas não são casada. Também tem homens que não é solteiro. Muitos se juntaram no acampamento e hoje estão convivendo junto...

A gente levanta 7 horas da manhã; 8 horas já está na roça. Aí trabalha até meio-dia, uma hora da tarde... Como a roça é muito longe, a gente retorna para almoçar. Chega em casa, toma banho, almoça e passa o resto da tarde fazendo reuniões de grupo ou assembléia, discutindo sobre a organização interna. Ir para a roça de novo, só no dia seguinte! Essa foi uma forma melhor que a gente achou de trabalhar, porque, no começo, estava pensando numa cantina coletiva. Mas, sabe, não dava por uma questão de ter que levar tudo até a roça. E também a gente não queria cada um fazer sua comida e levar! Pois se a gente está lutando para conseguir um pedaço de terra e trabalhar, acabar comendo comida fria... seria o mesmo que estar trabalhando de bóia-fria!! A gente lutou tanto para conseguir uma terra! E depois continuar comendo que nem bóia-fria?! Por isso, essa foi a maneira melhor que a gente achou de trabalhar...

A gente tem as equipes de alimentação, de saúde, de higiene... tem de negociação... Lá estamos também fazendo um trabalho com o pessoal da UnB, da Universidade de Brasília, que é assim: teatro e coral com um grupo de jovens e de crianças! Existe um coral de criancinhas, que eles estão trabalhando, e também estão fazendo teatro. Tem a etapa de 2 a 8 anos; de 8 a 12 anos e de 12 até 23 anos. Não importa se é casado ou solteiro. É muito interessante... eles vão sábado sim, sábado não, e a gente está muito entrosado com eles! Os alunos da UnB são pessoas maravilhosas, excelentes! Eles contribuem levando alimentação para gente fazer o almoço no sábado que vão lá... fazer um almoço coletivo pro pessoal da universidade e também com as pessoas que estão na atividade no sábado...

Essa é a vida que vivo lá no meu pré-assentamento. Faço parte da direção e da negociação do acampamento; e também sou membro da coordenação estadual do Movimento... Ter essas responsabilidades é uma correria! Na mesma hora que estou parada aqui, chega alguém e diz que precisa fazer tal coisa: pego e saio correndo! Por exemplo, a negociação: a gente tem que ir de lá prá cá reunir os três pré-assentamentos e fazer nossa pauta de reivindicações, que é uma só, conjunta. Aí, vai dois representantes de cada pré-assentamento fazer as nossas negociações... Então, quando precisa, venho aqui para nós trabalhar; quando não, estou mais quieta no acampamento e vou trabalhar na roça...

Trabalhar na roça é bom... É divertido! Tem muita gente, a gente vai conversando e nem vê o tempo passar! A gente fica gritando, conversando um com o outro... O meu grupo tem moças e rapazes: a gente faz umas economias, compra pilha e leva um aparelho de som, desses portátil. Levamos as fitas com músicas que a gente gosta de ouvir e, por exemplo, botamos o som um pouco adiante de onde tem que começar a carpir. E vamos cantando e trabalhando até chegar no local que pusemos o som! Aí pegamos o aparelho e colocamos mais para frente... E assim passa o dia, com a gente cantando e trabalhando! Plantamos bastante milho, arroz, feijão, abóbora, mandioca, banana, cana e batata...

Quando veio a primeira colheita, fizemos a Primeira Festa do Milho! Foi num domingo... Fizemos uma equipe para cada coisa: tirar lenha, quebrar o milho, carregar, ralar, amarrar, ficar ao redor do fogo e cozinhar a pamonha, fazer a distribuição e fazer a recepção do pessoal. Trabalhamos dois dias assim! Eu estava na equipe da recepção do pessoal.

Em dois dias preparamos curau, angu, pamonha frita, em palha, assada... um monte de comidas! Tudo com a serventia do milho verde! Até as moças da Emater, que dão assistência e cursos ao trabalhador rural, foram ensinar e ajudar a gente fazer várias receitas com a questão do milho. E fizemos bastante! Variadamente! Pusemos numa mesa bem comprida mesmo e, depois, fizemos a recepção do pessoal dos pré-assentamentos, alguns parlamentares e outras pessoas que apóiam o Movimento...

Reunimos tudinho, fizemos um ato, colocamos as pessoas falando em prol... Também fizemos um histórico da luta: colocamos duas pessoas — um rapaz e uma moça — para falar dos períodos que mais marcou nossa luta durante um ano. A caminhada, a ocupação, a conquista da terra... o dia que partimos para terra... Depois, alguns deputados e outras pessoas falaram... foi muito emocionante!

Então, veio a hora da comilança! Pegamos e colocamos tudo em cima da mesa. Tiramos foto de tudinho! O domingo inteirinho, até a noite! Quando foi à noitezinha, ainda estava chegando gente! Isso foi engraçado! Porque, às 7 horas da noite, o pessoal que a gente tinha convidado já tinha se dispersado, voltado para casa. Aí sobraram algumas coisas. O pessoal foram lá e ajuntaram:

— Para não ficar aqui, vamos levar até a barraca, que de manhã serve pra gente comer...

E carregaram até as barracas... mas chegou a administradora do Paranoar e algumas outras pessoas. Ela sempre dá uma assistência bacana para gente! E, nesse dia da festa, ela chegou atrasada e disse:

— Não participei, mas vim pelo menos comer um pouquinho da pamonha!

A gente foi procurar e não tinha mais! Foi aí que um companheiro saiu correndo, de barraca em barraca:

— Tem pamonha aí??
— Tem!
— Então me dá!

E botava na vasilha...

— Tem um curauzinho aí??

— Tem!

Saiu catando as pamonhazinhas de barraca em barraca! Chegou com a comida, e a gente fez uma mesinha para eles... Foi uma alegria! Eles comeram e foram embora! No outro dia, a gente ria desse negócio!! Dele sair juntando as coisas nos barracos, para servir a administradora!

A administração é muito pobre, porque ela é da esquerda, do PT... Até a gente brinca assim:

— Onde a administradora passa, sai um P e um T no rastro dela!

A gente brinca com ela! Porque é uma amiga... Ela chega lá nas barracas, no acampamento, onde as pessoas estão e diz:

— Vamos almoçar aqui! Vamos tomar um suco, um café...

Ela vai e almoça com a gente!

Por isso, ela é bastante popular e todo mundo gosta dela... Quando ela chega, é uma farra!

Acho que, até agora, a etapa mais emocionante da minha vida foi a conquista da terra. Depois que a gente foi para a terra definitiva, só das pessoas pensarem assim: "Poxa! Não tenho meu lugar separado: isso aqui que eu vejo é meu e é de todos!", é emocionante. Era muito precária a situação que a gente estava vivendo! No período de ocupação era pressão para todos os lados! Fazendeiros, pistoleiros! Não tinha uma liberdade de sair no meio do mato, andar... a gente não poderia sair! E a guarda... A gente tinha que ficar tirando segurança dia e noite! Mantendo a segurança! Não poderia deixar as crianças sozinhas, porque era muito perigoso! Porque criança, uma hora ela está aqui; outra, ela já está bastante longe... Por isso, tinha que estar sempre prestando atenção onde estavam. Agora, lá não! A gente não tira guarda à noite... pode andar, ir onde quiser... as crianças ficam à vontade, brincam...

A única dificuldade maior que a gente tem é a questão da água. Não tem água na nossa área, então o governo está com uma proposta de pôr poço artesiano. Mas só depois que a terra for toda legalizada. Por enquanto, a gente só usa dois chafarizes: um de 15 mil litros e outro de 6 mil litros. O primeiro de um lado do assentamento e o segundo do outro lado. A gente usa essa água para lavar, cozinhar, tomar banho e beber... Esse é o único problema que a gente tem lá.

No pré-assentamento, ainda é barraca de lona, mas a gente está com uma proposta de até junho ter a legalização da área, porque, enquanto não fizer isso, não tem como botar nenhum projeto em cima. Depois que legalizar, vêm os créditos de moradia, produção, alimentação e também os poços artesianos. A gente não vai mais depender da Caesb, que leva água lá todos os dias... A gente vai tornar nossa vida normal, como era antigamente...

Meu pai? Meu pai passou dois anos debaixo de barraca de lona até conquistarem a legalização da terra. Hoje ele tem uma casa razoavelmente boa, tem as vaquinhas, os gados, as plantação dele... Só que ele não pensa em comercialização. Trabalha para subsistência da família... Qualquer coisa que imaginar, chega lá, ele tem plantado! Ele tem 74 anos, é bem velho... Então, meu irmão, o Márcio, que tem

22 anos — um ano mais novo do que eu —, é quem toma conta da parcela todinha da terra, com o Deuzélio, de 19 anos.

A Helena e a Sônia moravam com meu pai. Agora, a Sônia, minha irmã caçula, está comigo no Distrito Federal, e a Helena está com minha mãe, em Itaporanga.

Tenho um casal de sobrinhos, a Cristina e o Iran. Também ficam lá com meu pai. A mãe deles, minha irmã, tem cinco filhos, e meu pai arrumou um local para ela, porque ele sempre fala assim: a terra foi conquistada não para ele, mas sim para os filhos! Se cada filho quiser ir para dentro da parcela, fazer uma casa e trabalhar a terra, pode ir.

Eu nunca quis, até mesmo porque me casei e vim para cá. Depois que me separei, ia voltar para Goiás. Mas as pessoas que convivo aqui, meus amigos, disseram:

— Não! Vai tirar uma terra para você também! Afinal de contas, você tem duas filhas. Tem os outros irmãos que não têm terra e já estão lá. Então você fica...

Peguei e fiquei. E fiquei batalhando para legalização dessa parcela para mim e minhas filhas. Estava até pensando em trazer minha mãe, porque ela mora na cidade... Quando legalizar todinha a terra, vou trazer ela para viver junto com a gente. Porque também tem a questão da Maiara, minha filha mais velha. Ela praticamente foi criada com minha mãe: chama minha mãe de "mãe"... Ela é muito apegada à minha mãe... quando vinha ficar comigo, a vida dela é todinha:

— Mãe, que dia que a gente vai lá na casa de minha "mãe"?

Enquanto eu não levava, ela não parava de ficar perguntando! Aí levei, e ela não quis vir. Eu disse:

— Então, fica...

Então, minha mãe vindo para cá, é sinal de que ela também está vindo. Assim gente vai ficar mais junto, eu e minhas duas filhas...

Daqui para frente, penso que o meu objetivo principal é assim: primeiro minhas filhas, depois a luta. Ao contrário do meu ex-marido: para ele, primeiro vem a luta, depois a família. A gente, que é mãe, sempre pensa primeiro nos filhos... quero dar condições de vida melhor para minhas filhas não serem criadas como a gente foi, eu e meus irmãos. Nunca tivemos uma infância do pai trazer um brinquedo, igual as outras famílias. Os únicos brinquedos que meus irmãos receberam até hoje foram a enxada para trabalhar na roça! Porque não tinha condições! Muito filho, meu pai velho... não tinha como eles ficar brincando e deixando o velho se matar de trabalhar, né?

Não quero isso para as minhas meninas: quero dar um bom estudo para que elas tenham uma vida boa! Mas também quero que elas estejam em contato com a terra! Quando elas estão na escola, estão estudando. Quando elas estão em casa, vão trabalhar juntas na roça. Eu acho que essa é a única maneira de educar as crianças, assim elas crescem com um ideal. Porque não adianta a gente ser um filho de pobre e ter cabeça de rico! Se a gente é pobre e tem cabeça de rico, tudo que a gente faz não tem sentido... Por exemplo, tem essa questão da vaidade: vê um filho de rico com alguma coisa, vão querer também, e se a gente não faz por onde ganhar, não tem! Então, trabalhando firme a gente pode ter os mesmos direitos.

É por isso que a gente faz várias lutas aqui na região: a gente faz caminhada, o Grito da Terra... Fizemos um primeiro acampamento nacional quando teve o Terceiro Congresso, em 95... E agora esse segundo acampamento nacional, juntamente com a caminhada...

Os três dias de caminhada na Marcha foram muito animados! A gente veio com 300 pessoas de Sobradinho... Lá, ganhamos a ajuda do padre Luís Bassegio, que é um padre que dá muito apoio ao movimento aqui. Ele cedeu a igreja para gente, deu café da manhã, almoço... Saímos no dia 14 de abril, chegamos à tarde. No dia 15, de manhã, fizemos um ato na parte da manhã e à tarde a gente andou até Colorado. A gente dormimos lá e saímos de manhã até a Asa Norte, onde passamos o resto da tarde. Descansamos e, no dia 17, viemos de lá até o Plano Piloto. Chegamos e isso aqui estava cheio de gente! Da rodoviária de Brasília até a Praça dos Três Poderes! Tudo cheio de gente! Cheio, cheio...

Passamos o dia 17 todinho providenciando as barracas por estado...

A gente vai ficar acampado até o dia 1º de Maio e estamos nas equipes de negociações. Todo dia a gente faz uma caminhada até algum ministério. Lá, a gente faz uma mística... e dá um pau no governo! Hoje, às 3 horas da tarde, a gente tem uma audiência com a vice-governadora, da qual eu faço parte da equipe. Dia 22 de abril, tivemos uma conversa com o secretário da vice-governadora e foi boa a negociação com ele! Agora, espero que seja melhor porque é direto com ela...

Quer dizer, já está dando resultado! Em alguns estados, houve despejos, mas estão fazendo bastante ocupação por todo país. A gente está com uma proposta de formar um novo acampamento no Distrito Federal. Ainda não tem a data definida, mas, quando acabar esse acampamento nacional, a gente vai começar a trabalhar o pessoal de novo porque tem muita gente que precisa de terra! Ainda mais que tem muitos fazendeiros por aí que exploram demais as pessoas... A gente vai procurar esses coitados que existem, trabalhando nessas fazendas, e levar para a luta para que eles possam ter o mesmo direito que a gente tem hoje! Um pedacinho de terra para trabalhar... Acho que esse é o ideal de cada pessoa... Primeiro a terra, depois a vida!

Entrevista: ANDREA PAULA DOS SANTOS, 28 de abril de 1997.

Textualização: ANDREA PAULA DOS SANTOS e LUIS FILIPE SILVÉRIO LIMA.

> Sou criança e sei pensar,
> tenho direito e vou cobrar.
> Uma vida digna
> nós podemos conquistar.
>
> CRISTIANE, "Sou criança".

CRISTIANE
MATO GROSSO DO SUL

A narrativa de Cristiane, de apenas 14 anos de idade, com vocabulário limitado, entrecortada de vícios de linguagem, erros de concordância, aliada à ingênua subversão/transformação do significado de algumas palavras-chave, mostrou-se, desde o início, um grande desafio para a construção de um documento escrito. Sobretudo porque deixá-la "intacta" em sua oralidade implicava destacar uma precária estrutura formal que em nada indicava a fantástica capacidade de contar uma história fascinante — a história de uma menina que confessa ter sido uma criança medrosa e que constata a própria mudança interior depois de entrar no Movimento. Para nós, sua presença radiante na Marcha Nacional e sua maturidade, apesar dos poucos anos de vida, evidenciada pela atuação como liderança nas assembléias do Movimento, diziam tudo.

Luto que nem os meus pais, que agora estão lá no assentamento, trabalhando... Agora, se fosse pensar no meu mundo, eu não estava aqui na Marcha, a essa hora, ajudando a lutar por justiça!

MEU nome é Cristiane. Sou do Mato Grosso do Sul, do município de New Acre, onde os meus pais estão assentado. Nasci em 1983, na cidade de Dourados...

Eu vivia na cidade, e meu pai trabalhava também na fazenda. Ele trabalhava de bóia-fria pra gente sobreviver... A minha mãe trabalhava assim na fazenda, mexendo com criação... Então, sempre a gente saía das fazendas quando os fazendeiros mandavam, não é? Daí, a gente ia morar na cidade. Morei na cidade até os 9 anos...

Antes de meus pais entrarem no movimento, minha mãe trabalhava em Douradinho, também lá em Mato Grosso do Sul. Meu avô tinha uma área de produção, um sítio. Minha mãe viveu muito no sítio, plantou... Mas chegou uma época em que os fazendeiros passaram a plantar café, então começaram a comprar as terras dos pobrezinho. Meu avô vendeu a área dele e foi morar na cidade... Então, começou uma época difícil! Meu pai também tinha vendido as terras dele e foi para a cidade. Foi uma época difícil para eles... Até hoje meus avós ainda gostam da terra! Meu pai também estava brigando para colocar eles na nossa terra e viverem lá, produzindo, porque estão sempre doente na cidade... Eles não conseguem viver!... Meu avô vive com dificuldade... E os meus tios, que trabalham nas fazendas como bóia-fria, também... Ainda trabalham de bóia-fria, de arrendatário...

Arrendatário é assim: eles vão lá, o fazendeiro dá uma *caterpilar*, que é um trator, e eles trabalham. Todo dia! Naquele mesmo serviço que o patrão mandar. Então, meu avô ia passar lá na casa do patrão, onde fica meus tios... Para ele ver um pouco a natureza... Só que o fazendeiro mandava de volta para a cidade... E era muito difícil! Daí, meu pai falou:

— Não. Eu vou largar dessa vida e entrar no Movimento Sem Terra, conseguir o meu lote, e produzir pra mim!...

Porque muitas vezes você produzia, mandavam embora, e ficavam com sua produção tudinho! Então, meu pai não quis mais essa vida, por isso nós lutemos...

Tenho um irmão e uma irmã. Somos em cinco na família, a gente estava estudando, e quando minha mãe trabalhava de doméstica e meu pai estava desempregado, ele não tinha condições de comprar materiais para o estudo... A gente estava com muitas dificuldades na cidade... Eu estava estudando na época, e os meus pais desempregados. E até mesmo a gente, eu e meus irmãos, ia trabalhar de bóia-fria...

Trabalhar de bóia-fria é assim: tinha que levantar de madrugada... E daí ia até a esquina, pegava o caminhão e ia pra roça... Então, a primeira vez que fui trabalhar de bóia-fria, eu até me decepcionei... Lembro que era uma sexta-feira, e aquele dia a gente não podia entrar na escola sem o uniforme e sem o livro didático. Então, como eu não tinha condição, fui trabalhar... E o primeiro dia então, a gente sente!... É muito... muito ruim o primeiro dia de você trabalhar, não é?

Eu tinha 9 anos... 8 para 9 anos... A gente estava indo pra roça de caminhão e tinha esse pessoal, os bóias-frias... Essas pessoas... Esses peão fala muitas coisas, não é?... E então estava passando o caminhão da polícia e nós ia indo... Daí, eles falaram assim pra gente:

— Ô MATA-CACHORROS!...

Gritaram assim... É!... Porque, para eles, "mata-cachorro" é o que falam da pessoa humana... Eles tratam essas pessoas, esses mendigos, como cachorro... Por isso eles falaram:

— Ô SEUS MATA-CACHORROS!...

E então eles deram três tiros no caminhão!! Estava eu, meu irmão e meu pai... Meu pai abaixou nós... e tinha um rapaz que estava trabalhando também para se sustentar... Ele foi olhar e daí o último tiro — de bala explosiva — pegou na cabeça dele! Ele caiu no colo de uma mulher, e nós pensamos que ele estava dormindo, que ele estava abaixado... mas aí começou a manchar a saia dela, assim, de sangue, e ela começou a gritar!... Daí bateu lá, o motorista virou... Nós voltemos, fomos para o hospital, mas não tinha mais como, ele já estava morto...

Então, eu, criança ainda — e até hoje — sentia... Tinha *remorso* daquilo, né? Não podia ver polícia... Nem ver pessoas mortas... Fiquei com aquilo na cabeça... E, no depoimento que eles fizeram, falaram que entraram em conflito com um ladrão, mas não era!... Era um trabalhador que estava indo trabalhar! Foi o meu primeiro dia de trabalho e com aquilo... Eu nunca mais esqueci... Chorava... Fiquei uns três dias assim... Tinha crise de choro. Eles fizeram manifestação lá em frente ao Poder Judiciário da cidade, só que era isolada, não tinha nenhuma organização... Isso foi em Dourados... Então, não teve repercussão. Foi isolado. Fez um dia, e aquilo não valeu nada para as autoridades... Não foram presos, até hoje os policiais estão impunes.

Nisso, eu fiquei sem material de escola. Só ganhei um uniforme porque fui na rádio umas dez vezes... Daí consegui o uniforme para estudar. Tinha que ir umas três vezes por dia na rádio! Ia lá, conversava com eles, que pediam à população, né? As verbas para comprar... Até que enfim consegui, porque eu pedi...

Mas só que, antes de ganhar o livro, meus pais souberam da organização do MST... A gente não tinha nenhuma verba para comprar lona, nem alimentação... Meu pai vendeu tudo: os móveis, as coisas que tinha, e comprou a lona. A gente fizemos a primeira ocupação no dia 16 de maio

37

de 1992, na fazenda Santarém, que é de um proprietário rico do estado, um latifundiário... A maioria das terras de lá é dele... Então, fizemos. Nós saímos meia-noite de Dourados para fazer essa ocupação. Fizemos essa ocupação no sábado de madrugada. Ficamos sábado o dia inteiro, pousamos na fazenda e, no domingo de manhãzinha, veio os policiais com a liminar de despejo.

Então, o que mais me emocionou, o que não deixou que a gente entrasse em conflito com os policiais, foi que nós estávamos cantando o Hino Nacional brasileiro!... Porque a gente, que estava na fazenda, não era bicho-do-mato! Nós cantemos o Hino Nacional brasileiro e aquilo comoveu os policiais que estavam com armas na mão, não é? Não tinham como atirar no pessoal cantando o Hino Nacional brasileiro e sem nenhuma arma na mão... Nenhuma arma, só ferramenta de trabalho!

Mas ele deu a ordem de despejo e nós saímos da fazenda... embaixo de chuva, uma chuva muito forte! Molhou tudo as nossas coisas... Minha irmã tinha 4 anos, eu tinha 9, meu irmão 12... Ela se perdeu no meio dos policiais e eles não faziam nada, só riam!... E ela, pequenininha, molhou tudo da chuva... Daí nós caçamos ela. Saímos de lá, viajemos à noite. Eles foram dispersar nossa organização... Mandaram o pessoal pra BR 163, que fica perto do município de Brilhante. Deixaram parte do pessoal lá, debaixo de chuva, e deixaram o resto na entrada da cidade. Eu estava lá também perto de uma igreja... Deixaram nós embaixo de uma chuva, e a gente não tinha para onde ir!... Cidade... Eles jogaram nossas coisas, quebrou muita coisa... Jogaram lá...

Então, nós peguemos uma zabumba — que servia para segurança, de alarme para as assembléias, as reuniões — e aí toquemos aquilo bastante na frente da igreja, toquemos bastante!... Daí, uma professora que morava perto, que era responsável por dar aula de catequese nessa igreja, foi ver o que era aquela bagunça, aquela algazarra... A gente falou que era trabalhadores do Movimento Sem Terra que estava lá... E nós falamos que tinha acabado de ser despejado, e então ela pegou e abriu o local. Nós fiquemos alojado lá uma semana. Não tínhamos alimentação porque o que tinha estava tudo molhado... A única alimentação era a que a população doava...

E os outros, o pessoal nosso que estava na beira da BR?... No último dia que nós fiquemos na cidade, peguemos um caminhão para ir encontrar com os outros, na expectativa de que eles iam esperar por nós. E, antes de chegar no acampamento, tinha um posto fiscal, e nós tivemos que descer todo mundo do caminhão e ir a pé até o trevo perto do acampamento... Foi muito... assim... Chocante!... Encontrar com os nossos companheiros... Até mesmo meu tio estava lá, numa igreja!... Fizemos barracos... e nós fiquemos no acampamento...

Então foi assim: ficamos na beira da BR e tinha menos de cem metros da pista! Atrás tinha uma lavoura, acho... como se fosse de praia que era do fazendeiro, só que ele não quis ceder o lugar para nós ficarmos mais longe da pista, não é? E era, pelo menos, bem comprido assim... E, no fundo do acampamento, nós fizemos um campo, bem grande, bem bonito, e também fizemos uma escola... Um campo era da UDR. Eles tinham uma firma que trabalhava com piche e um pomar que era deles. Então, a UDR sempre passava, xingava nós... Porque eles são sempre contra nós, não é? Nós estava na beira da BR, a gente teve muita... provocação com eles! E foi muito difícil da gente ficar naquele pomar... Água também a gente tinha que ir buscar num riozinho, porque a mulher não queria ceder... E com o tempo que nós fiquemos lá, tivemos que lavar a roupa nos dois planos do acampamento... Tinha que buscar água, lavar a roupa... Só que nisso o prefeito da cidade — que é muito latifundiário... — jogou os esgotos tudo dentro do riozinho!... O município lá é Rio Brilhante... E a gente não podia beber mais água! A única coisa que a gente podia fazer era lavar roupa... Então, fizeram um desvio desse esgoto para que pudesse usar a água do rio. Mas, mesmo assim, não dava para beber... Então, com o tempo, a gente começou a cavar poço nesse acampamento, mas teve muitas pedras!... Foi difícil achar água! Mas cavemos os poços e usava a água do rio só para lavar roupa, essas coisas... Nós peguemos e fiquemos um ano ali na beira da pista...

Nesse ano, até briguemos para ter escola com boletim e tal... Só que o prefeito não quis ceder e, então, passamos um ano — só para não ficar sem fazer nada — aprendendo mais e, no outro ano, poder estudar na escola. Eu, então, estudava à tarde. Acordava e ajudava a minha mãe no serviço. Tinha uma praça do acampamento e eu ia lá, brincava, ia no pomar também... Lá tinha um arvoredo e nós fizemos uma praça embaixo. A gente ia brincar lá, ficava brincando... Também brincava de bola no campo: tinha um time das mulheres e dos homens... Depois tomava banho e ia para a escola...

Na escola, a gente aprendia muita coisa. Falava sobre esses governantes — aqueles que estavam lá — para nós irmos aprendendo a lutar pelos nossos direitos... Porque, da primeira vez que entrei para o Movimento, eu não conversava com ninguém!... Era uma criança muito antipática, muito medrosa... Tinha muito medo de polícia... Tinha medo dessas pessoas que são igual a gente, não é? Então, eu conversava muito pouco... Foi aqui, com o Movimento, que aprendi a conversar, a conseguir expressar meu sentimento... Eu até mesmo aprendi a cantar!... Agora eu canto com o Movimento Sem Terra...

Com 9 anos, fui no Encontro Estadual do Movimento mesmo, que era do MST... E então comecei a cantar... Eu via na televisão, na cidade, e começava a subir em cima das coisas e cantar, né? No Movimento, comecei a mostrar aquilo que sabia fazer. Tinha as noites culturais, todos os sábados... Cada grupo recitava versos, poemas, e recebia uma premiação. Então, eu cantei uma música — uma menina que fez... A música era uma interpretação da "Pulga e o Percevejo". Só que falando do Movimento... Cantei essa música, e nosso grupo ficou em primeiro lugar!... Então, comecei a cantar... Ah!... Já esqueci bastante como ela era... Mas uma parte era assim:

Torce retorce mas não consegue mais
os sem-terra bem unidos não
se é escravo jamais...

Comecei a cantar... Todo final de ano tem os Encontros Estaduais do Movimento. Tem as coordenações e o pessoal que também vai estudar sobre isso... Então, até hoje, não falhei em nenhum desses encontros!

Num deles, estava uma companheira nossa, do Rio Grande do Sul, que tinha sido presa quando foi ajudar na organização do nosso acampamento... Nós estava com muita dificuldade de alimento e fizemos uma organização na cidade... Estava com uma dificuldade muito grande na alimentação!... Nós negociemos com o governo, mas ele não quis acordo. Nós fomos pra BR, trancamos a BR, e fizemos um saque de um caminhão de frango para nossa alimentação. Viemos até o acampamento e fizemos um acordo: só entregava o frango se viesse alimentação... Como não veio alimentação, nós comemos o frango... A gente deu para outros acampamentos que estavam também sem alimentação, distribuímos.

Também teve um segundo saque, que foi o saque de óleo. Foi uma outra etapa em que estava com falta de alimentação: já tinha consumido esse saque do frango, e o governo não tinha resolvido. O saque era feito assim: nós trancava a BR e daí vinha um caminhão... A gente conversava com o motorista, que concordava em levar a alimentação para nós no acampamento... Assim, a gente não passava o conflito com ele... E, se ele não quisesse, a gente falava:

— Então desce, que a gente chama um motorista, leva e depois dá o caminhão para você de novo.

Nessas coisas de saque, o governo tem seguro que paga, ele é responsável em pagar a firma... Então, nós pegamos esse caminhão de óleo, destranquemos a BR, os carros passaram e nós levemos o caminhão para o acampamento. Nesse dia, fui para uma cidade, mas os companheiros contam que eles levaram, daí... veio uma tropa de polícia e negociaram... No outro dia, de manhã cedo, eles iam trazer a comida para nós. Então, eles contam que, em vez de trazer a comida negociada, os policiais vieram, cercaram o acampamento, atiraram contra as mulheres, as crianças... Feriram uma companheira nossa na perna e um companheiro também... E jogavam aquele gás, né? O meu pai estava lá... Eu, minha mãe e meus irmãos estávamos na festa de casamento da minha tia, na cidade. Mas meu pai estava lutando lá para nós. E... Começaram a atirar... Os companheiros se ajuntaram e ficaram lá na beira da BR... Cercaram a pista e o acampamento inteirinho... Eles vieram pelo meio da roça de trigo e cercaram o acampamento... Daí, eles começaram a atirar em alguns companheiros que estavam dispersados. Muitas pessoas correram, criança chorou com remorso! Eu mesmo, se tivesse lá — porque era uma criança muito medrosa —, acho que tinha quase morrido do coração!

Não morreu ninguém, só ficou ferido... Eles não tiveram coragem de atirar nas pessoas porque se ajuntaram todo mundo e falaram:

— AGORA, SE VOCÊS QUISEREM ATIRAR, ATIREM EM NÓS!

Cavoucaram os lugares onde nós tínhamos escondido os óleos... E levaram pra eles! Porque quem pagou o caminhão de óleo foi o governo, o seguro pagou tudo isso! Eles fizeram aquela barbaridade e levaram tudo para eles!...

Então, nesse dia, prenderam nove companheiros... Nove companheiros esse dia!... E levaram pro município de Dourados, que era o mais perto. Tinha Rio Brilhante e a cidade de Dourados, que era maior, por isso eles levaram e prenderam esses nove companheiros lá. A gente fizemos uma manifestação grande em Dourados e então soltaram oito companheiros e ainda ficou aquela nossa companheira, do Rio Grande do Sul, a Nina... Ela ficou seis meses, presa... Nós fizemos a manifestação em Dourados, tudo com a cara pintada, e ameacemos de entrar na delegacia e soltar ela! Eles ficaram meio amedrontados... Nós fizemos manifestação também no fórum, na faculdade de depoimento, no município de Brilhante, e tudo aquele monte de cara pintada, tudo aqueles menininhos lá na frente, lembro como se fosse hoje!... Topava tudo, não é? Já estava começando a lutar pelos meus direitos...

Foi no final de 1992, quando nós fomos no IV Encontro Estadual do Movimento Sem Terra... A gente teve uma surpresa muito grande, que foi a libertação da Nina! Ela chegou, e nós estava tudo na abertura do encontro... Foi a chave maior que nós ganhemos! De soltar a companheira!... Teve um momento de silêncio, uma homenagem aos companheiros que morreram na luta, e também a nós que lutemos para libertar ela...

Nesse encontro, aprendi e comecei a cantar... O pessoal saía e eu pegava o microfone — o "batatinha" — e comecei a cantar as músicas do Movimento. Nisso, entrou uma companheira e me viu cantando aquelas músicas, né? Daí, ela me pediu para cantar na abertura do próximo dia do encontro. Comecei a cantar um dia e continuei... Passei a cantar direto, com o incentivo do pessoal! Até hoje, canto todas as músicas!... Fui aprendendo a cantar...

No acampamento, acho que tinha uma base de umas 500 pessoas, 500 famílias... Inúmeras pessoas... Lá tinha dois tios e minha família. Os tios eram um irmão do meu pai e um irmão da minha mãe. Eles ficaram até esse sábado, quando teve aquele conflito do óleo com a polícia... Eles desistiram e os meus pais ficaram... Por que desistiram? Porque tinha os meus primos, a família deles, que ficou na cidade... Meu pai, não! Ele levou todos para aprendermos a lutar pelos nossos direitos. Mas ficava difícil conviverem: eles no acampamento e a família na cidade... Por isso desistiram e foram para a cidade.

Naquela vez que ficamos em Rio Brilhante, meu primo mesmo foi atropelado... Foi atropelado!... É!... Nós estava do lado de lá da pista, então um cara jogou um bicho, uma pomba... Jogou na beira da BR. Nós passava, pegamos a mochila e estavam cuidando dele do lado de lá da pista. Meu pai, minha avó e minha tia chamaram nós pro lado de cá, não é? Meu primo, muito apressado, saiu correndo... Ele tinha uma base de 7, 8 anos... Foi atravessar a pista, daí veio o carro, bateu nele assim... do lado de lá da pista... E a gente ficou chorando muito! Pensamos que ele tinha morrido... Ele teve ferimentos, o cara pegou e levou para o hospital. Foi rezando também porque eles eram grupos de estudantes... Levaram para o hospital e, graças a Deus, ele voltou bem...

41

Tinha outro companheiro que também foi atropelado... Estava de madrugadazinha, estava friozinho, chovendo... Não dava para enxergar nada na pista e ele foi atravessar pro outro lado, para fazer necessidades, né? Não sei o que deu na cabeça dele, porque nós tinha os banheiros tudo pro lado de cá... Mas ele quis atravessar a pista, então... A hora que foi atravessar, vinha um carro que atropelou ele, e nisso o cara fugiu! Nós trancamos a BR... Só que o companheiro não resistiu e faleceu. Então, isso ficou marcado para nós... Até hoje o filho desse companheiro está na luta e agora está sendo assentado...

Nós ficamos um ano nesse acampamento na beira da BR... No final do ano, nós resolvemos fazer outra ocupação em outro município, numa fazenda em que o fazendeiro plantava maconha e transportava madeira fora de lei. Ele é estrangeiro: então, as terras dos brasileiros estão na mão dos estrangeiros. Fizemos a primeira ocupação, que foi a segunda naquela fazenda. Outras famílias fizeram a primeira ocupação... Eles também entraram em conflito com a polícia! Uns ficaram feridos, outros aleijados... Por isso, um pouco do pessoal deles também desistiu. Nós unimos com os que ficaram deles e fizemos uma segunda ocupação unificada. Nessa ocupação, saímos pacíficos: em menos de vinte e quatro horas o juiz trouxe a liminar de despejo e não deu tempo de entrar com as coisas na fazenda porque atolou num monte de lama perto... Então, tivemos que ir com os buchos nas costas... Não deu nem tempo de entrar tudo junto na fazenda! Tivemos que sair...

Nós pedimos uma autorização para ficar num lote perto da fazenda. E, desse lote, fizemos 11 ocupações na fazenda, porque atravessava a cerca, já estava nela. Então, de semana em semana, fazia uma ocupação e saía pacificamente... Nós pegava as nossas coisas, atravessava a cerca e ficava lá perto do rio, onde tinha água. Foi sempre assim: ia e voltava, ia e voltava, ia e voltava... e eles sempre tirava! E nós ficava naquele lote... Daí, numa ocupação que fizemos, eles disseram assim:

— Amanhã nós vamos trazer o caminhão que é pra vocês sair.

E saímos antes deles trazer o caminhão, porque se esperasse por isso, eles iam colocar nós na beira da BR, e a gente não queria mais aquilo!

Então, nessa fazenda, onde nós acampemos inúmeras vezes, resolvemos ocupar perto da sede. Nós ocupemos lá. Passava até helicóptero!... No dia em que ia ter o despejo, fomos tudo até a sede. Falamos assim:

— Se a polícia vir, nós não vamos sair! Vamos tentar resistir! Agora, se eles quiser entrarem em conflito, nós vamos sair...

O cara que trabalhava pro estrangeiro, que falava português — ele que ia nas negociações —, veio dar uma olhada... Nisso, a gente resolveu ficar tudo, ficar uns três anos nessa fazenda, só assim: ocupando, ocupando, ocupando... Ocupando e voltando... Ele tirou umas fotos de todas as nossas plantações. Nós tínhamos muita plantação e íamos ter um prejuízo muito grande! Ele tirou foto, levou pro Incra do estado, e nós não fomos despejados... Ainda teve outras tentativas de despejo, que nem agora, mas não conseguiram despejar. Nós começamos a trabalhar mais em grupos — grupos de produção — e produzir mais na terra.

A gente funciona assim: tem os grupos de produção. A pessoa não quer trabalhar sozinha, porque trabalhando individual tem que produzir muito além do que pode... e até mesmo se for comprar um trator, não tem condições de comprar o petróleo porque o dinheiro que a gente ganha nesses processos, nessas coisas, é muito pouco! E a gente tem que lutar tanto, tanto, para conseguir e é pouco ainda! No trabalho coletivo, você junta os dinheiros todos e aquilo é aplicado em verbas, em coisas que vai servir o coletivo. Agora, tem pessoas que já trabalham no individual, outros querem grupos, mas só para fazer um agrovila para viver, né? Um acampamentinho, uma cidadezinha. Outros não: trabalham e querem entre parentes ou entre três pessoas. Muitas pessoas não querem trabalhar sozinhas porque elas têm essa consciência de que para produzirem é mais difícil... Eu prefiro trabalhar em grupo...

Já trabalhei muito assim... Já cortei arroz... Primeiro, nem sabia o que era um pé de arroz!... Fui descobrindo, aprendendo... Antes de ir pra roça, eu perguntava para minha mãe:

— Mãe, como que é um pé de arroz? Um pé de milho? Como é que a gente colhe o arroz?

Eu pensava que plantava o arroz com aqueles grãos sem casca, né? Muitas vezes até plantei assim, pensando que ia nascer... Então, minha mãe explicava:

— Não, não vai nascer assim...

Só fui conseguir ver, com meus próprios olhos, quando eu mesma carpi arroz, colhi, cortei e bati. Para aprender mesmo, eu tive que bater... Aprendi que se planta numa época de plantação, de plantio do arroz. Então, se deixa o mato crescer na altura do arroz, vai cortar mato também... Por isso, tem que capinar antes do mato crescer... Depois carpe o arroz: tem a época que ele está mais seco, maduro... É a época de cortar: aí vai cortando e colocando de monte em monte... Tem que deixar uns três dias até dar o tempo dele secar lá, nos montinhos... Depois, você pega nos montinhos e ele já vai estar soltando... Então, coloca uma lona, umas duas forquilhas e um pau... e vai batendo nele. O arroz vai caindo tudo em cima da lona. Em seguida tem o processo de abanação, depois a gente já leva para a máquina...

Eu entrei no Movimento com 8, 9 anos... Depois, quando fui nessa fazenda que comecei a conhecer as coisas do mato. Comecei a trabalhar assim com uns 10 anos, por aí...

A gente brigou para poder trabalhar e estudar!... Agora a gente já estuda no assentamento, na escola que fica dentro do assentamento. Lá explicam a realidade e um pouco do que as pessoas aprendem na cidade, essas coisas de português, matemática... A gente aprende um pouco da realidade e um pouco da teoria. A gente trabalhava meio período e ia estudar na escola. Mas eu mesma... estudava à noite... Por exemplo, a 1ª série só tem cedo, porque outros professores têm as outras salas. Então, esses anos foram mais fáceis para eu trabalhar porque estudava à noite. Trabalhava um dia sim, um dia não. Um dia cuidava de casa, ajudava a minha mãe, levava comida na roça. Tinha que descer uma serra e ir trabalhar lá embaixo... No praiano. É muito divertido! Você trabalha em grupo — conversando e trabalhando —, então você aprende a conviver com a natureza!... Até mesmo a água que a gente bebe na roça é a da fonte da serra!... A gente pega a água da fonte da serra...

Mas agora tem grupos que estão acabando em nenhum lugar, né? Estão usando muito de briga para conseguir... Tem outro grupo que é do Fetagri, Federação dos Trabalhadores da Agricultura: eles também são grupos de trabalhadores, mas esses não quiseram trabalhar com o MST e se filiaram ao Fetagri. Depois, quando a gente já tinha ocupado a terra, eles fizeram uma ocupaçãozinha deles e ficaram num canto da área. E agora eles também estão sendo assentados junto com nós...

Nós temos autonomia de colocar o nome que a gente quiser no acampamento. O nosso chama "Marçal de Souza", que era um índio que foi assassinado porque também lutava pelas terras dele. Ele também foi morto... Lutou muito e nós colocamos o nome dele... Mas o Incra diz que a fazenda tem o nome de Ana Lúcia e Madalena, que é homenagem de um conde lá para a mulher dele, não sei... E o Incra tem autoridade, assim, de querer deixar lá o nome da fazenda, e nós temos a autonomia de colocar o nome que a gente quiser!!! Do jeito que nós quer... A gente vai ter que brigar com eles...

Só que nós entende também que não acabou nossa luta ainda!!! Nós temos que brigar por estrada, por luz... temos que ter direito de termos creches também... Então, nós se ajunta tudo para brigar... Nós estamos querendo estrada aqui no assentamento!... Estamos precisando de escola, energia... Nós vamos lá porque estamos precisando... Então vai ter tudo isso!... Por isso, meus pais trabalham no trabalho coletivo... Eu mesma gostei muito de ter entrado no Movimento e dos meus pais terem essa consciência de trabalharem no coletivo...

Isso faz uns cinco anos, vai fazer seis... E agora nós estamos grandes, né? Nós entramos pequenininha no Movimento... E nós trabalha, estuda... Agora estou fazendo a 7ª série! Estou perdendo aula, mas como a escola é dentro do assentamento, se eu levar um relatório dessa Marcha que fiz para a professora, vai valer uma nota muito grande, porque estou lutando pela luta de todos! Pelos direitos daqueles que também estão lá, não é? Mas, se eu estivesse na cidade, não tinha justificativa... Não sei nem se iria estudar esse ano na cidade! Como é no assentamento, fica mais fácil para mim.

A escola é muitas vezes feita de barracão... No ano passado, nós estudamos numa ex-mecânica da fazenda, era um barracão bem grande... Agora, como a fazenda foi cortada em lotes, esse barracão ficou num lote... Eles iam negociar com os donos para ser escola. Nós temos que brigar também pela estrutura, fazer um assentamento assim organizado... Porque a gente trabalha no sítio, mas tem que ter a diversão, as áreas de lazer... Porque a gente também é que nem a gente da cidade... Tem que ter os namoros, tem as áreas de lazer, pôr um campo... Tem que ter escola, estrada, energia... A gente não vai viver ali, ó... sem nada!

Tem um assentamento perto de nós, em que eles não brigavam por nada! Então, depois de dez anos, eles foram ter energia! Viveram dez anos de lamparina!... Nós vivemos cinco anos de lamparina, porque não tínhamos uma área definitiva. Agora que vamos ter uma área, teremos que brigar por tudo isso, para que nós viva bem no sítio! Vamos ter que brigar também por esses processos e créditos, porque, se vivermos no sítio sem alimentação, sem uma verba para comprar semente, plantar... Não se vive dentro do lote! Por isso, nosso trabalho é coletivo, mas a gente vive dentro dos lotes.

E nós do Movimento Sem Terra não podemos vender o sítio, não é? Depois que você lutou tanto!... Você não pode vender... O índio também não tem essa autonomia... Não querem deixar ninguém vender o lote... Nós já tivemos essa informação antes — de que não pode vender... Porque os trabalhadores faziam isso, não é porque eles queriam... É porque eles tinham muita necessidade de vender o lote. Porque eles trabalham individual! Não brigam por crédito do governo! O governo não dá o crédito, e ele não consegue ficar dentro do assentamento... Porque tem que ter água! Os poços artesianos... Tem que brigar por isso também...

Então, tem uma série de lutas! Se eu fosse pensar só no meu mundo!... Luto que nem os meus pais, que agora estão lá no assentamento, trabalhando... Agora, se fosse pensar no meu mundo, eu não estava aqui, na Marcha, a essa hora, ajudando a lutar por justiça! E eu não estou tranqüila!... Porque, talvez, eles estão no assentamento e chegam os policiais, matam alguns companheiros, que nem fizeram em Eldorado dos Carajás! Por isso, a gente está aqui lutando para construir esta justiça que nós queremos!...

E essa distribuição de terra que o governo está fazendo não é reforma agrária! A reforma agrária que nós queremos não é só distribuir uma terrinha lá e não dar as verbas, não dar estrada, energia... A reforma agrária de verdade é essa: dar as verbas para o agricultor conseguir trabalhar no campo. Então, isso que o governo está fazendo não é reforma agrária. Porque está distribuindo terras, legalizando as outras que já estão ocupadas... que o fazendeiro não quer mais e que estão lá abandonadas... E eles estão falando que é "reforma agrária"... Não é! Porque já tinha habitantes lá! Já tinha pessoas trabalhando... Eles só fizeram o processo de cortar e deixar as pessoas isoladas! Em muitos acampamentos, eles fazem isso: de levar as pessoas de uma região para outra... Levar pessoas, por exemplo, do Sul para o Norte. Então, muitas pessoas vai, mas ficam isoladas... No meio do mato!... E não consegue sobreviver porque é impossível!... Por isso, a reforma agrária que nós queremos não é assim. Nós queremos uma reforma agrária em que, se aquela pessoa está lutando por uma região, a terra tem que ser dividida naquela região, que tem latifúndio. Mas eles tentam fazer isso, não é? Descentralizar o movimento... Levar as pessoas de uma região para outra, ficando isolada.

Muitos aceitaram esse recebimento, algumas pessoas foram... Muitas pessoas do meu acampamento aceitaram isso... foram embora... O Incra mesmo que mandou, porque o governo é tudo por detrás deles... Eles foram mandados lá para o lado do

Amazonas, lá no Norte... Naquelas áreas alagadas... Deixam eles lá, sem terra, isolados... Muitas pessoas morrem... Por causa do mosquito da malária... Muitas pessoas voltaram, outras nem conseguem voltar porque não têm verba para isso... Então, é muito difícil! Agora, para nós não! Por quê? Porque nós queremos uma reforma agrária nas regiões que estamos brigando para ter. Isso que eles estão fazendo não é reforma agrária... Porque tem essas lutas também... Depois que já estamos assentados, temos que brigar por Reforma Agrária, Emprego e Justiça. Assim vai ter emprego para as pessoas.

Lá onde moro já é assentamento, só que ainda de barraco de lona, porque não temos nem um ano de assentados... Nós fomos assentados no último sorteio... Foi no dia 27 de março 1997... Nossa família não gosta de sorteio! Porque sorteia a família e o coletivo. Então, nós fizemos o sorteio em conjunto, para nós trabalharmos assim... Daí, as pessoas pegam os seus lotes e vão trabalhar. Estava esse clima, o dia em que nós viemos pra cá... Em janeiro, algumas pessoas estavam meio que mudando, outras já estavam lutando para ver se saía, então ficou nessa indecisão... Meus pais ficaram lá trabalhando, arrumando, vendo se já muda para o lote, né?

Então, quando ouvi a notícia de que iria ter essa Marcha Nacional, no meu assentamento, tivemos três de nosso grupo para vir aqui. Eu, uma menina e um moço, que já foi embora porque tem que ajudar a mãe dele lá no assentamento... E tem outra que chegou, que é mãe dessa menina que estava aí...

Nós viemos por vontade própria. E fomos escolhidos também. Fizemos uma reunião para decidir e disseram:

— Esses aqui vão...

No nosso Movimento foi assim: cada grupo tirou um. Então, fica mais difícil essas pessoas vir individualmente, não é? Essas pessoas sozinhas têm menos consciência, mas a gente vai tentando, puxando elas para a organização... Queríamos vir... e daí tiraram nós. Veio mais jovens... Fizeram um tipo de uma arrecadação entre eles — verba, né? — para a gente se manter aqui... Comprar umas coisinhas necessárias... Então, nós viemos, caminhemos aí, lutando...

Nós saímos de ônibus da minha cidade. Fui até Campo Grande, a capital. Todo mundo do estado foi para lá, onde se encontremos... Nós, de todas as regiões, se ajuntemos lá. De lá, peguemos o ônibus e fomos para Mato Grosso, outro estado já... Lá, fiquemos um dia, e já no outro dia teve início a Marcha. Dia 17 de fevereiro, em Rondonópolis, Mato Grosso... Nós saímos em caminhada... Assim, foi muito chocante!... Eu mesma gostei de meus pais terem deixado... Porque consegui me sentir mais liberada com o Movimento, meus pais me deixaram mais livre. Eu saio mesmo... Setembro do ano passado eu vim para cá... Eu achei muito importante isso, porque aprendi muita coisa nessa Marcha...

De Rondonópolis, nós fomos andando a pé, na beira da BR... Nós fizemos um acampamento na beira dela, perto de um rio. Ah! Aquele dia tinha chovido, estava um barro!... Nós tomemos banho... No outro dia, acordemos 5 e meia para arrumar tudo as coisas e sair 6 horas... Era sempre assim. Para a gente se arrumar e tomar café. Saímos para tomar café na beira da estrada. Depois, no terceiro ou no segundo dia, cheguemos em Pedra Preta. Estava muito calor, então ficamos na sede da igreja católica. Ela deu muito apoio! Durante a Marcha, ficamos em igreja, em sede, em estádio também, nas prefeituras...

Só fomos mal-recebidos em Santa Rita do Araguaia, aqui já em Goiás, porque a prefeitura não deu nenhuma verba, nem um lugar para a gente ficar! Então, ficamos no Alto Araguaia. Descemos o rio — de um lado do rio é Mato Grosso, do outro é Goiás —, não é? Nessa cidade de Goiás, nós fomos mal-recebidos... Daí, fizemos uma ocupação na prefeitura de lá. Conseguimos algumas coisas e fomos ficar no estádio.

Passamos em inúmeras cidades!... Em Mineiros, os policiais prenderam nosso caminhão de som, porque a gente fazia divulgação... Eles queriam achar um jeito de prender de vez o caminhão de som, só que não conseguiram!... Eu estava nesse dia. Também quebraram um negócio lá do carro, pararam a Parati...

Então, tinha cidades que os polícias não queriam dar acesso para nós. Só que não teve, assim, nenhum conflito direto... Eles nunca tentaram cercar nós, nunca barraram, porque ia ser pior se tentassem barrar a gente! Eram policiais civis, só que eram pistoleiros: eles estavam sem farda, sem nada! Estavam com identidades falsas de outros policiais... Estavam espiando nós desde quando saímos de Rondonópolis, Pedra Preta... Eles estavam espiando nós!

Uma vez, eles entraram dentro do acampamento e se esconderam atrás de uma mata... Nós descobrimos aquilo, né? Então, eles voltaram, mas pegamos o número da placa: era do Distrito Federal! Nós prendemos eles: pegaram as pistolas, mas os companheiros não deixaram, tiraram as armas e as balas... O carro tinha marca de tiro, corria a 300 por hora! Então, era uma "máquina" o carro... E era enxertado com outros motores!... Perguntamos para eles o que queriam de nós...

Conversemos com os juízes, com o advogado daquela cidade... Porque nós não podia passar por cima das autoridades! Queira ou não queira, essa justiça hoje... Se a gente está fazendo isso, eles vão falar que é fora de lei!... E nós tivemos que comunicar com o juiz, que foi lá e levou os caras. Só que, no outro dia, já soltaram! Por isso que não tem justiça nesse país! Porque isso não é de lei, ficar espionando um movimento que é popular!... Porque nós somos populares! Então, deixamos preso o carro, que ficou com nós. No outro dia, o policial foi lá nos contar, e já no dia seguinte pararam alguns companheiros nossos, fizeram algumas perguntas, e os que não conheciam eles conversaram assim, sem saber que na verdade eram aqueles caras que nós tínhamos prendido! E eles estão soltos! Muito bom!... Estão soltos!

E por extensão, nós fomos almoçar às 7 horas da noite, almoço e janta... Ia cozinhar o fogo, mas deu uma chuva e nós estava com dificuldade de água também para a cozinha! Começou a chover, molhar as coisas, e a cozinha não tinha como funcionar, não é?... Aquele dia, cheguemos era 3 horas da tarde, e com aquele nervoso de prender os caras acabou a fome! Então, foi servido o almoço e a janta às 7 horas da noite!... Foi um dia de tensão, cheio de sofrimento, de medo mesmo!...

Foi o mesmo dia em que choveu numa lagoa seca... Começou a chover à noite e foi subindo a água... A água foi bater na nossa canela, molhou tudo as nossas coisas!... Só que, ao mesmo tempo, os companheiros começou a tocar pandeiro, e nos transformemos! Começamos a ficar tudo amarelinho, molhava a canela... Eu caí um tombo! Meu colchão molhou tudo! Já era uma meia-noite e nós tudo cantando!... Aí, tinha um posto mais perto, fomos lá, negociemos e pousemos lá naquela noite! Eu umedeci meus dois colchões, mas com um monte de capas e forros, nós dormimos...

Teve horas difíceis, mas teve horas de lazer também! Em alguns lugares, fomos bem-recebidos. Em Goiânia, tinha bastante manifestações, na capital... Muitas vezes ganhava marmitas, doações... Então, teve lugar que a gente foi bem-recebido, lugar que foi mais legal... E sabe o que mais?... nossa expectativa maior era chegar aqui em Brasília e ser recebido pela população!... Foi o que conseguimos e ficquemos surpreendidos de ver aquela população enorme esperando!!... É uma recordação que eu nunca vou esquecer, não é?! A expectativa maior era nossa surpresa... Também uma coisa muito chocante foi o encontro das duas Marchas, que nós queria tanto que acontecesse...

Foi, assim, um encontro muito lindo!... Muito lindo!... Nos encontremos: na mesma hora, as Marchas se cruzaram!... Fizeram uma cruz... As duas se encontraram! Daí, nós se abracemos, e teve uma hora que ergueram uma bandeira bem grande — que tinha uns cem metros, sei lá... Se abracemos embaixo da bandeira com o pessoal das outras Marchas! Nós fizemos duas, quatro filas enormes! E já fomos recebendo a população... Aquilo foi muito emocionante!... A gente chorou de emoção!... De ter aquela população tão grande recebendo nós!... Para a gente brigar contra essa política que está aí hoje!

Então, fico muito feliz de meus pais terem deixado eu vir... Porque algumas coisas, alguns meios que tenho de mandar notícias para eles, eu mando... Quando alguma pessoa vai até lá, eles ficam esperando contar as novidades daqui. E a gente fica ansioso também para chegar lá e contar as novidades!...

Meus pais não tinham nenhuma verba para me dar para trazer... No Movimento, fizeram doações, para dar coisas! Então, a gente vem aqui representando o estado, a população, e lutar pelos direitos... Porque, você sabe que está representando seu estado, aquelas pessoas estão esperando você lá!... Você está construindo aqui uma luta. Então, nós ficamos todos na expectativa!...

Eu consigo ver — diferenciar bem claramente — como era a minha vida antes e depois de ter entrado no Movimento... Olha, mudou muito! Porque, na cidade, teve dias que nós cheguemos a ficar sem comida! A passar fome! Agora, aqui no Movimento, depois que fomos para o acampamento, nunca ficamos sem comer... Mas na cidade... Ah! Meu pai, ele se virava! Muitas vezes, ele ia com os amigos ver se ganhava na loteria e comprava alguma coisinha para nós!

Então, minha vida é muito diferente, porque criei uma visão e um companheirismo pelos outros companheiros: quando tinha, dava para os outros; quando eles tinham, davam... Quando a gente tinha uma necessidade em geral, quando todo mundo estava sem, a gente achava alternativa, como por exemplo fazer saques, pedágios... Ficava lá, com a cordinha, pedindo dinheiro... Então, junto com mais pessoas, você consegue manter aquilo. Graças a Deus, no Movimento Sem Terra, nunca cheguei a passar fome... Tenho uma visão de que se eu estivesse na cidade já tinha passado fome alguma vez... Assim, dentro do Movimento Sem Terra, consegui ter uma visão melhor dos meus direitos, aprender mais... Porque não adianta ir para a escola com fome, porque você não aprende nada! No MST, eu aprendi muito, muito, muito... Eu aprendi muito!

No assentamento, a gente planta muitas coisas de comer... Algodão e outras coisas assim é muito difícil, porque tem que ter os mecanismos e muito dinheiro... Então, para um pobre trabalhar e plantar essas coisas, tem que ter muita organização... Então?!! Por isso que nós quer trabalhar como coletivo, e plantar não só para nosso uso, como para o comércio também. Para nosso uso, a gente planta arroz, feijão, milho, mandioca... Tem muitas pessoas que criam gado, galinha, porco, pato... E a gente planta muita, muita coisa!

A organização do Movimento Sem Terra no nosso coletivo é assim: tem os coordenadores dos grupos. Então, mesmo nos acampamentos, tem as coordenações: de animação, de segurança, e mais outros grupos... Os grupos tiram o coordenador internamente, se reúnem, marcam o calendário da reunião, e todo dia, naquele mesmo horário, se encontram para passar informe. Por exemplo, a Marcha: todos os coordenadores se reuniram para tirar as pessoas dos grupos...

No Movimento, todo mundo faz tudo. Quando um cansa, por exemplo, vai na reunião e fala: "Ah! Agora eu quero passar a fazer outra coisa". Ou: "Quero descansar..."

Então, entra outro no lugar dele... É isso: a gente nunca é obrigado a fazer alguma coisa. Se faz, é por vontade própria... Quando não quer mais fazer, não é obrigado. Já trabalhei no Setor de Educação, na escola, cuidava dos alunos... Também trabalhei no Setor de Animação, onde ainda trabalho, animando o pessoal. Trabalhei no Clube da Criança, que tinha, com as crianças. Lá era assim: cuidava delas, juntava, todo sábado e domingo, brincava, e ensinava um pouco do que estava acontecendo... Mas dificultou as verbas de comprar brinquedo... Daí, foi acabando... Só que, até hoje, as crianças se reúnem ainda: cantam, fazem coisas, mas sem nenhuma verba. Fazem de boa vontade... Tem o Setor de Informação, o Setor de Saúde... Minha mãe é enfermeira da farmacinha de lá. Quando ela ia até o posto de saúde, eu também ia, por isso fiz as três etapas de primeiros socorros... O pouquinho que aprendi já serve muito para mim aqui! Se alguma pessoa se corta:

— Ah! Isso é bom pra curar!... Aquilo ali é bom...

Quer dizer, já cria uma visão de que lá é de pai para filho, de companheiro para companheiro. Vai aprendendo mais...

No Setor de Comunicação, eles vão pegar as notícias e as matérias do jornal... E informam também através da música, que eu gosto muito!... Esse setor também já ajuda nisso... Então, é muito legal! Você trabalha conforme seu dom!... Conforme sabe fazer as coisas... Aprendi muito!...

De agora em diante, depois dessa Marcha Nacional, espero que eu tenha um assentamento muito bom e que possa conseguir a reforma agrária nesse Brasil! A reforma agrária que nós queremos, com justiça, porque, conseguindo isso, ela vai dar mais emprego para o campo e para a cidade. Fazendo a reforma agrária, com certeza, iria gerar mais empregos, porque vai formando as agroindústrias, que vai precisar de mais pessoas, mais mão-de-obra, e não essas máquinas aí que empregam pouca gente! A reforma agrária tem muito do seu programa para ser estudado ainda... É muita coisa! Esse processo de água, a natureza em primeiro lugar... Senão, o pessoal vai desmatando tudo! Por isso, lá, nós tinha essa política de deixar algumas reservas nos lotes, a água... Tem que deixar algumas reservas para as pesquisas, né? Lá, a serra não vai ser desmatada, vai ser tudo área de lazer e pesquisa...

Perto de nosso assentamento tem aldeias dos índios. Eles têm as áreas que eram deles, onde já viviam... Bastante aldeias... Ali perto, num município. Só que ainda nunca tive a oportunidade de conhecer. Mas um dia quero conhecer a aldeia, ver como é que é a realidade deles de perto, porque a gente só ouviu falar, mas nunca teve acesso lá... O que conheço são vários assentamentos de diferentes pessoas, e tem alguns índios misturados no meio! É! Tem índio, negro, tudo misturado, porque a gente não especifica nem a raça, nem a cor, não é?!

No assentamento, eu tinha um namorado... Só que agora, antes de vir pra cá, terminei com ele... Porque é difícil ficar dois meses longe... Ah! Ele vai arrumar outra também!... Aqui arrumei só uma paquerinha... Paquerei só uns três dias... Daí, falei:

— Ah! Vou mais é cuidar dos compromissos internos... Agora faltam quatro dias para ir embora...

É muito importante as pessoas terem as mesmas idéias que a gente... Isso é muito importante... Ter as idéias. Mas você não especifica: não pode namorar dentro da mesma cidade... A gente namora quem a gente gostar! A convivência aqui e no assentamento é superlegal! É como irmão! Os meninos aqui... É como amizade! A gente se abraça... Quem vê, pensa até que nós somos namorados, mas é sempre uma amizade muito grande!... E é até difícil se namorar uma pessoa que é tão amiga, que é tão irmão... Muitas vezes, vimos pessoas vivendo cinco anos... Muita gente desistiu e isso chocou muito, dá saudade!... Os que ficaram com a gente, para namorar, vai ser um pouco difícil! Porque é como irmão! A gente tem que passar por cima disso, ficar junto, ter uma amizade muito grande... É muito difícil ficar com a cara virada um com o outro...

É muito legal da gente conviver! Todos os domingos a gente se reúne na sede: tem o campo de futebol — as mulheres e os homens jogam — e é superlegal! Juntam muitas pessoas... Até dos outros acampamentos a gente atrai para jogar futebol! Então, é muito legal e eu gostei muito de ter entrado para o Movimento... Porque, sei lá, se os meus pais não tivessem entrado!... Muitas vezes meu pai tentou desistir... Mas eu chorava querendo ficar... Deus me livre, se meu pai saísse! Eu acho que a gente tinha coragem até de ficar! Muitas vezes, ele queria desistir porque tinha muitas dificuldades, né?... Mas a gente explicava para o pai que na cidade tinha muito mais dificuldade ainda do que no acampamento!... A gente superava... Não tinha para onde ir! Nossa casa já tinha sido toda vendida! E eu achei muito legal mesmo, porque nós confiemos na luta, tivemos fé!... Porque vendemos tudo, tudo! Tivemos fé na luta para conseguir, porque até vendemos nossa casa!... Se fosse desistir todo mundo, a gente não tinha onde ir, a gente ia ficar na beira da BR!!... Foi muito importante essa luta, gostei muito! E agora estou aí, lutando junto com os companheiros...

Gosto de cantar músicas que falam da realidade, do movimento... Eu escrevo algumas...

Para terminar, vou cantar duas músicas que fiz! O nome desta é "Unidos pra qualquer hora":

Na luta pela terra,
muitos já morreram.
Tem gente que quer guerra,
outros querem viver.

A luta é demorada,
precisa de esperança.
Segue um novo dia,
Um sorriso de criança.

Lutar pelos nossos direitos
é uma forma de vencer,
Unidos pra qualquer hora,
um novo jeito de aprender.
Pra chegar até ela
temos que se organizar.
Só se conquista a liberdade,
se por ela lutar.

Hoje nossa luta
está no campo e na cidade,
Pois é uma luta de todos,
de toda a sociedade.

E a última é "Sou Criança":

Sou criança e sei pensar,
tenho direito e vou cobrar,
uma vida digna
nós podemos conquistar.

Cada dia que passa
eu vejo tanta dor,
o povo humilhado,
o povo sofredor.

Jogados pelas ruas,
são pobres e coitados,
Essa pátria eu não conheço,
muito menos um país,
morre muito brasileiro
humilhado, infeliz.

Só lutando se conquista,
vamos juntos lutar,
e, uma nova sociedade
nós podemos conquistar...

Entrevista: ANDREA PAULA DOS SANTOS,
28 de abril de 1997.
Textualização: ANDREA PAULA DOS SANTOS, SUZANA RIBEIRO
e GLAUBER BIAZZO.

> Numa educação decente
> pra um novo jeito de ser,
> pra soletrar liberdade
> na cartilha do ABC
>
> Zé Pinto, "Toda criança na escola".

ROSINEIDE
Rondônia

S ENTADA *na grama, debaixo de uma mangueira, gravei minha primeira entrevista. De aparência frágil e tremendo de frio, Rosineide se mostrou forte e decidida. Muito ligada ao seu marido, diz que foi por ele que entrou no Movimento. Até mesmo nas fotografias que tiravam, os dois nunca se separavam. Sua entrevista constrói um panorama do que é a atividade rural e de como funcionam os assentamentos.*

Nunca vou esquecer e ninguém vai tirar de mim o que aprendi. Uma coisa que uma pessoa jamais pode tirar da outra é o conhecimento... Qualquer um pode chegar e tomar de um objeto, mas a experiência, o que se viveu, ninguém pode tomar...

MEU nome é Rosineide e nasci no Paraná. Moro em Rondônia, no acampamento Chico Mendes. Meus pais sempre foram de família pobre, e a gente morava em um sítio no interior do Paraná, quando meu pai resolveu ir para a cidade de Curitiba, onde nasceram meus outros quatro irmãos.

A gente passou muita dificuldade em Curitiba, porque morávamos em uma favela. A vida era difícil! Minha mãe conta que em alguns dias só tinha arroz e feijão com mandioca para comer. Minha família sempre foi grande. Minhas tias moravam com meu pai, porque, quando ele casou, meu avô morreu e como quis ajudar minha avó ele pegou duas irmãs para criar. Em casa, todos trabalhavam, mas não adiantava. O salário da cidade não é grande coisa: a pessoa come o que ganha! Precisa comprar de tudo!

Como a gente era pequeno e não podia ajudar, meu pai viu que a família não tinha condições de sobreviver. Se continuasse daquele jeito não ia dar, porque a gente ficava sem poder comer em muitos dias, e não tinha assistência médica quando alguém ficava doente, devido ao hospital do governo ser muito ruim. Por tudo isso, meu pai, logo que arrumou um dinheiro trabalhando, resolveu ir até Rondônia.

Naquela época, em 1980, o povo estava começando a chegar em Rondônia. A terra era mais barata, mas a estrada era muito ruim e o ônibus ficou atolado bastante tempo. Eu tinha 2 anos e uma irmã menor de apenas 8 meses. Quando chegamos, meu pai conseguiu comprar 5 alqueires de terra, com muita dificuldade. Foi trabalhando e conseguiu ir pagando... mas a vida continuava muito difícil. Com pouco dinheiro, ele só conseguiu comprar a terra. Para comer, a gente ainda precisava trabalhar!

Em Rondônia ainda era tudo mato, e o trabalho no campo era duro e cansativo. O que a gente conseguia em um dia era para comer no outro. Minha mãe trabalhava muito, enquanto meu pai procurava serviços em outras fazendas para poder manter o sustento da casa.

Fui crescendo... sempre trabalhando, ajudando no sustento da casa! Aos 7 anos, comecei a acompanhar meu pai no campo. Meu irmão mais velho, com apenas 5 anos, já ajudava um pouco, porque tinha que estudar. Fizemos uma roça pequena para poder ter o que comer... Eu era muito doente quando pequenininha e passei a ter mais saúde só depois de algum tempo morando no sítio em Rondônia.

Para mim e meus irmãos foi "dificultoso" estudar... A gente levantava todos os dias às 6 e meia da manhã, às 7 estava trabalhando na roça e quando era 5 horas da tarde precisava correr para a escola que ficava muito longe. A gente estudava até meia-noite, e no outro dia às 6 e meia precisava estar em pé e começava tudo de novo. Alguns dias, a gente mal olhava no livro antes de sair para a escola. No caminho lia o que ia cair na prova. A gente quase nem conseguia assistir à última aula devido ao cansaço. Não tinha tempo de estudar...

A gente passava de ano com dificuldade, mas conseguia! Em 1995, meus dois irmãos mais velhos e eu conseguimos terminar a 8ª série do 1º grau. Depois, paramos de estudar. Só na cidade de Presidente Médici é que tinha escola, e a gente precisava trabalhar no sítio. Nesse ano, casei com um rapaz de Rondônia, que agora tem 21 anos.

Sempre quis ter um grau mínimo de estudo, porque sabia que não ia ter condições de avançar mais. Mesmo assim, gostaria de aplicar o que aprendi no ensino de outras pessoas que não têm oportunidade de ir na escola... Sempre gostei de estudar, e se tivesse oportunidade continuaria estudando... Acredito que mais para a frente vou poder estudar, não digo agora. Nos assentamentos, a gente luta por um grau de estudo maior! Lutamos para ter o 2º grau, e preparar professores que ensinem, formem pessoas que trabalhem na terra.

Já faz dois anos que parei de estudar, e tem coisas que aprendi e até hoje não esqueci... Eu fazia muito esforço! Realmente gostava da escola, dos companheiros, dos colegas... Muitos deles saíram e estão estudando em São Paulo, porque os pais tinham um pouquinho mais de condições... Outros prosseguiram nos estudos e até hoje a amizade da gente continua... Pode passar seis, sete, dez anos e, quando a gente se encontra, a amizade é a mesma.

Também gostava muito dos professores. Apesar de não terem uma boa formação para poder ensinar, eles se esforçavam muito... A escola era no sítio, e os professores da cidade não queriam ficar lá.

O prefeito dava o óleo para manter os geradores que iluminavam as salas de aula durante a noite, porque não havia energia ainda. Lembro de um ano que ele não queria dar o óleo e a gente passou a fazer o curso durante o dia, o que diminuiu a turma para dez alunos. Até meu pai não queria deixar eu estudar para ajudar ele na roça. Só com esforço é que convenci ele.

Hoje em dia, meu irmão continua a estudar. Ele está concluindo o colégio regular e vai fazer computação em um curso no sítio mesmo. Ele já estudou datilografia e agora também está fazendo um curso de fotógrafo por correspondência. Eles mandam os materiais de São Paulo e ele estuda em casa: é o único meio que tem para estudar, porque não pode largar a roça, que é nosso meio de subsistência. Meu pai tem uns gados, mas o leite é muito barato. É 16 centavos o litro. Então fica difícil, não dá com isso para manter o sustento, precisa do trabalho na lavoura...

Hoje, meu pai é dono de 15 alqueires de terra, que conquistamos com sacrifício. Foi difícil... Não existia assistência agrícola do trabalho no campo. Fizemos tudo no braço! A diária do trator era muito cara e não tinha condições da gente pagar. Trabalhamos com enxada e veneno. Por causa disso a terra se desgastou muito: ficou fraca!

Meu pai planta algodão, milho, arroz, feijão... Não tem apoio, financiamento, para poder investir em outras áreas, como frutas e outras coisas que os produtores da região plantam. Além de não existir uma cooperativa, a cidade não é desenvolvida para consumir produtos diferentes. O que consome é o básico.

Minha sogra tem 15 alqueires de terra também... Mas é muito pouco, porque a maioria é pastagem... Não tem condições de viver lá com meu marido! Por isso, resolvemos ocupar uma terra...

Não queria ir para um acampamento! Foi meu marido que insistiu. Achava difícil... e ficava muito triste quando ele dizia que a gente ia acampar. Um dia alguém que conhecia o acampamento foi em casa explicar como as coisas funcionavam. Disse que meu marido podia conhecer o lugar e que, se gostasse da maneira como as pessoas viviam, a gente mudava para lá. Falei que não ia de jeito nenhum, e meu marido disse que, se eu não fosse, iria sozinho. Como não largo dele nem um pouquinho, pensei: "Ele não vai sozinho! Eu vou também!". Assim, fui acampar, com muito medo de acontecer alguma coisa ruim, porque era na época do massacre de Eldorado dos Carajás...

Pouca gente participou da ocupação que formou o acampamento. As pessoas ficaram com medo. O dono das terras tinha fama de matar qualquer um que tentasse ocupar a fazenda. Dizem que já mandou fazer um massacre e nunca foi punido. Só agora a fama desse fazendeiro está acabando. Ele está muito endividado com o Estado e também deve muito nos bancos. Por isso não recebe o mesmo apoio que recebia antes.

Além disso, existe um Movimento organizado e todo mundo ia ficar sabendo se acontecesse alguma coisa como o massacre de Eldorado dos Carajás, que quase não teve punição nenhuma... mas a sociedade ficou sabendo de tudo! Por isso, qualquer coisa que o fazendeiro fizesse poderia repercutir muito mal na mídia, para o lado dele.

Ele até alegou que a área pertencia a uma reserva para poder obter uma liminar de despejo. Mas o governo fez uma vistoria e detectou que não tinha mais palmito no lugar. Isso realmente acabou com a moral dele, e o juiz do município, que apoiava a gente, não entrou com a reintegração de posse, porque a área era improdutiva e não tinha mais nenhuma madeira de lei.

O fazendeiro entrou mais três vezes com o pedido de despejo e o juiz não cedeu, porque estava do nosso lado. Até a mulher do juiz ia direto no nosso acampamento e disse que, se alguma coisa estivesse acontecendo na cidade, ela e o marido iriam no mesmo dia avisar a gente. Uma vez, o juiz foi pessoalmente fazer a vistoria na área do acampamento. Ele, sem dúvida, estava realmente de nosso lado...

Mas, quando ele entrou em férias, chegou uma juíza no lugar dele e o fazendeiro deu dinheiro para ela assinar uma liminar de despejo. Pela liminar, a gente tinha só oito dias para desocupar a área senão os policiais expulsavam todo mundo. Nessa época, foi difícil manter a força do acampamento, a gente não saía de lá e só quem estava fora podia entrar, porque a qualquer hora a polícia podia tentar cumprir a liminar.

A gente já estava há 15 dias no acampamento e não conseguia avisar minha mãe, que estava em casa, que tudo corria bem... Minha família ficou muito preocupada, porque em Eldorado dos Carajás foram os policiais que massacraram o povo. E a rádio noticiava direto que os policiais iam tirar o pessoal da fazenda. Meu pai não sabia onde era o acampamento, só minha mãe. Para ir até lá era difícil, porque carro não chegava. A estrada não estava aberta ainda.

Felizmente não aconteceu o despejo que estava previsto. Quem conseguiu derrubar a liminar foi um advogado que trabalha para o Movimento, apesar de não ganhar muito. O MST não tem condições de pagar bem. Ele trabalha simplesmente porque gosta e apóia a luta. Hoje em dia já conseguimos uma parte das terras e estamos negociando outra para o restante das famílias.

Na ocupação, a gente estava com 230 famílias, mas o Incra negociou lotes de terra para cento e poucas famílias. Depois alegou que não sabia do total de famílias do acampamento, porque não fez o cadastramento. Devido à irresponsabilidade deles, a gente não conseguiu assentar todo mundo. Por isso, 60 famílias terão que ser assentadas em outra fazenda.

Em 23 de julho de 1996, quando a gente chegou no acampamento, o Movimento havia ocupado a terra há um mês. Estou assentada há nove meses. A necessidade de conseguir um pedaço de terra fez a gente ingressar no MST. A gente nem conhecia o Movimento, quando acampou. Depois, participamos de estudos de formação dentro do acampamento. Passamos a estudar e a observar as necessidades do país para poder lutar por uma sociedade mais justa.

Nós do Movimento lutamos para levar o povo até o campo... Lutamos para levar as pessoas onde está a origem delas. Mas o objetivo do Movimento não é só distribuir terras. É dar condições do pobre trabalhar na roça. É dar lazer no campo, para o jovem não se prostituir ou se envolver com drogas na cidade. Porque é isso que a cidade oferece para um jovem que não é consciente. As amizades lá só levam para o lado ruim... e quando o menino é induzido à droga e à prostituição fica difícil voltar. Ele passa a roubar, a matar, para conseguir o dinheiro e comprar drogas, e a família não tem condições de pagar um tratamento para salvar ele. No campo, a criança cresce com uma mentalidade diferente do jovem da cidade...

Principalmente a classe burguesa, com algumas exceções, se acha melhor que as outras... só pensa em vestir e comer. Eles estando bem, não importa os outros... Porém nós queremos que cada pessoa, tendo condições, possa dar a mão quando souber de alguém passando fome ou sem o que vestir. É por tudo isso que lutamos...

A partir do momento em que ganhamos a terra, a gente também luta por financiamento. O plano não é plantar a lavoura branca, arroz, feijão, essas coisas, que os pequenos proprietários já fazem, é ter uma produção alternativa, com várias qualidades de frutas, e montar uma cooperativa, industrializar e exportar até outros estados, porque em Rondônia não tem consumidores para a gente obter lucro com o que queremos produzir.

Além disso, a gente quer produzir laticínios e vender direto ao consumidor, que vai pagar melhor por um produto de qualidade, já industrializado. No Rio Grande do Sul, uma cooperativa estava vendendo o litro do leite a 16 centavos. Mas quando industrializou passou a vender a 40 centavos.

Nós, os pequenos produtores, meu pai mesmo, não temos a estrutura necessária para montar uma cooperativa. Se meu pai plantar fruta, não vai ter como vender industrializada pois no município não tem uma despolpadeira. Já o leite, é obrigado a vender muito barato, apenas 16 centavos o litro, para as fábricas de laticínios que têm um lucro muito grande. Existem dois laticínios no município mas não tem concorrência entre eles, que se coligaram e pagam o mesmo preço pelo leite.

Por isso, não queremos que o governo faça uma indústria no município, porque ela também vai pagar um preço que não é justo. Lutamos para montar uma cooperativa, com máquinas para pasteurizar o leite, despolpar as frutas e mandar direto para o consumidor... Aí temos certeza que nosso produto vai ser de boa qualidade, mais barato, e que vamos ter um lucro maior.

Assim, quando a gente ficar com a idade mais avançada, vai poder descansar e aproveitar aquilo que fez... No Rio Grande do Sul, cada família assentada ganha atualmente de três a cinco salários mínimos, depois de passar muitas dificuldades, e até fome, montaram suas cooperativas. E como é que um pequeno produtor vai conseguir ganhar isso se não tiver organizado em cooperativas?

Não participei de assentamento ainda... e nem fui na ocupação porque não conhecia o Movimento quando entraram na fazenda que estou acampada agora. Ouvia falar, mas não me interessava, porque não via necessidade. A partir do momento que acampamos, devagarinho a gente foi aprendendo muita coisa, vendo o companheirismo das pessoas acampadas... a união do Movimento e o quanto a coletividade é importante...

Depois que ingressei no Movimento entendi a realidade do Brasil e mudou muita coisa para mim... A gente quer mudança e, a cada dia, lutar ainda mais, se organizar e atrair pessoas para nosso meio. A única solução para a gente conseguir terra e melhorar o país é se organizando!! Se o povo continuar se organizando e lutando por uma vida digna, acho que no futuro vai ser feita a reforma agrária. É a melhor coisa que pode acontecer... É o que todo mundo aqui quer!

Estou sozinha no Movimento. Meu pai e minha mãe continuam no sítio deles. Meus irmãos não estão aqui: uma casou com um menino que é um dos grandes latifundiários do Mato Grosso do Sul, e outra também casou e foi embora para o Mato Grosso morar com os parentes do marido. Meu outro irmão tem a perspectiva de estudar e conseguir ingressar na vida, mas não através da agricultura, porque acha que trabalhar de agricultor, como meu pai, não tem um resultado muito bom.

Hoje em dia, para a gente trabalhar na agricultura sem apoio técnico, só com o braço, é muito difícil. E quando chegar na idade que meu pai tem, 40 anos, não se consegue mais fazer o que uma pessoa jovem faz. Uma pessoa com 40 anos ainda está jovem, mas meu pai já está acabado, porque conseguiu tudo o que tem trabalhando de forma braçal, não teve o apoio agrícola que o MST quer para o povo assentado. Porque se a gente trabalhar que nem meu pai ou o pai do Paulo, meu marido, quando a gente adquirir algum bem, não vai conseguir mais desfrutar... já vai estar doente e ter que gastar com a saúde... Por isso, a gente quer que o povo tenha um meio de sobreviver com uma vida digna e que possa desfrutar daquilo com saúde...

E foi para conseguir todos esses objetivos que a gente participou da Marcha até Brasília, que saiu de Rondônia dia 15 de fevereiro. Do meu acampamento saíram 14 pessoas, e outras vieram dos acampamentos e assentamentos: 14 de Agosto, Margarida Alves, Padre Ezequiel e Novo Amanhecer de Ouro Preto.

A gente escolheu pessoas que queriam contribuir com o Movimento, aqueles com mais interesse. A marcha foi um espaço de formação, não de passeio! As pessoas com vontade de passear ou de conhecer outros lugares talvez não resistissem às dificuldades do caminho. Seria um problema porque não contribuiriam e só dariam despesas... enquanto uma pessoa interessada pela formação ia repassar pro o povo tudo aquilo que aprendeu, quando voltasse para seu estado de origem.

Existem pessoas de vários tipos e religiões em nosso acampamento. Tem as que não contribuem nada com o Movimento! Mas não tem discriminação nenhuma: a pessoa, desde que vá ao acampamento trabalhar na terra, não é obrigada a contribuir. Nós aceitamos tudo, menos pessoas que estejam a fim de desmoralizar o Movimento, porque lutamos anos para organizar o povo a lutar contra as injustiças cometidas pelo governo...

Fico 20 dias dentro de acampamento e de cinco a dez dias, no máximo, na casa dos meus pais. É perto: são só 11 quilômetros, dá para ir e voltar de bicicleta. Ninguém é preso dentro do acampamento. Todo mundo é livre para ir e vir como se estivesse na sua casa. A gente vai pro acampamento conseguir a terra, e ter consciência, mas não para ficar preso! Agora fico mais na casa dos meus pais, porque minha sogra está morando na casa que era da gente, que é melhor do que a dela.

No acampamento a gente vive a vida normal... como se estivesse mesmo na terra. As mulheres fazem a comida, lavam a roupa e cuidam das crianças. Os homens trabalham na roça mantendo a subsistência do acampamento... Quando saí de lá, estavam desenvolvendo o trabalho de estudo nas escolas com as crianças... assim o tempo que estão no acampamento não ficam fora da escola. Tem os professores formados que já foram para o acampamento com o objetivo de conseguir a terra e acabam ensinando as crianças. Tem também a escola de adultos que não tiveram a oportunidade de estudar e que querem pelo menos aprender a assinar seu nome. E o povo tem dias para trabalhar fora, e manter o básico da casa que a gente não consegue produzir.

Todos que entram no acampamento e participam do Movimento têm a consciência de que injustiças cometidas contra a gente também são contra o povo. Até crianças notam que embaixo da rodoviária há pessoas com fome, sem moradia. A gente quer que a sociedade entenda e que se coloque no lugar deles... As injustiças são cometidas em qualquer parte do país, e ninguém está livre delas...

Sempre quis ficar no campo. Não gosto da cidade. Meus pais moraram na cidade e não conseguiram tirar proveito nenhum. A gente praticamente passou fome. Penso em ter filhos e não quero dar a eles o futuro que se vê na cidade. Sei que na maioria das vezes há mais chances de estudar lá, mas acho que o campo é o melhor meio para educar o filho com outra mentalidade. Se alguém vai à cidade sem estudo não encontra emprego e vai ser mais um favelado. Seus filhos, muitas vezes, vão se prostituir, para poder conseguir sustentar os irmãos menores. Por isso, não acho a cidade a melhor saída. Ela não dá futuro ao jovem do campo. Só aqueles que já nasceram e cresceram na cidade conseguem sobreviver nela.

Gostaria de voltar a estudar. Me sacrifiquei por isso porque um dia quero ensinar as pessoas que não tiveram a oportunidade de aprender. Todo mundo que não sabe ler tem vontade de aprender... pelo menos a ler e escrever seu nome. A partir do momento que se entra no Movimento sempre tem escola para que a pessoa não precise ir à cidade aprender. No próprio assentamento são formados professores para ensinar...

Nós tivemos muita dificuldade na caminhada. Mas tudo aquilo que passamos está tendo um retorno. A gente sabia que ia chegar aqui e não ia conseguir conquistar a reforma agrária de uma vez. A gente conseguiu realmente o que queria: mostrar pra sociedade o que o governo quer com a privatização da Vale e das outras estatais, porque, se forem privatizadas, vamos ficar entregues ao capital estrangeiro e ter que pagar para usar aquilo que é nosso direito. Queria mostrar também o que o governo quer com a reeleição, porque, desde que o Fernando Henrique foi eleito e assumiu o poder, só fez aumentar o desemprego: são 400 mil pessoas desempregadas no país!

Além disso, queremos a reforma agrária, e até agora o governo não fez nada para contribuir. As dificuldades que a gente teve na caminhada... as noites que passamos sem dormir por causa da chuva e do mau tempo... os dias que não almoçamos e nem tomamos café... foram coisas mínimas perto do que conseguimos: mostrar para a sociedade o que realmente está acontecendo no país!

Foram muitas as dificuldades da marcha! A gente não tinha experiência de como fazer as barracas, e a alimentação chegava atrasada. Com apenas dois dias de caminhada, algumas pessoas já queriam sair. Inclusive um casal que é do MST, mas chamamos os dois e explicamos que aquilo era apenas uma primeira dificuldade e que iriam surgir muitas mais pela frente. Se eles não tivessem resistência não iam conseguir chegar no fim de maneira nenhuma. Conseguimos colocar na idéia deles que eram importantes naquela marcha e agora contribuem muito com o Movimento. Se eles tivessem desistido, com certeza não teriam a consciência que têm agora. Até falam que quando voltarem para o acampamento contribuirão para mobilizar as pessoas, porque se vêem no dever de trazer pessoas pro Movimento. O acampamento deles é novo, começou no dia que a gente saiu de Rondônia. Tenho certeza de que ainda vão ajudar muito! Aqui em Brasília, a gente está vivendo a formação na prática. A gente sabe tudinho o que acontece no país e vê a realidade da cidade grande. Eles vêem também, sentem e comentam isso comigo. Acho que a formação deles foi muito grande na caminhada porque a idéia deles mudou totalmente... Eles passaram a ver a necessidade do povo...

Na longa caminhada da Marcha, pouco antes da cidade de Mineiros, conseguimos pegar dois policiais infiltrados que estavam querendo desmoralizar o Movimento e colocar a sociedade contra nós. Era um dia de chuva forte, e a gente teve que dormir em um posto de gasolina. As barracas rodaram com a enxurrada e a gente não conseguiu lugar para fazer acampamento. Na beira da estrada só tinha latifundiário, e eles não apoiavam a Marcha.

Esses policiais entraram no posto e ficaram dando voltas. Mas há dias a gente estava atento. Sabia que o Fernando Henrique estava colocando policiais no nosso meio. A gente comunicou o pessoal e conseguimos pedir para eles se identificarem e dizerem por que estavam seguindo a gente. Eles não quiseram se identificar e estavam armados com dois revólveres calibre 38, que tomamos deles. Nós corremos grandes riscos... Foi uma dificuldade: o povo já estava revoltado e com fome depois de caminhar 27 quilômetros, e ainda o pessoal vinha seguindo a Marcha. A gente filmou tudinho, mas não conseguimos entrar em contato com a imprensa, porque o celular estava numa baixada e não conseguiu pegar. Nós chamamos o delegado e ele até hoje não tomou nenhuma providência contra os dois. Eles eram tudo do mesmo lado.

Aqui em Brasília, meu marido e eu fomos ajudar uns meninos da cidade a organizar a Marcha estadual, e eles brincaram que o estado de Rondônia é o fundão do Brasil. Gosto muito de Rondônia e falei para eles que não é bem assim. A imagem que o pessoal daqui tem de Rondônia é muito diferente do que ela é! Tem uma menina do Espírito Santo que brincou comigo que as pessoas da cidade dela diziam que, se matassem alguém, corriam para Rondônia e ninguém encontrava, porque era muito longe.

Rondônia é um lugar bom para se viver... É um lugar desenvolvido, mas não tem cidade grande onde acumulam as misérias nas favelas e sim cidades pequenas onde já existem favelas, porque os grandes latifundiários tomaram conta das terras quando Rondônia começou a abrir. Agora, o povo está se organizando e tendo a consciência de que só indo para ocupação é que vai conseguir terra. É um lugar bom para quem tem terra. É bom porque produz de tudo. Ninguém passa fome se trabalhar em cima da terra...

Mas o povo se mata de trabalhar e não consegue ter recurso para poder se aposentar quando tiver idade. E com o salário mínimo da aposentadoria não dá para viver bem. Então, mesmo que se aposente tem que continuar trabalhando. Não dá para viver sem trabalhar porque fica muito difícil... Quem tem pouca terra vive assim... Trabalhando, consegue comer... mas não dá para planejar um futuro de vida... As coisas lá são muito baratas, a produção não tem preço... Pode até plantar muito mas não tem preço, não tem como exportar para outro estado...

Nós do MST não temos um líder porque achamos que o povo tem que decidir. Temos a coordenação e a direção que levantam as propostas, mas o povo é que aprova ou não... Se aprovarem uma idéia, a gente vai seguir; se der errado, erramos juntos, e depois vamos tentar resolver. Se a gente da direção decidir pelo povo e errar, vão reagir. Por isso, o povo tem que decidir, e não um líder. Se o povo não está gostando de uma coisa a gente tem que tomar uma decisão. Porque se eles vêem as dificuldades, se acham que uma coisa não está certa, falam e a gente toma a decisão para resolver aquilo da melhor maneira...

Além disso, cada um tem sua tarefa, porque, se deixar toda a carga em cima de um, ele vai tomar a frente e o povo vai ficar acomodado. É o que acontece hoje no país: o acúmulo de tarefas. Enquanto alguém acha que o outro está resolvendo tudo sozinho, se acomoda, e muitas vezes as coisas ficam para trás sem serem resolvidas... porque um só não deu conta.

Já somos dominados por um governo, por um presidente, e não queremos ter um líder dentro de nosso acampamento. Muitos julgam o José Rainha como uma liderança do Movimento, mas não, ele é da direção nacional e está a par da conjuntura do país e repassa isso pro povo. O Rainha tem uma formação maior que a da gente, já que faz muito tempo que ele entrou no Movimento. Ele convive com as dificuldades do dia-a-dia e já foi preso várias vezes por lutar pelos direitos do povo.

O que mais revolta, hoje em dia, é que as pessoas que lutam para fazer a sociedade mudar estão sendo presas e os que massacram os trabalhadores estão soltos na rua, cada dia fazendo mais massacres, e nenhuma atitude é tomada sobre isso...

Muitas pessoas morreram para construir o que a gente tem hoje...

Depois dos massacres como de Eldorado dos Carajás, muitos ficaram com medo porque não conheciam o Movimento. Só que a morte das pessoas massacradas não foi em vão. A partir do momento que elas morreram, o povo se revoltou ainda mais e fez mais ocupações. A sociedade, agora, vê que eles morreram porque lutavam por uma sociedade melhor... E a gente do Movimento tem a consciência de que, quando morre uma pessoa, mil pessoas se levantam para ajudar o Movimento...

Ao perceber que lutamos para acabar com as injustiças e que estamos dispostos a morrer para melhorar de vida, a sociedade passa a apoiar ainda mais o MST e a encorajar nossa luta.

Para mim, entrar no MST foi a melhor coisa que já fiz. A partir do dia que a gente entra no Movimento, passa a ter uma consciência totalmente diferente, a ver as dificuldades do país. Não me arrependo, nem um pouquinho, de ter entrado e continuo com muita vontade de contribuir.

Nunca vou esquecer e ninguém vai tirar de mim o que aprendi. Uma coisa que uma pessoa jamais pode tirar da outra é o conhecimento... Qualquer um pode chegar e tomar um objeto, mas a experiência, o que se viveu, ninguém pode tomar.

Vou lutar ainda mais para tentar melhorar o país e fazer com que as pessoas entendam nossa realidade. Estou disposta a conversar e colaborar da melhor maneira possível com qualquer um... Jamais vou desistir!

Entrevista: Suzana Lopes Salgado Ribeiro, 28 de abril de 1997.

Textualização: Fábio de Brito, Suzana Ribeiro, Andreas Rauh Ortega e Glauber Biazzo.

> Lembra também das ligas,
> dos movimentos populares.
> Viva Antônio Conselheiro!
> Viva Zumbi dos Palmares!
>
> OJEFFERSON, *"Moisés"*

OJEFFERSON
BAHIA

COM *fala mansa, carregada do sotaque e de muita simpatia, Ojefferson narrou sua história de vida com desenvoltura incomum. A influência materna sobressai todo o tempo, especialmente no que diz respeito aos sentimentos em relação ao MST, num primeiro momento, de aversão e, posteriormente, de identificação. A história de vida esclarece: é que foi sua mãe quem tomou a iniciativa de abandonar o emprego na cidade e a família e ir lutar por terra... Pela experiência, ele é atestado vivo dos resultados concretos obtidos pelos assentamentos na Bahia, que convenceram nosso colaborador e o impulsionaram à liderança, mostrando o complexo processo educativo de novos militantes dentro do movimento social.*

Isso tudo era um sonho pra mim!... Nunca passou na minha cabeça minha mãe e meu pai ter terra... Chegar e ver eles no seu pedaço de terra, produzindo... Então, foi isso que me fez vir para a luta, mesmo minha mãe não querendo, sendo contra... Porque o importante é que todo mundo tenha!

MEU nome é Ojefferson, nasci em Jequié, em 74... Sou filho de Onorato e de Gelsa... Sou filho único da família, mas nem por isso fui criado como um filho de burguês, né? Só que fui preso também, porque filho único é muito paparicado pela mãe... Os meus pais também são trabalhador, eram empregados. Minha mãe, por muito tempo, foi enfermeira, trabalhava na clínica particular de enfermagem no hospital da prefeitura. Meu pai também trabalhava de assalariado na prefeitura, era fiscal. Ele tinha uma propriedade, que vendeu quando nós ainda não tinha nem nascido... Ia morar na capital, em Salvador. Depois não deu certo, voltou para o interior.

Tenho três irmãs. Ah! Eu disse que era filho único, mas quis dizer que sou só eu de homem lá em casa!... Não sou o mais velho, mas sim o segundo. Uma irmã é adotiva e tem um menino que nasceu agora, faz dois anos.

Quando era criança era assim: meus pais são todos crentes. Minha família toda... Só quem não é crente sou eu. Mas conheço a verdade também! A gente segue aquilo que a natureza pede... Sempre segui a Igreja, junto com meus pais. Freqüentava bastante... Não tinha muito amigo, só os colega da escola mesmo. No bairro, não saía para brincar. Tinha brinquedo, mas só brincava dentro de casa: era preso... a casa tinha portão... Morava numa cidade pequena, mas — sei lá — minha mãe tinha vontade que a gente estudasse, não se ajuntasse nem se misturasse com os menino das ruas! Ela tinha medo que amanhã a gente se tornasse marginal... Ela fazia enfermagem, então a vontade dela era que eu estudasse para amanhã ou depois ser um médico, entrar na faculdade, essas coisas... Nada disso passava pela minha cabeça!...

Eu gostava de brincar! Sempre ia pro rio... Ia pro campo, jogar bola... Só que chegava em casa, ficava preso, de castigo! Nosso quintal tinha um muro grande e, assim que chegava da escola, minha irmã mais velha ficava com a chave do portão. Aí eu botava uma escada no muro, subia, pulava pelo outro lado... Tinha um pé de jaca ali por onde eu passava... Ia pro rio, brincava de bola mais os meninos... Então, estudava pela manhã, e pela tarde me divertia no rio! Mas quando chegava em casa, antes da minha mãe voltar do trabalho, ia no banheiro tomar banho e ficava lá dentro do quarto, escondido, né? Só que ela já sabia! As meninas contavam que eu tinha saído, pulado o muro. Minha mãe me botava de castigo porque elas falavam que eu tinha escapado! Contavam pra minha mãe, que me prendia no quarto! Às vezes, me botava pra ler a Bíblia. Depois, me dava tarefa, como varrer o quintal, essas coisas... Tinha vez que ela mandava sair da escola e ir direto no trabalho dela fazer os deveres e ficar lá até a hora de vir para casa. Ou seja, sempre fui criado dessa forma...

Minha irmã tinha mais liberdade que eu, na verdade, porque minha mãe realmente tinha muito cuidado comigo! Não queria que me misturasse com os menino de rua... Era muito preso, ficava só dentro de casa mesmo! Ainda assim, dava uma escapulida, saía, fugia...

Nos primeiros momentos, eu estudava. Cheguei a estudar até a 7ª série, mas como a renda familiar era muito pouca — e como sempre gostei de ter minhas coisas — optei pelo trabalho. Comecei a trabalhar em supermercado... Depois, de bombeiro no posto... Mais tarde fiquei desempregado... Eu vim ter minha liberdade aos 17 anos. A partir do momento que minha mãe saiu, e foi morar na roça com meu pai e minhas irmãs, e eu fiquei tomando conta da casa.

Chegou um tempo em que minha mãe foi convidada para fazer parte de um acampamento do Movimento Sem Terra. Foi 1985, quando o Movimento chegou no estado, fazendo um trabalho no município onde morava. Eles convidaram minha mãe para participar. Como disse, ela era empregada, meu pai também... Todos nós da família fomos contra ela tomar essa decisão de largar o trabalho e partir para uma coisa que nem ela conhecia! No fundo, ela sempre teve uma vontade de ser independente, de ter um local dela, de não depender de ninguém nem de salário. Ela sempre falava isso! Sempre contribuía com o pessoal, era presidente da associação do bairro, era uma pessoa carente que contribuía com todo o mundo... Dizia que, no dia em que surgisse a oportunidade dela ter um pedaço de terra, de ser independente, de ter um local onde morar, ela deixaria tudo para trás! E seguiria, né? Foi quando surgiu esse Movimento Sem Terra...

Os meninos do MST iam lá em casa, porque ela cedeu para eles fazer reunião. Nós não gostamos... meu pai não gostou. Eles mudaram de local e foram fazer reunião no sindicato. E a gente recebeu a notícia de que ela ia participar por ela mesma! Ia ver o que é que dava! Ia lutar até o final. Aí, a gente não podia fazer nada!... Era a vontade dela: disse que, se a gente não fosse, ela ia sozinha! E ela foi! Apenas levou minha irmã de criação, a Genimércia, que na época tinha 8 ano de idade. Fez uma feira de tudo e foi...

Ela foi de manhã... quando foi de tardinha, umas 6 horas, ela chegou sem nada!!! Os policiais tomaram as coisas, jogaram a farinha dentro d'água... Ela chegou num caminhão que os policiais trouxeram e botaram cada um no seu município.

No outro dia, o pessoal rearticulou outra reunião e ela foi junto de novo! Acamparam na beira da estrada! Ela acampou, foram até a área... mas a polícia tornou trazer eles novamente, e dessa vez ela foi presa! Passou cinco dias presa!... Da primeira vez, eles acamparam dentro da fazenda e a polícia deu despejo. Da segunda vez, ela foi reconhecida como líder dos pessoal e, por isso, foi presa por cinco dias...

Ah! Esses cinco dias foram de muito sofrimento!... Demais! O pessoal xingava, a polícia ameaçava ela de morte, tudo... Mas ela, como uma pessoa crente, orava, né? Não ligava para o que os policiais falava. Tinha momento de chorar... Isso ela veio contar depois que tinha conquistado a terra pra gente! Elas sentaram e colocaram toda essa situação...

É que, quando minha mãe foi presa, viu muitos dirigente do Movimento Sem Terra ser torturado, espancado, chutado pelos policiais! Metiam a cabeça deles dentro d'água, enforcavam, sufocavam!... E ela ali, sendo presa também, testemunhando tudo aquilo... Muita tortura por parte da polícia... Ela não foi torturada. Mas viu os companheiro sofrer! Inclusive um militante que não está mais no nosso meio, porque faleceu numa briga. Foi esse companheiro que me trouxe pro Movimento... Se hoje estou aqui, foi por causa dele! Eu sinto muito sua falta... Agradeço a ele também por estar na luta, contribuindo. Estou fazendo a parte dele, né? Seu nome era Fábio Henrique Assunção. Enfim, a polícia só deixou em paz porque a gente conseguiu a emissão de posse da área, pela lei.

Nós não fomos ver ela na prisão, nada!!! Não... porque não sabia que ela estava presa!... Eles não devolveram no município. Ela ficou presa esses dias todos e a gente sem saber, pensando que ela estava na área... Sem saber notícia nenhuma! Tinha gente do município que sabia, mas não queria falar pra gente não se assustar...

Por isso, eu também era contra. Não sabia o que significava o Movimento... Ouvia muito falar em guerra, em morte!... Todas as pessoas ficou revoltada com isso! Ela ter tomado essa decisão. Mas ela foi e enfrentou! Foi presa, passou cinco dias na cadeia. Depois disso, tomaram cinco despejos na área! Companheiros foram baleados... Isso aumentou mais ainda a tensão e o medo dentro de casa, né? E a minha revolta também! Por ela ter deixado tudo aquilo... até abandonado meu pai e partir para a luta sozinha! E aquilo me deixou ainda com mais raiva do Movimento.

Mais ou menos com cinco meses, ela foi indicada com uma comissão para ir a Brasília. Então, conseguiram a emissão de posse da área... Voltaram e ficaram sendo donos da terra... A área fica no município de Camacan, no Orojó. Dá seis quilômetros do Orojó até a fazenda Mariana, que é o nome dela hoje. Depois de seis meses que eles vieram conquistar a área...

É uma área muito bonita, que o fazendeiro só fazia desmatar. Vender carvão, madeira... Depois da área toda desmatada, ele plantava o capim pra criar o gado. Era área que já tinha sido vistoriada pelo Ibama e pelo Incra — já tinha decreto de desapropriação também —, só que o fazendeiro não queria ceder. E para desapropriar tinha que haver uma certa pressão! Por isso teve a ocupação que o pessoal fez na área. Tinha uma base de 150 pessoas. Hoje vivem lá em torno de umas 50 famílias... Assentados são 28, mais os filhos, genros, e outros parentes, são mais de 150 pessoas, no máximo...

Nessa época, eu trabalhava e estudava também. Tinha 17 anos e vivia junto com meu pai. Seis meses depois, meu pai e minhas irmã foram morar com ela. Todo mundo! Eu, como estudava, tinha meu emprego, não quis ir... Também não me interessava muito! Não queria saber de roça, essas coisas, né? As pessoas falavam:

— Sua mãe é "sem-terra"!...

O pessoal da Igreja ficou revoltado com ela! Muitos quiseram expulsar ela também porque seguia o Movimento. E eu não queria nem saber do Movimento! Só queria saber mesmo do meu trabalho.

Depois de um tempo, minha mãe chegou em casa, fez uma reunião e colocou para o meu pai a situação. Disse que, se ele não fosse morar com ela, ia ficar sozinha lá! Levava as meninas e ia viver a vida dela sozinha, independente, se ele não quisesse acompanhar. Aí ele quis acompanhar!... Foi junto com ela. Chegou lá e se emocionou também, ao ver a terra...

Nesse período de dois anos, que fiquei na cidade, longe da minha família, desisti de estudar. Comecei a me preocupar muito com meu trabalho... Sei lá! Quando minha mãe estava perto, ela exigia muito de mim! Exigia que estudasse, para passar de ano, e assim me interessava muito pelo estudo. Depois que ela se afastou de mim, aquela vontade de estudar passou, né? Eu não freqüentei mais a escola, comecei a sair mais o meus colegas pra rua, só queria saber de festa! Não liguei mais para o estudo, comecei a perder ano... Então, desisti de estudar. Liguei só para o meu trabalho e a curtição...

Eu trabalhava de bombeiro no posto. Morava sozinho, tomava conta da casa de minha mãe, porque ela foi pra roça e deixou a casa comigo. Eu mesmo fazia minhas coisa, aprontava meu almoço, minha janta... Tinha umas primas minhas, vizinhas, que estudavam também e não tinham tempo, mas uma delas lavava roupa para mim, fazia alguma coisa para me ajudar.

Deixei meu emprego, fiquei um tempo desempregado... O patrão começou a pagar pouco, não quis aumentar o salário, por isso saí do trabalho. Fui trabalhar de lavador ambulante, porque já tinha uma certa prática de trabalhar com automóvel, essas coisas... Trabalhei um tempo de motorista também prum patrão, seu Berlito. Ele era cego, fiquei um tempo dirigindo para ele. Depois, desisti também, não deu para trabalhar mais na cidade. Fui vivendo assim uma base de dois anos...

Quando era acampamento, onde minha família morava, nunca fui visitar. Muitos anos depois... com dois anos que eles conseguiram a conquista da terra, houve uma festa lá e aí fui visitar... Era festa de comemoração da ocupação, dia 26 de outubro. Foi nessa data que eles ocuparam a terra. Eles comemoram nessa festa que fui participar. Num primeiro momento, minha mãe contava que era como estamos acampados aqui em Brasília: barraco de lona preta, sustentado por estacas de madeira, com a diferença que era coberto de palha. Quando cheguei lá já estava mais modernizado! Era barraco de taipa, já tinham dado piso, essas coisas... Estava mais desenvolvido, bem estruturado e bem bonitinho! O pessoal já tinha recebido um crédito, comprado um gado... Aí comecei a me interessar! Vi a luta e gostei, né? Eles plantava mandioca, milho, feijão, arroz, batata, todo tipo de cereais, verduras... Eles cultivava essas coisas... Lá, vi vários companheiros que convidaram minha mãe para participar dessa luta. Achei muito bonita a festa, com os palestrantes, que eram os militantes... e aquilo que eles colocaram, porque era uma realidade! Comecei, de uma certa forma, a me interessar pela luta. Conheci a área — vi e achei bonito o local — a forma deles se organizar... Então, saí do emprego e também vim para o campo ajudar meu pai na terra que eles conquistaram. Minha mãe foi na cidade, me chamou e me adulou para ir... Meu pai tem 74 anos. Não tinha como ficar trabalhando, dando duro na roça! Aí, fui trabalhar lá com eles...

Levei um tempo trabalhando com eles. Eu gostava de trabalhar na roça... Quando cheguei lá, eu não conhecia nada!... Não sabia nada! Nunca tinha trabalhado na roça! Cheguei e disse que ia botar uma roça pra mim. O roçado já estava queimado. Aí, tinha um de seis tarefa já derrubado e queimado. No primeiro dia, fui visitar o roçado com meu pai. Só faltava coivar e depois plantar! Coivar é tirar as madeiras que têm dentro do roçado para ficar limpo e depois a gente começar a plantar. Junto com ele rocei e coivei... Todo mundo até pensava que eu tinha o costume de trabalhar em roça! Cheguei fazendo isso, comecei num pique assim! Como se já tivesse propriedade, trabalhado em roça!... Todo mundo ficava admirado comigo: com meu esforço e minha vontade de trabalhar.

Assim, com mais ou menos uma semana, eu e meu pai plantamos o roçado todinho! Minha mãe até botou o nome de "Ligeirinho" nessa roça! É engraçado! Por causa da vontade que cheguei de plantar, fazendo tão ligeiro... Eu tinha 20 anos, na época. Tenho 23 anos. Ah, eu gostava! Sei lá, eu me adaptei tanto!...

Minha mãe tem gado. Antes de morar lá, um rapaz tirava leite para ela. Assim que cheguei, ele me ensinou a fazer isso, e todo dia de manhã cedo eu acordava e tirava leite. Depois de tomar o café, a gente — eu e meu pai — ia pra roça e trabalhava a tarde toda... Tinha vez que ia sozinho! Minha mãe ficava até preocupada: o sol sumia e eu lá na roça! Trabalhava com uma vontade de conquistar alguma coisa melhor pela frente, né? Meu objetivo era esse. Ter uma vida melhor do que daquilo que tinha na rua, no meu emprego na cidade. Ter uma vida mais soberana...

Ah! Eu me adaptei muito ligeiro ao pessoal do assentamento porque minha mãe tinha muito conhecimento com eles! E eu também sou uma pessoa muito fácil de se relacionar com outros... sou muito popular! E fui pegando amizade rapidinho: num instante, me tornei companheiro de todos.

Lá no assentamento funciona da seguinte forma: cada um tem sua roça, sua área demarcada. São 12 hectares para cada um. E tem a área coletiva, onde todo mundo trabalha em conjunto!... São 300 hectares de área coletiva, entre pasto, casa de farinha, represa de criação de peixe, caminhão... Essas coisas que são os bens coletivos, não é isso? Então, todo mundo trabalha em conjunto, em defesa disso, e também planta em sua área individual. Tem suas máquinas, plantadeiras, ferramentas, tudo individual... Na área coletiva também tem escola. Inclusive, minha mãe é professora da fazenda! Tenho uma irmã que também é professora, a Mobiana. E assim eu fui vivendo...

Depois, com um ano que estava na terra, surgiu um curso de militância para capacitar dirigentes do Movimento. Era louco para participar de um curso desse! Comecei a me empolgar em ver a realidade, o objetivo que eles conquistaram. Eu me interessei por aquilo! Mas minha mãe era totalmente contra minha participação, porque ela passou vários sofrimentos... Viu o que os dirigentes também passavam... O sofrimento para conquistar uma terra! Ela tinha medo demais de me perder... eu, sendo único filho homem... E não queria que eu participasse desse curso! Mas, um dia, surgiu cinco vagas para os companheiros do assentamento, e eles desistiu de ir, não quis participar. Eu estava torrando farinha na farinheira, ajudando meus pais, quando um companheiro de Vitória da Conquista chegou e me perguntou se ia fazer o curso. Falei que iria sim! Aí ele me mandou aprontar as coisas, que ele me pegava. Voltava de manhã cedo e me levava para fazer participação no curso.

Nessa hora, minha mãe estava ensinando. Deixou a escola e veio saber se eu ia. Falei que ia. Ela, chorando, me pediu para não ir participar... que era arriscado... Ela via o sofrimento das pessoas que participava dessa organização! Repetia que era MUITO arriscado, e que ela não queria de maneira nenhuma! Naquele tempo, tinha vontade de conhecer mais as coisas, né? Ser um pouco livre!... Porque fui criado muito preso! Fui muito mimado pela mãe. E ela me implorou para não ir!... Disse que eu não ia... Mas não deixei tirar meu nome fora! Eu, com aquela empolgação toda, fui...

O curso foi em Vitória da Conquista. Lá, eles me deu mais ou menos uma explicação do que era o curso: ia estudar sobre pecuária e agricultura; sobre como funcionava a organização do Movimento Sem Terra; a relação com os outros companheiros que trabalha nisso... Explicaram o que é que eu ia estudar, o que tinha de fazer, o comportamento que devia ter, qual os objetivos que ia alcançar, a contribuição que ia dar no grupo, qual os avanços que ia ter, politicamente... Colocaram muitas coisas que eu não conhecia! Então, participei do curso, e no final foram escolhidos os melhores militantes. Foram dados certificados. Os melhores iam para a Escola Nacional, que funciona em Caçador, Santa Catarina. Fui escolhido, mas antes a gente ia fazer uma ocupação de terra!

Num primeiro momento, a gente fizemos uma ocupação numa fazenda de grileiro. Eu nunca tinha feito!... Não sabia o que era, mas meu amigo, o Fábio, contou o que eles já tinham o costume de trabalhar. E me jogou uma arma na mão e disse:

— Você vai fazer essa ocupação! Você tá escolhido pra ir... Só que é perigoso, porque lá tem pistoleiro dentro da fazenda! Mas nós vamos ocupar porque a área já teve decreto de desapropriação... e nós vamos ocupar.

Respondi:

— Tá bom!... Eu tô aqui... decidi... eu vou!

Quando saí de casa, a minha mãe e meu pai estavam implorando, chorando, me pedindo para não ir participar... Nem bênção ela me deu! Ela falou que, se eu viesse, podia considerar que não era mais filho dela! E eu tomei essa decisão, assim, por conta própria... e vim!

— Eu vou participar... Quero me entregar à luta! Quero fazer parte da ocupação!

No fundo, eu também achava emocionante e divertido demais, não é isso?

A gente foi até essa ocupação. Quando chegamos na fazenda, já tinha pistoleiro esperando! Eles começou a atirar contra a gente!!! Só que nós tinha uma base de 1.500 pessoas!... Como eles viram muita gente, se acovardaram e correram! Eles correram e a gente tomou conta da área!...

Eu fiquei com aquele companheiro que me levou no curso. Ele estava sendo procurado pela polícia... Então, a gente tinha que sair à noite do acampamento, porque a polícia estava à procura dele e, se encontrasse, matava!... Por isso, saí junto com ele: fizemos a ocupação de manhã, e à noite eu viajei com ele, que estava sendo responsável por mim.

Quando foi umas 3 horas da manhã, a gente chegou em casa!... Minha mãe me recebeu com alegria!! E, desse dia em diante, ela não impediu que eu fizesse mais nada! Ela me perguntou se era isso que queria seguir. Falei que era, que tive um bom comportamento naquele curso e que também fui escolhido para fazer o da Escola Nacional...

Depois, fiquei três meses trabalhando na terra. Até que surgiu o novo curso, em Santa Catarina. Minha mãe falou que, se eu fosse, ela não me dava nada, não contribuía em nada comigo. Eu falei pra ela que ia mesmo assim!

Ela, querendo me empolgar para ficar de novo na roça, comprou uma motosserra para eu trabalhar! Só que, um dia, a motosserra quebrou: peguei, levei pra cidade, vendi e comprei tudo de roupa, sapato, bolsa! E me preparei pro curso. Fiquei até sem o dinheiro da passagem de volta para casa! E fiquei na cidade, na casa da minha tia. Minha mãe veio saber por que eu não tinha voltado. Ela chegou na cidade e soube de tudo. Eu falei:

— Vendi o motor!

Aí ela respondeu:

— Então, você vai ficar aqui. Não vai pro curso!

E voltou para o assentamento!... Não me deu o dinheiro da passagem... Aí, pedi emprestado à minha tia e voltei no assentamento. Quando cheguei lá, o pessoal também já tinha chegado. Então, viajei com eles: estava preparado, tinha tudo em mãos, né?

Passei dois meses em Santa Catarina, estudando. E tive vários elogios! Sempre fui destacado nos cursos de militância do Movimento. Então, voltei no estado da Bahia, já fazendo trabalho de base, convocando o pessoal para fazer ocupação de terras.

O trabalho de base é nos municípios, convidando aquelas pessoas que não têm terra, que está desempregado. A gente vai colocando a realidade, falando desse sistema que reprime a gente, do porquê que as pessoas estão assim, qual a solução para amanhã ou depois elas ter uma vida digna, ter o sustento de suas famílias. E também diminuir o número de prostituição, seus filhos não se tornar marginais, não é isso? Ter uma vida no campo com dignidade! Ter uma casa onde morar com seu pedacinho de terra para plantar, e produzir! Independente de que tenha dinheiro ou não, mas, pelo menos, ter o alimento pra sustentar sua família!... Então, a gente coloca tudo isso para os trabalhadores que hoje não têm alternativa nenhuma e estão desempregados, no campo e na cidade. A gente vê que a única solução é fazer a reforma agrária, também com ocupação de terra improdutiva desses latifúndio! Isso que se chama um trabalho de militância, um trabalho de base. A gente faz convidando os companheiros que não têm terra para que, mais tarde, eles venha conquistar um pedaço de terra onde trabalhar...

Muitas pessoas, por não ter cultura nenhuma no campo, pensa que a vida na cidade é boa. Mas, quando a gente começa a explicar a realidade; mostrar os assentamentos que hoje vêm dando certo, porque a gente vem trabalhando neles; colocar a questão de reforma agrária, mostrando o avanço que é, eles acabam se convencendo que a única solução mesmo é partir para o campo também! Voltar à raiz... Porque eles foram expulsos do campo!

Assim, já trabalhei nos municípios de Ubatã, Piaú, Barra do Rocha, Ibirapitanga... São cinco municípios por cada militante! A gente marca o município até tirar de lá uma pessoa responsável por articular os outros que também estão necessitando de terra. A gente vai, faz a reunião e explica como é a preparação da ocupação. Como arranjar e levar as ferramentas, a lona, a alimentação... Explica que é importante levar as crianças, a mulher, toda a família, para que o trabalhador não fique preocupado se eles está na cidade, na rua. Todo mundo, ali em conjunto, é melhor, porque o que tiver pra um tem pra todos, não é isso? Então, a gente faz um trabalho político, de conscientização.

As outras ocupação que fiz foram todas pacíficas... Na segunda ocupação que participei, a gente tomou uma área no município de Itajuí. Tomamos um despejo por parte da polícia, mas nós voltamos na área! O fazendeiro acatou que a gente ficasse e não houve violência nem agressão nenhuma. Voltamos na área pacificamente... E tem três anos que conquistamos a terra! Hoje, estão desenvolvendo um trabalho muito importante lá dentro da área: já montamos uma cooperativa. Tem escola e tudo mais! Vem sendo um trabalho muito bem organizado.

Eu nunca presenciei uma situação de conflito. Mas o fato que mais me revoltou, e que ainda me marca, foi o massacre de Eldorado... Aquilo, para mim, foi um absurdo! Isso me revolta demais! Principalmente nós, que conduz essa luta, que faz parte dessa organização, ver companheiros mortos assim... Quando aconteceu, 17 de abril, eu estava no Ceará, fazendo trabalho de base, já preparando uma ocupação de terra. O Movimento estava atuando nessa região desconhecida, com muito pistoleiro também! Fui tirado para ir pra lá com um colega meu, Jean. Fiquei seis meses fazendo esse trabalho, conscientizando o pessoal, mais de 300 famílias...

Depois do massacre de Eldorado, muitas delas desistiu... Ficamos sabendo, né? Uma coisa absurda! É a última gota d'água!! A própria polícia massacrar os trabalhadores!... Por que não pega esses corruptos que estão aí, roubando e matando a população de fome? Eles tiveram medo, mas o pessoal já estava bem conscientizado. O trabalho de conscientização é importante, mas também a dificuldade que eles enfrentam: são gente carente que não tem nada! O medo existe sim, mas a precisão é que fala mais alto! Muitos deles têm medo, mas vai viver de quê? E a esperança deles é de amanhã conquistar um pedaço de terra para trabalhar... Então, mistura o medo e a necessidade, não é isso? E a necessidade fala mais alto! É por isso que os companheiros foram mortos em Eldorado, foram assassinados... Não foi porque eles tinham com que se alimentar! A necessidade que fez eles ir naquela área e acontecer aquele desastre... A mesma coisa acontecia com os companheiros que estavam me acompanhando nessa ocupação!

A gente conseguiu ocupar a fazenda com 250 famílias. Isso porque também elas tinham a confiança em nós! De ir... Por exemplo, se faz aquele trabalho de base e, no dia da ocupação, o dirigente não está de frente para ir, o povo não vai! E aí ele deposita aquela confiança! Estando de frente, a massa acompanha, o povo vai... Mesmo que vier acontecer lá na frente um conflito, o povo está junto! E a gente está ali, conduzindo o povo também. Como Moisés, de quem fala a música... Moisés, atrás da terra prometida: o povo acompanhou mesmo! A mesma coisa o dirigente, conscientizando, e o povo seguindo ele e conquistando a terra... Mesmo que venha a ter uma divergência, um massacre, uma morte, ou qualquer coisa assim, o dirigente tem que estar de frente, sempre acompanhando o povo...

Naquela hora, essa idéia me deu coragem. No dia da viagem, marquei tudo certinho. Ainda assim, o rapaz prendeu o caminhão: na hora de ir, disse que não ia mais levar o pessoal!... Então, eu pedi que confiasse em mim, no trabalho que tinha feito em cinco meses ali. Disse a todos que, aquele que tinha vontade de conquistar um pedaço de terra para amanhã ou depois ter os seus filhos na escola e sua terra para produzir, que me acompanhasse! Aquele tempo que levei ali, não estava enganando ninguém, nem brincando! Falava coisa séria, para eles alcançar o objetivo de largar de ser explorado, de estar mendigando e ter seu pedaço de terra onde produzir. Então, aqueles que no momento tiveram mais medo não foram... Mas aqueles que tinham mais necessidade, mesmo com medo, e que confiaram em mim, acompanharam!

E ocupamos a terra!... Nós marchamos de dentro da cidade até a área: andamos 18 quilômetros a pé! Contratei três canoas, atravessamos um rio, que dá mais ou menos uns 500 metros de largura. Andamos 11 quilômetros, e quase chegamos dentro da área. Dormimos na estrada... Quando foi 4 horas da manhã, a gente já estava levantando, desmanchando o barraco... E só tinha eu de dirigente lá no estado. Disse:

— Ó, vocês ficam aqui esperando, que vou buscar um carro pra levar o pessoal. Senão não vão mais agüentar andar, porque é muito longe...

Peguei uma moto e fui atrás do carro. Quando voltei, o pessoal não estava mais no lugar: tinha ido para a sede da fazenda, andando! Fui atrás deles. Cheguei, e o pessoal já estava lá no local, até os barracos armaram! Chegamos na fazenda e ocupamos. Dia 15 de junho. O rapaz que veio no carro comigo ficou no acampamento, porque não sabia mais o que fazer da vida... Então, ele ficou junto com a gente.

Depois de mais ou menos uma semana, tiramos uma comissão que ia negociar no Incra. Conseguimos alimentação, lona e ferramenta para esse pessoal ir tocando logo a questão de bem de subsistência. Plantar verdura, essas coisas... Numa semana, vim ver minha família. Ainda não fazia parte da direção regional, apenas da estadual. Tinha plano de ficar dois anos lá, só que, quando cheguei aqui, o pessoal da direção não me deixou mais voltar, porque tinha trabalho a fazer... Aí não voltei mais, né? Só tenho lembranças e saudades do povo de lá... De vez em quando, ligo para eles. O pessoal conseguiu conquistar a terra e hoje vão vivendo bem... Deu tudo certo! O pessoal já está trabalhando na área, desenvolvendo projetos!... Graças a Deus, deu tudo certo! Era uma terra improdutiva, de uma empresa, a Agiobrás, que chegou a produzir melão. Tomava financiamento do banco e faliu. Tudo estava parado, todos os maquinários. Estava em débito com o banco e nós ocupamos. Mas a esperança que tenho é de um dia voltar lá e rever meus amigos... Depois que vim embora, dei um prazo de quinze dias para voltar e já tem nove meses que não voltei mais lá!...

A terceira área que ocupei foi em Camacã, fazenda Nova Ipiranga, onde hoje sou assentado. Quer dizer: quase assentado! Não sou ainda porque o processo ainda tá aqui em Brasília. Mas nós estamos esperando uma emissão de posse, que dá à gente o direito de ser dono da terra... Nessa área, sou um dos acampados, mesmo sendo dirigente estadual.

O dia-a-dia no acampamento é assim: num primeiro momento, a gente trabalha tudo em mutirão, no coletivo. É todo mundo junto! Ali ninguém tem sua área individual. Nós trabalhamos coletivamente, fazemos uma roça bem grande, onde todo mundo planta, colhe e divide. Ali, cada um tem o seu por igual! A gente acorda pela manhã e se divide. São formados os grupos de dez pessoas e cada um tem uma pessoa responsável pela saúde, pela alimentação, pelo setor de jornal e propaganda, e outros setores que compõem o Movimento. Todo dia a gente faz formação, que são assembléias em que nós discutimos com os coordenadores, que é uma pessoa por grupo. Nós discutimos o trabalho que vai ser encaminhado durante o dia. Logo de manhã cedo, fazemos uma assembléia com todo pessoal e falamos qual trabalho que vai ser feito. A gente coloca tudo o que tem que ser feito e é passado os pontos na assembléia. Para terminar, nós cantamos o hino do Movimento e daí cada um vai fazer suas tarefas.

Eu não fico diariamente no meu acampamento. Fico mais em Itabuna, que é a central onde existe a secretaria do Movimento. Sou da equipe de negociação do meu acampamento, porque faço parte da direção estadual, onde são 13 que participam. Sou um dos que faz parte, junto com os companheiros. Daí, a gente tem as outras tarefas, que é fazer mobilização, ato público, visitar outras áreas, negociar junto com o Incra... Existem outras tarefas, que a gente tem que estar sempre junto e organizando. Então, tenho aquele momento de estar ali na área, cultivando, mas também fazendo essas coisas, porque o tempo é curto demais! A gente não tem aquele tempo de estar direto, trabalhando na terra...

Mas foi por essa vida de luta do Movimento Sem Terra que a minha família — minha mãe, meu pai... —, graças a Deus, vive bem! Ele tem 74 anos, ela tem 43, e vivem bem!... Hoje, têm seu pedacinho de terra, sua casa padronizada: não é aquela estrutura, mas tem uma sala, dois quartos, um banheiro... Nós vivemos tranqüilos no campo!... Tem educação, escola, onde ela é professora, tem uns recursos que a gente recebe do banco, que financia para que a gente possa tocar o trabalho na roça... Então, eu não tenho de que reclamar!

A gente não tem tempo de cultivar a terra, porque está sempre em movimento, em trabalho de base... Mas a gente também tem que ter nosso pedacinho de terra, para que amanhã ou depois possa trabalhar em paz. Apesar que a gente não sabe o que pode pintar pela frente nessa nossa luta! Sabemos que somos muito reprimidos pela polícia, por pistoleiro... E ainda não sabemos se amanhã poderemos descansar!

O momento mais emocionante da minha vida? Dessa luta toda? Para mim, foi quando morreu o companheiro que me trouxe para essa vida. Foi o que mais me chocou, e até hoje eu sinto falta dele... Ele era um dos melhores militantes que tinha no estado! Era um cara simpático, mas muito invejado por algumas pessoas. Numa briga besta numa festa de São João, ele discutiu com um rapaz. Depois, ele estava tranqüilo, sentado, esse rapaz veio de lado, pegou a arma e atirou nele... Deu um tiro nele! Ele, sem esperar nem reagir... Depois da discussão toda parada, o rapaz veio e deu um tiro nele!... Não teve como escapar... Eu ia também nessa festa. Ele morreu numa festa de emissão de posse!... No município de Arataca, na fazenda Terra Vista... ocupada por esse companheiro, que lutou por ela, mas não teve a oportunidade de viver... No dia de São João, dia 23 de junho... Ele estava comemorando 21 anos de idade quando aconteceu o acidente!... Também fui convidado, mas não tinha recurso pra ir. Ele foi sozinho e falou que me esperava lá. Talvez, se eu tivesse ido, não tivesse acontecido isso... Mas aconteceu, e o momento mais chocante, que até hoje sinto, foi esse...

Quando lembro, tenho vontade de chorar... por ter perdido esse companheiro. Ele era assentado onde minha mãe mora. Era como se fosse um irmão para mim... Eu nunca tive um irmão!... Ele era meu "irmão"! A irmã dele está aqui, no acampamento nacional. Ele era da minha família!... O pai, a mãe, as irmãs dele, também são minha família... E eu nunca esqueço... Esse momento vai ficar gravado em mim o resto da minha vida... Por isso que sigo essa luta, com toda a dificuldade que existe, com a repressão, com todos os obstáculos que tem! Um dia, se morrer nessa luta, pelo menos vou morrer lutando porque estou fazendo aquilo que ele sempre tinha vontade de fazer!... Estar do lado dos trabalhadores, caminhando, falando... Eu sentia aquela energia!... Ele passava para mim aquela força, dele ter depositado aquela confiança em mim! De fazer curso junto com ele, de ter me destacado também, e tocado a luta pra frente!... Tudo isso faz com que esse seja um momento marcante e eu não esqueço... Não existe outro momento marcante na minha vida! Não existe, a não ser esse...

Eu tenho namorada. O nome dela é Ana Claudia Marques dos Santos. Nosso namoro começou na própria área que hoje sou acampado. Ela também é filha de acampado. Conheci ela assim: lá, sempre quem ficava responsável pelo acampamento era eu. E percebi que, sempre que chegava junto dela, ela saía, não me dava motivo para conversar com ela... Até que um dia houve uma mulher que passou mal. A gente estava sentado na fogueira, tocando violão, porque sempre gostei de cantar! No Movimento Sem Terra, eu canto e também sou compositor, faço música de luta... E eu estava na fogueira, sentado junto com ela, cantando... Aí, a mulher adoeceu e um menino me veio avisar para ir lá. Fui socorrer e depois voltei... Antes, mandei ela esperar porque queria conversar com ela! E, de volta, ficamos conversando... Comecei a paquerar ela... Então, ela disse que gostava de mim, mas tinha vergonha de falar!... Daí surgiu o namoro, né? Nós começamos a namorar tem nove meses. Estamos numa boa! Já coloquei ela para fazer parte da organização: também é militante do Movimento. No momento, está em Salvador, junto com o pessoal que estava acampado lá no Incra. Justamente cobrando a emissão de posse dessa nossa terra e também vários projeto das outras áreas que não saíram ainda, lá no estado.

Ela também canta junto comigo! É uma companheira com uma voz excelente! Vamos até lançar um livrinho com nossas músicas do Movimento Sem Terra. Eu tenho música que fui campeão, ganhei primeiro lugar, num congresso da Juventude Sem Terra, em Itamaraju. Ela fala do primeiro homem a lutar pela terra, do governo, e também dos grandes lutadores, que foram Zumbi, Antônio Conselheiro e Che Guevara, um latino-americano que também lutou por uma sociedade justa. Fala também dos negros, como eu. Essa música é muito bonita!... Vou cantar:

Às vezes fico olhando
e me dói o coração
de ver corpos massacrados
espalhados pelo chão.

Todos os trabalhadores
descendentes de Moisés
que lutava pela terra
para dar aos seus fiéis.

O povo era perseguido,
devorado por leão
só porque queria terra,
só porque queria o chão.

(Refrão)
Moisés enô,
Moisés enô
na travessia do mar Vermelho
sua terra conquistou.

Mas hoje em nosso país
o sangue rola pelo chão,
sangue dos trabalhadores
que morreram pelo pão

O governo está no poder
mas não liga pra isso não,
anda de carro importado,
curte férias no Japão

(Refrão)
Que decepção
que decepção!
Morrem jovens, morrem velhos
porque querem plantar no chão.

Nosso Brasil já passou
por grande transformação,
veio primeiro o português
expulsando o índio irmão.

Lembra também os negros
que sempre são humilhados,

> *veio da África para o Brasil*
> *para serem escravizados.*
>
> *Lembra também das ligas*
> *dos movimentos populares,*
> *viva Antônio Conselheiro!*
> *viva Zumbi dos Palmares!*
>
> (Refrão)
> *A luta não pára,*
> *a luta não pára,*
> *vocês continuam vivos,*
> *Chico Mendes, Che Guevara.*

Com essa música ganhei primeiro lugar, disputando com 15 companheiros! Cantamos músicas da luta... Vai ter uma oficina de música, depois da nossa saída aqui de Brasília. Nessa oficina, nós vamos gravar um CD! Estamos querendo gravar um e, junto com ele, um livrinho com as letras das músicas. A Ana Claudia, minha namorada, faz música e canta várias delas comigo! Temos muitas composição. Ah! A música que mais gosto de cantar com ela é esta aqui:

> *Sou peão, homem do campo,*
> *vivo de plantar no chão,*
> *planto milho, planto arroz,*
> *manaíva e feijão.*
>
> *Mas o governo não quer*
> *liberar as terras não,*
> *muita gente está sofrendo*
> *para conquistar o chão.*

Canto assim, enquanto ela faz esta parte, de fundo:

> *O povo quer terra,*
> *o povo quer casa,*
> *o povo quer pão,*
> *eu vou lutando por um pedaço de chão!*

Outra música que gosto de cantar com ela é esta:

> *Ouço um tiro de fuzil,*
> *escuto um gemido de dor*
>
> *e fico daqui pensando*
> *será dessa vez quem pagou.*
>
> *Será que foram os sem-terra*
> *que querem plantar nesse chão,*
> *será que foram os meninos*
> *que vivem mendigando o pão.*
>
> *Será que foram os índios*
> *ou será que foram meus irmãos,*
> *e a gente acaba pagando*
> *por toda essa repressão.*
>
> *Liberdade!*
> *Violência não!*
> *Vamos acabar*
> *com a repressão!*

Ela é uma companheira excelente! Eu gosto muito dela... Meu sonho é viver com ela o tempo todo!... Ela me ajuda bastante! A primeira música que fiz foi junto com ela. Eu estava sentado, tocando assim, e disse:

— Vamos fazer uma música?

E ela respondeu:

— Vamos! Vamos fazer...

Sentei com ela, comecei a ensaiar. Daqui a pouco veio na mente: ela botou outro pedaço no meio... e ficou assim:

> *Pegue as ferramentas e alimentação,*
> *pegue as crianças pra fazer ocupação.*
>
> *Sem-terra, sem-emprego,*
> *vem para ocupar*
> *as terras improdutivas,*
> *para trabalhar.*
>
> *Sem-terra só quer terra,*
> *sem-terra só quer pão,*
> *sem-terra quer mudar*
> *o futuro da nação.*
>
> *Todos trabalhando,*
> *assim vamos mostrar*
> *que o socialismo*
> *um dia vai chegar.*

Cada verso é cantado duas vezes! Essa é a primeira música que fiz junto com ela, no acampamento. Sempre tive vontade de fazer uma música, mas não encontrava meio... Depois que eu estava com ela, comecei a criar aquela vontade de fazer, né? E ela me incentivou também! Nós sentamos, começamos a pensar, a juntar as letras... E nós conseguimos!... Ela fez outra música, que eu também ajudei. E ela gosta de cantar!... Para mim, essa é a melhor música que ela fez! Ela canta assim, ó:

> As crianças estão na rua
> passando humilhação,
> os seus pais estão sem emprego,
> sem seu pedaço de chão.
>
> Quero ver "senhor" governo
> o que vai fazer pra essa nação,
> se eu sei que a reforma agrária
> é a única solução.
>
> Vamos todos se ajuntar,
> vamos todos nos unir,
> porque com a reforma agrária
> nossos filhos vão sorrir.
>
> Chega de criminalidade
> e de discriminação,
> porque somos todos iguais
> e somos todos irmãos, e somos todos irmãos...

Acho que é uma das melhores composições que nós fizemos juntos... Porque ela, bem tocada, é linda! Também tem um rapaz que toca comigo, e a gente canta junto. É a forma que achei tanto de manifestar a opinião, como de se divertir! O pessoal lá do estado gosta demais disso!... E me incentivou a ir fazendo mais, criando outras músicas. Hoje, tenho 25 composições, com o objetivo de fazer outras para alegrar e também mostrar para a sociedade...

Não participei da Marcha porque estava doente, de pneumonia, fiquei dois meses internado... Era para ter vindo no terceiro lugar, caminhando junto com o pessoal também, só que não pude. Então, cheguei no final da Marcha. Eu vim até Brasília no dia do encontro das Marchas. Foi um dia emocionante!... Muito emocionante!... Foi o dia que vi mais gente na minha vida!!! Nunca tinha visto uma multidão que nem aquela! EM PROTESTO! Foi um dia alegre! Um dia emocionante mesmo... A gente cobrando e várias pessoas lá na rua, sendo contra esse governo, mostrando sua indignação, né? Nós esperava chegar e encontrar, pelos nossos cálculos feito na direção, umas dez mil pessoas. Só que nós tomamos um susto! Vimos uma multidão de gente, mais de cem mil pessoas na praça! Aquilo, para mim, foi um salto de qualidade do Movimento inteiro, em termos de organização!... O apoio da sociedade, a opinião pública ver o sofrimento dos sem-terra. Nós marchar dois meses!... Aquilo foi uma medalha de sucesso!

Nós conseguimos mostrar o que é na verdade os sem-terra, o que o pessoal cobra e está querendo... e que o governo tem tudo na mão pra fazer e não faz! Só atende aos interesses dos países estrangeiros, dos norte-americanos, enquanto nós morre de fome, mendiga... A sociedade está vendo que aquilo que o governo chega na televisão e publica, dizendo que está fazendo a reforma agrária, assentando os trabalhadores, e que a violência no campo acabou, é tudo mentira! O povo está sofrendo isso na pele... Essa Marcha mesmo foi reivindicando nosso direito, cobrando também a punição dos marginais que mataram os companheiros de Eldorado dos Carajás, no Pará!!

Esse acampamento nacional também está sendo um sucesso! Estamos recebendo a visita de várias entidades, estudantes, pessoas que estão contribuindo, doando alimentos, remédios, sapatos, roupas, essas coisas... Então, tudo isso faz com que a gente ganhe o apoio da sociedade!... O acampamento aqui também é para chamar a atenção da opinião pública contra a venda da Vale do Rio Doce, que é patrimônio nosso, que a gente nunca pode deixar que seja entregue para as grandes empresas que tem aí, as multinacionais.

Quando voltar para o meu estado, a gente tem que fazer uma avaliação de todo esse trabalho, qual foi os avanços que demos, a conquista que teve nessa questão, os erros, as falhas, para procurar melhorar, não é isso? Se bem que gente não vê falha! Tudo deu certo... Mas, ainda assim, a gente vai avaliar entre nós, da direção, qual foi a oportunidade que teve de acrescentar, de aparecer mais e deixou escapulir! Saber qual os passos que tem que dar de agora em diante. Nós sentamos para saber quais foram os obstáculos que alcançamos e quais foram os que deixamos de alcançar. Lá no meu acampamento, a gente vai fazer assembléia, reunir os coordenador, passar a eles todo esse processo também. Depois, faz uma assembléia geral e coloca qual foi a situação nossa aqui e a conquista que a gente teve na Marcha! Conta como foi os dias que a gente ficou aqui, o apoio da sociedade, faz um relato em conjunto! E avalia se valeu a pena ou não a caminhada de dois meses. Para mim, valeu a pena. Valeu muito a pena! Hoje 90% da sociedade brasileira é a favor do Movimento Sem Terra, da reforma agrária! Isso, pra gente, foi uma grande vitória que o Movimento teve...

A lição que tiro da minha vida é a seguinte: cada dia que estou na organização, me faz lutar mais ainda. E não tenho como sair! Se um dia esse Movimento acabar, a minha vida acaba! Eu não sei hoje vender um dia de trabalho para um patrão! Não sei, se sair daqui, se vou ter a vida que tenho hoje aqui dentro!... As mesmas relações, o pessoal... Eu não conhecia nada! Era uma pessoa presa! Não tinha oportunidade, como tenho hoje. Conheço vários estados, fiquei seis meses no Ceará, fazendo trabalho de base, ocupação... Conheço várias pessoas importantes, que nunca sonhava na minha vida conhecer, nem passava pela minha cabeça! Por isso, se sair dessa organização, ou se ela acabar, para mim a luta, o espírito de vontade de lutar e de trabalhar acaba. Acaba tudo!...

Durante todo esse tempo que estou no Movimento Sem Terra, por mais dificuldade e pressão que a gente passe, vejo que estou lutando por uma coisa justa! Nós não estamos lutando em vão! Então, de tudo isso que faço e que vi durante essa luta, penso que só tenho tido vitória. Dentro da minha vida, eu só tenho alcançado isso e não tenho que reclamar de nada! O que reclamo é contra o sistema que está aí, essa violência que existe. Por isso é que vou lutar independente de qualquer coisa! Vou estar sempre lutando, seja dentro do Movimento Sem Terra, na questão partidária ou sindical... onde pertencer a luta pela classe trabalhadora, eu estou junto também. Desde que seja em defesa do trabalhador e de um país livre, igualitário! Onde todo mundo tenha seu direito como cidadão.

Portanto, eu não tenho do que reclamar: tenho mais é que lutar, né? Aproveitar minha juventude... Aquilo que não consegui, com os meus 13, 14 anos, venho trabalhando para resgatar. Meu grande objetivo é esse: fazer cada dia que passa uma pessoa, uma criança sorrir. Ver um cidadão conquistando seu pedaço de terra para trabalhar. Ver o número de prostituição — que é demais em nosso país — diminuir! Ver cada criança na escola, estudando, aprendendo a fazer seu nome. Isso sim é motivo de alegria! Para mim, o Movimento Sem Terra é a melhor organização do mundo! Num primeiro momento fui contra, mas a partir da hora que a gente começa a conhecer a realidade, a sociedade em que vive, ver quem está por detrás de todo esses problemas que o país enfrenta, e o que é o causador de toda a miséria que existe no país, não tem por que ficar de braços cruzados, esperando que eles vá consertar, porque nunca vão fazer isso! Só através de luta, de pressão, de mobilização, da união, da força e da vontade de cada um é que a gente conquista nosso direito!

Então, se eu parar de lutar, é mais um braço que não movimenta, dentro da organização. Tenho que aproveitar minha mocidade e fazer com que essa luta cresça e amanhã a gente possa ter um país feliz, né? É difícil! Vai ser difícil chegar lá, porque a gente vê que quem está no poder hoje é uma minoria! Milhões e milhões passam fome, são desfavelados, enquanto poucos curtem, têm de tudo... Por que a gente não vai lutar para ter isso também? Ou nós vamos ficar aqui esperando só a migalha que eles mandam pra gente?... Vejo que, com todos esses problema que a gente vem enfrentando — os meios de comunicação que sempre coloca contradições entre nós, dizendo que o Movimento Sem Terra é baderneiro, é um "movimentinho" que quer tomar, fazer a reforma agrária através de pressão —, mesmo com tudo isso, vale a pena lutar! Porque não estou fazendo só por mim. Estou fazendo por todos! Pelo mais carente que existe.... por aqueles que não têm nada!

Eu podia ficar calado. Minha mãe tem sua casa, sua roça... Mas foi assim que vi que estava certa a luta! E que dá certo a reforma agrária. Ela participa demais da luta! Faz de tudo dentro do assentamento: é enfermeira, faz até parto... Além do setor de saúde, trabalha no de educação, enfim, contribui demais! Por isso, mesmo ela tendo seu pedaço de terra, seu jeito de se manter, seu recurso, eu também tinha que contribuir! Eu, que era contra a organização, não sabia o que significava, a partir do momento que cheguei ali no assentamento e vi a realidade... Isso tudo era um sonho pra mim!... Nunca passou na minha cabeça minha mãe e meu pai ter terra... Chegar e ver eles no seu pedaço de terra, produzindo... Então, foi isso que me fez vir para a luta, mesmo minha mãe não querendo, sendo contra... Porque o importante é que todo mundo tenha!

Quando você passa e vê as misérias, essas pessoas que foram expulsas do campo e hoje estão aqui na cidade como mendigos, catando papelão para sobreviver... Faz vergonha chegar aqui em Brasília, praticamente do lado de nosso acampamento, e ver aquelas filas de meninas se prostituindo!... Devia ter um meio de tirar dessa vida de estar vendendo seu corpo para se sustentar: isso, para mim, é um absurdo! Toda a sociedade sofrendo... Isso faz com que, cada vez mais, a gente lute contra esse sistema. A gente vai ficando mais revoltado ainda...

Eu, individualmente, não espero futuro. Meu futuro é sempre estar junto com o pessoal. Meu objetivo é fazer com que a sociedade se transforme, que acabe esse número de prostituição e de marginalização que existe. Tanta criança sofrendo, gente passando fome!... Meu sonho é acabar com esse sistema. É o futuro que quero e que penso. Mesmo se talvez eu morrer e não alcançar, não chegar até lá, meu futuro é esse. Não penso em ter uma carreira, mansões, casa boa, riquezas... penso no conjunto, em todo mundo ter. Isso, para mim, é o bastante! Sou simples como qualquer um. Faço parte da direção do estado e tenho uma responsabilidade grande dentro da organização, mas sou igual um menino de rua, um desfavelado, que luta por seus direitos. Não sonho babilônias! Sonho a igualdade, um país livre... Meu objetivo é esse!... Ver um país onde todo mundo tenha direitos iguais, uma sociedade justa, em que não exista discriminação... e que a gente, um dia, possa gritar:

— PÁTRIA LIVRE!

É só isso que eu tinha que falar.

Entrevista: ANDREA PAULA DOS SANTOS,
29 de abril de 1997.
Textualização: ANDREA PAULA DOS SANTOS, ANDREAS RAUH ORTEGA,
MARCELO LUIZ DA COSTA, LUIS FILIPE SILVÉRIO LIMA
e FABIANO MAISONNAVE.

> E vamos entrar naquela terra
> e não vamos sair.
> Nosso lema é:
> "Ocupar, resistir e produzir".
>
> Zé Pinto, "Descobrimos lá na base"

EDIVALDO
Goiás

*C*OM *um olhar desconfiado e um sorriso tímido, Edivaldo deu seu depoimento "armado". Esse goiano, no decorrer do trabalho de campo, aos poucos foi se aproximando... Homem e militante, com maior facilidade falou de ações do que de sentimentos. A esperança é uma constante em sua história de vida, permeada por definições de termos como "ocupação", "assentamento" e "acampamento".*

Entrar no Movimento foi um avanço muito grande: a gente pode estar desenvolvendo uma tarefa e não estar entrando num mundo de ilusões.

O meu nome é Edivaldo Ferreira Sampaio, tenho 21 anos e sou do estado de Goiás. O meu pai trabalhava na zona rural como carpinteiro, pegava empreita nas fazendas. Enquanto ele trabalhava de carpinteiro, a gente ficava na cidade... para estudar e trabalhar.

Na cidade, éramos sete irmãos — só o menor ficava na companhia dos pais... Era ruim de um lado e bom de outro. Ruim se fosse ver que a gente estava longe dos pais, e passava um mês ou mais sem ver eles. Ainda mais porque a gente era pequeno, tinha 8, 10 anos de idade. Ao mesmo tempo, tinha que estudar e trabalhar para se manter. Trabalhava não num serviço fixo. A gente ia fazendo qualquer coisa porque com 10 anos não tinha condições de arrumar um emprego e ter carteira assinada. Trabalhava de engraxate, de vender picolé, fazer alguns biquinhos, né? Capinar matinhos em algum lote... Mas a coisa boa é que a gente estava estudando. Na maioria das vezes, onde meus pais iam não tinha escola, e quando tinha era longe... Dez, 15 quilômetros, e não tinha meio de transporte. Mas ficar longe da família, dos pais, sem ter nenhum carinho, principalmente quando criança... A gente até fica deprimido, criando alguma revolta:

— Pô! Como que a gente pode viver longe?

Aí eu e mais uns irmãos tomamos a decisão que não ia ficar mais longe dos pais. Na cidade a gente não tinha tudo, estava faltando carinho! Também não tinha emprego... a gente teve que voltar pro campo: trabalhar e ao mesmo tempo estar junto da família...

No tempo que trabalhei no campo, plantava para nós mesmos. A terra era dos outros, mas não era arrendada... Meu pai fazia um serviço pro fazendeiro e a gente trabalhava na roça. Eles cediam um pedaço para cultivar, tirar alguns alimentos... A gente plantava um ano e, depois que meu pai terminava o serviço, tinha que mudar... procurar mais serviço.

Depois fui trabalhar de peão e fiquei algum tempo longe de casa. Trabalhei com um rapaz conduzindo gado numa fazenda de mil alqueires... A gente tomava conta da fazenda. Ela era toda formada, mas quase só lidava com boi. Um lugar que não tinha vizinho, não tinha pessoas passando. No final de semana, para conversar com as pessoas tinha que andar 30 quilômetros ou mais até o bar... a única diversão era caçar. Tinha vários bichos, "catito", anta, onça, porco-do-mato e queixada, aquele cervo...

A gente escolhia o que ia caçar e saía de casa até encontrar... e, quando encontrava, comia carne. Porque quando a gente fica distante não tem como comprar carne bovina, não dá. Tinha que sobreviver das caçadas, para comer alguma carne... não matava para desperdiçar, era para consumir na alimentação. Não dá para matar só por matar...

A gente pescava também... Essa fazenda era um paraíso!... Tinha rios, lagos... A gente tinha sempre a mesma rotina... Levantava cedo, tirava leite das vacas. Logo montava no lombo de um cavalo ou de um burro para estar lidando com o gado do fazendeiro...

Em 87, 88, o meu pai foi até uma ocupação de terra. Quando fiquei sabendo da notícia de que ele tinha ido ocupar terra dos outros, não gostei. Não tinha conhecimento do porquê dele estar ocupando... Fui totalmente contra... fiquei com vergonha. As pessoas que estavam na fazenda começavam a ficar com gozação, vamos supor:

— Seu pai é posseiro... Tá roubando terra!...

Aí, parti. Fui na cidade onde ele estava acampado. Cheguei e logo de cara fiquei com vergonha, porque ele já foi me apresentando na assembléia à noite... já fazia parte do Movimento. Tinha feito ocupação duas vezes numa fazenda...

Comecei a fazer amizade com as pessoas do acampamento e passei a gostar. Fiquei cerca de três meses. Depois fui trabalhar em outra cidade... numa oficina de geladeira. Passei lá, mais ou menos um ano, e retornei ao acampamento do meu pai. Comecei a participar de reuniões, excursões, e o pessoal da coordenação me convidou para participar de encontros estaduais.

Quando entrei nem de maior eu era — estava com 16 anos —, mas não tive resistência dos meus pais. Meu pai só me avisou:

— Você que sabe o que acha melhor pra sua vida. Se você quer entrar no Movimento, você vai. Mas eu falo uma coisa: toma cuidado...

Cuidado acho que todos nós temos que ter...

Só tinham duas pessoas assentadas na minha família: meu pai e um tio meu. Então, mesmo por parte dos parentes, de tio e de tia, a gente sente algo contra estar no Movimento. Eu nem gosto deles porque às vezes a gente chega e o cara já fala:

— Pô! Larga disso... procura um emprego pra você que é melhor!

Quando a gente abre uma discussão política com eles, aí começam a ignorar. Não entendem por que a gente está no Movimento. Eu, principalmente, vou na casa de quem é a favor... às vezes vou na casa de alguns parentes que são do contra, mas só pra passear. Fico só um dia e já caço outro rumo, vou fazer alguma tarefa... porque ficar na casa de uma pessoa que é contra, que fica só desanimando, é meio chato!...

Em 92, participei de um encontro nacional do Movimento, em Santa Catarina, onde se aprende teoria, como é o trabalho do Movimento. Participaram todos os estados em que o Movimento está organizado. Depois tive que voltar para o meu estado e colocar na prática o que aprendi, como organizar as famílias...

Fiquei dois meses no curso e já voltei numa vistoria, num pique de fazer lutas, de mudar esse país! Participei da organização de uma ocupação em 92, com 407 famílias na fazenda União, cujo proprietário é o João

Ribas, do estado de São Paulo. Mas no dia da ocupação não participei, pois eu e um outro companheiro fomos presos. Naquela noite, a polícia nos pegou porque estávamos na frente da fazenda, olhando o caminho... Ficamos aquela noite e o outro dia presos na cadeia. Nós tentamos dialogar com os policiais, mas o delegado não estava. A gente não podia fazer nem uma ligação para o advogado. O delegado chegou às 4 horas da tarde do dia seguinte. Os policiais alegaram que nós éramos suspeitos de ser ladrões de carro. Mas a gente estava com o documento do carro, com a habilitação, com tudo legalizado. Como fazer uma acusação dessas? Saímos com a maior dificuldade porque tivemos que inventar algumas histórias. A gente não podia falar que era do Movimento, porque tinha acontecido uma ocupação naquela noite no município... falamos que éramos seminaristas e estávamos indo para uma paróquia no município vizinho. Eles acreditaram e nos soltaram, lá pelas 4 horas da tarde. A partir daí, eu e mais um companheiro começamos a trabalhar e a organizar esse acampamento.

Passamos muitas dificuldades... Tinha dia em que a gente ficava revoltado. Quando é um acampamento grande, às vezes é difícil arrumar alimentação. No almoço come-se mal, e quando chega na janta já tem alguém falando que não tem comida... a gente ficava indignado! Deixava bem claro para as pessoas acampadas que a gente não era culpado. Chegavam sugestões de dentro do acampamento... a gente discutia e via o que podia ser resolvido: ou arrumava alimentação, ou fazia uma arrecadação, e até mesmo matava uma vaca ou um boi...

Sempre decidimos tudo em conjunto, porque a decisão tem que ser coletiva. Não posso eu, ou algum outro membro do Movimento, tomar a decisão fora das normas. Se a decisão é coletiva não vai haver acusação de ninguém, todo mundo vai ter que resolver...

Fiquei nesse acampamento em torno de cinco meses, e saí para fazer parte do que chamamos dentro do Movimento de "Frente de Massa". É quando a gente vai na cidade organizar as famílias para ocupar terra, porque militante do Movimento não pode ficar só num acampamento...

O Movimento estadual organizou mais uma ocupação com cerca de cem famílias... aí que o trem esteve feio, né?! A gente estava acampado quando vieram os policiais para o despejo. Mas ao invés de dar o despejo eles chegaram espancando, prendendo, algemando... Quando acontece um ato desse, nós, trabalhadores, não deixamos levar o companheiro nosso preso... houve um confronto entre a gente e a polícia. Uma companheira grávida levou uma pancada na barriga... foi para o hospital e, felizmente, não perdeu a criança...

Esses atos da polícia não são aqueles soldados baixos que querem fazer, mas sim os comandantes. Os soldados são paus-mandados, têm que fazer o que o comandante ordenar... Tem acampamento no estado de Goiás, onde o Movimento concentrou as ocupações, que dava até pena de alguns soldados. Quando eles iam fazer o despejo das famílias, eles chegavam lá e encontravam a mãe, o pai e os irmãos. Os soldados ficavam constrangidos porque os pais faziam pressão contra.

Acontecem tantas coisas no campo que a sociedade desconhece. Pessoas trabalhando como escravos, outras que são assassinadas... só se fica sabendo quando aparece na mídia...

Acho que tem que fazer um trabalho... Não só o Movimento, mas a sociedade deveria estar fazendo uma discussão das razões, do porquê das pessoas estarem lutando pela reforma agrária. Porque falta consciência... Agora mesmo estávamos aqui em Brasília e tive que voltar até Goiânia e um cara me disse:

— Esses sem-terra têm mais é que morrer, apanhar... Sem-terra atrapalha o trânsito...

Tem hora que a gente não agüenta ver o cara falando um punhado de bobeira. Tem que chegar e debater... Contar que estamos lutando por um Brasil melhor... Tentar recuperar a idéia daquela pessoa. Às vezes é até um trabalhador que foi expulso do campo e que hoje não tem um emprego para sobreviver na cidade!

Também temos que definir bem outra questão: não chamamos de invasão e sim de ocupação. A diferença é que quem invadiu foram os latifundiários; chegaram, expulsaram os trabalhadores que viviam no campo... Quando voltamos para o campo, estamos ocupando, porque é um espaço que não está cumprindo sua função social... A terra na mão de qualquer pessoa tem que cumprir sua função social, ou seja, tem que estar produzindo em torno de 70% a 80% em cima dela. Agora, se ela não estiver cumprindo com esses requisitos, aí sim é uma terra improdutiva, e nós ocupamos! Por enquanto a gente está ocupando terras improdutivas — e olha que tem muitas! Daqui a uns tempos vamos ter que passar a ocupar terras que às vezes são até produtivas.

Vamos supor: hoje quem está na cidade desempregado ou não tem aquele emprego garantido vai acabar entrando para ser um sem-terra. Porque, se for lutar por um salário melhor, ou qualquer coisa no seu serviço, vai ser mandado embora, e daí, se ele for procurar outro emprego, vai ser meio difícil, porque aí já vai pegar informação:

— Não, esse cara participou de uma greve...

Aí ninguém vai aceitar ele, vai ficar com a fichinha suja, e a única solução é retornar ao campo. Agora, o importante é que, quando a pessoa participar de alguma ocupação, já vai conhecer, ver na realidade como é esse país nosso, onde tem pessoas que morrem de fome... A gente faz um estudo de como é que funciona o país para ele não ficar iludido, achando que só vai pegar um pedaço de terra e ficar na dele. O negócio também não é esse; tem que pegar um pedaço de terra e produzir. Por isso nós trabalhamos com cooperativas, porque a forma melhor de desenvolver o assentamento é dentro do coletivo... Individualmente é muito difícil estar produzindo dentro do assentamento. A gente tem experiência, no nosso e em outros estados, que as pessoas que estão trabalhando no individual mal conseguem tirar sua produção para sobreviver... Quando se quer a reforma agrária, não é só para a gente se beneficiar. Tem também que tirar alimento e vender mais barato para a população das cidades...

Nós fizemos uma ocupação em 95. Conseguimos chegar na área em torno de 7, 8 horas da manhã. Estávamos lá numa boa, já fazendo os barracos, quando apareceu um punhado de pistoleiro... O pessoal, que trabalha só na cidade e nessa parte de reuniões, se preocupou:

— Será que alguém vai entregar a gente?

A gente tem cisma... porque mesmo quem é trabalhador rural, às vezes, entrega... São gente simples, né? Se você pressionar, ele solta qualquer coisa, e não deve soltar... A gente fica com medo...

Então, os pistoleiros chegaram dizendo:

— Quem que é o chefe desse negócio aqui? Quem trouxe vocês...

Pressionando. Chegaram com armas nos companheiros... A gente, da organização, numa situação dessa, tem que se esconder, ficar mais afastado. Para não demonstrar que a gente organizou aquilo. A gente fica assim parado sozinho, e começa a juntar companheiros e perguntar...

— O que a gente faz agora?

E a gente tem que falar:

— Calma aí, companheiro...

E nos afastamos. Porque, se tem uma pessoa conversando, logo eles percebem que ali pode ter um líder. Uma vez, a gente teve que ficar bem afastado, pois tinha companheiros da ocupação que não eram totalmente confiáveis...

A gente tem medo também quando está na cidade nas atividades, porque não tem uma segurança. Se a gente sai de casa, vivo, não sabe se vai voltar...

Acho que minha vida mudou desde que entrei no Movimento. Saí da cidade, fui para a fazenda; saí da fazenda, vim ficar no acampamento, retornei para a cidade para trabalhar no Movimento. No que vejo, acho que, se tivesse ficado na cidade, não tinha uma saúde igual à que tenho. Podia até ter entrado naquela ilusão de usar droga, por influência de algum amigo; quando você está na cidade e é jovem, faz amizade com algumas pessoas que estão te influenciando a usar droga ou fazer qualquer coisa que não é vantagem.

Entrar no Movimento foi um avanço muito grande: a gente pode estar desenvolvendo uma tarefa e não estar entrando num mundo de ilusões. Porque quem usa droga são todos uns iludidos... Não culpo eles por isso, porque procuram emprego, mas tudo está muito difícil. E a solução que existe é consumir droga ou até repassar para os outros...

A vida no acampamento, principalmente nos que estou, depende do que está acontecendo na hora... Vamos supor que a gente está programando um despejo, aí é uma tensão! Fica um clima tenso! A gente tem que fazer segurança 24 horas... tem que estar ali, contribuindo com os companheiros, e não deixar a polícia entrar... Agora quando está mais calmo, não tem nenhum clima tenso. É gostoso da gente estar no acampamento, sentar, discutir os problemas que tem... Como temos normas, se algum companheiro errou, não cumpriu, a gente tem que estar discutindo por que ele errou e o que levou a errar...

Nesse mesmo caminho, a gente está participando na vida das crianças, brincando mas sempre tentando passar informação para elas. No acampamento, tem escola, mas não é só passar matéria no quadro: tem que estar discutindo com eles, fazendo alguma brincadeira para aprender...

O importante que a gente tem dentro do acampamento é o companheirismo de verdade... é a confiança. Se você tem sua barraca, pode largar e deixar tudo que tem.

Tem dois tipos de acampamento: o que você está dentro da terra, aí claro que a gente vai plantar, não importa o que seja. A gente chega, arma a barraca e começa a trabalhar, mesmo que não esteja assentado... trabalha e mostra que quer a terra para cultivar. E tem o acampamento que está na beira da rodovia, da estrada, sem condições de plantar, porque é um corredor que mal tem como fazer a barraca. Aí sim a gente pega, no tempo de roça, terras para estar plantando, né? Fazendo roça arrendada. Quando não consegue isso, vai trabalhar de diarista, nas roças de outras pessoas — o pequeno proprietário ou até sem-terra que está dentro da fazenda, como arrendatário. Tudo isso, para a gente estar sobrevivendo...

No acampamento organizado, todo mundo desenvolve uma tarefa, todo mundo está trabalhando. Tem que estar contribuindo com a organização, porque, quanto mais trabalha e organiza, mais a sociedade daquele município vê um acampamento bonito, onde não tem briga, não tem nada... por isso, no acampamento não pode ter bebida alcoólica: se bebeu, automaticamente está expulso.

Sobre a Marcha... saí de Rondonópolis, no Mato Grosso, no dia 17 de fevereiro. Da militância de nosso estado, fui só eu. Agora vejo que na Marcha não foi a maioria das pessoas da militância, dos companheiros mais antigos do Movimento. Os que foram tinham pouco tempo de ocupação; e de acampamento, tinham só três, quatro meses... O importante é que essa Marcha foi uma formação política para todos que tinham pouco tempo de acampamento. Se você pegar uma pessoa dessa que foi na Marcha, já vai colocar alguma coisa que conseguiu aprender a partir de reuniões, cursos, ou mesmo no convívio.

Outra coisa importante foi que a sociedade deu um respaldo: apoiou mesmo a reforma agrária. Olha, em uma cidadezinha que passamos, Santa Rita do Araguaia, na divisa de Goiás e Mato Grosso, tivemos que fazer uma ocupação. Todo lugar, toda cidade que a gente passava, fazia reuniões com o prefeito. Tínhamos uma pauta para negociar, para a gente se manter durante a Marcha, mas, como esse prefeito de Santa Rita não atendeu, ocupamos a prefeitura... Aí fizeram uma pesquisa na cidade e 80% da população apoiou quando passamos ali. Principalmente quando ocupamos a prefeitura! A gente achou que ia dar uma resposta ao contrário, mas quando foi ver na pesquisa a população não só estava apoiando... mas também estava reivindicando a reforma agrária, porque quem está na cidade é sem-terra também. Mesmo que estiver trabalhando não tem um pedaço de terra...

Tinha momentos bons e momentos de tristeza... de dificuldade... caminhava e não tinha condições de tomar um banho... particularmente não reclamo, mas a gente via as pessoas até discutindo:

— A gente vem na Marcha e vamos ficar sem tomar banho?...

Mas a gente conversava, então eles reconheciam o porquê de estar passando aquilo, que o culpado não era eu nem ninguém que estava participando, o culpado era o governo...

No decorrer da Marcha, acho que foi por parte do governo federal, colocaram a P2, a polícia especial, infiltrada no meio... Quando chegamos em Rio Verde foi que descobrimos que tinham dois policiais disfarçados acompanhando a gente. Nós estávamos acampados à tarde, antes de chegar na cidade, quando eles começaram a entrar, conversar... Aí nós articulamos rapidinho:

— Vamos pegar agora!

Cercamos, pegamos os documentos, filmamos, gravamos, tiramos foto, tudinho. Um grande erro nosso foi ter chamado o delegado da polícia civil do município... ele pegou os caras e levou preso. Mas queria que um ou dois de nós acompanhasse até a delegacia para fazer a queixa, e abrir processo contra os caras... Mas nós:

— Não, aí não! Como é que a gente vai tirar uma ou duas pessoas para estar indo na delegacia?... Não sabe o que vai acontecer. Às vezes vai pegar no cacete em nós...

A partir disso a polícia já passou a ter um respeito por nós que estávamos caminhando. Quando a gente descobriu um negócio desse e colocou na imprensa que tinha infiltrado da polícia no meio de nós, eles começaram a ter um respeito e a pensar: "Esses caras também são vivos, são sem-terra, mas não são bobos, como é que foram descobrir esses policiais disfarçados?"

O ânimo e ansiedade que a gente teve, quando as Marchas se encontraram, a sul e a oeste... foi uma alegria para todos nós! Chegar sem nenhum problema depois de ter caminhado mais de mil quilômetros. Foi aquela mística toda... não vou esconder... até chorei! Uma emoção... principalmente quando a gente veio caminhando para o Plano Piloto. A hora que foi encontrando aqueles companheiros urbanos, que se organizaram para encontrar com nós... Aquilo ali foi uma alegria! Ver tanta gente assim que veio nos acompanhar.

A gente teve alguma dificuldade, porque não tinha controle de tanta gente ao chegar em Brasília. Falava no carro de som para abrir, para podermos passar... mas todo mundo queria entrar, ou tirar alguma foto... até atrapalhava nós, sem-terra, caminhar e chegar aqui.

Achei bom nos reunirmos aqui embaixo na Esplanada. Era tanta gente! Não tenho conhecimento de ter juntado tanta gente alguma vez aqui em Brasília. A chegada da Marcha foi um momento onde estava presente toda a sociedade. Portanto, não foi só o Movimento, foi um ato que toda a sociedade participou, reivindicando Reforma Agrária, Justiça e Emprego. O que vejo de mais triste vai ser o dia de todo mundo ir embora... A gente já vai pegando intimidade e amizade com todo mundo... na hora de despedir das pessoas, para cada um voltar aos seus estados, vai ser triste...

A gente tem muita lembrança do que já aconteceu... As principais coisas já contei... O que vou falar é mais uma mensagem. A gente tem que fazer com que não só os sem-terra, mas toda a população lute para mudar esse país! Lute para ver nesse país pessoas com os mesmos direitos. Não são só os ricos que devem ter direito. Em nosso país, matam trabalhadores e ninguém paga por esses crimes... A gente tem que lutar por um país onde o sem-terra esteja na sua terra! Que não tenha aquele inchaço nas grandes cidades. Um país onde todo mundo tenha o direito de viver, de se alimentar bem... Isso é importante, e a gente tem que estar discutindo com as pessoas para que tenham esse conhecimento.

Entrevista: Suzana Lopes Salgado Ribeiro, 29 de abril de 1997.

Textualização: Suzana Ribeiro, Andreas Rauh Ortega, Marco Antonio La Femina e Luis Filipe Silvério Lima.

> No governo do patrão não vou mais acreditar,
> porque sou trabalhador vou acreditar é do lado de cá.
> Nas terras do Maranhão pobre não pode plantar,
> o governo vendeu todas para as multinacionais.
>
> Luiz Vila Nova, "Eu vou ficar do lado de cá".

MARIA JOSÉ
Maranhão

MAGRINHA *e pequena, no entanto, a mais "forte" colaboradora! Era evidente que seu definhamento advinha das lutas travadas, o que uma sorridente e expressiva Maria José fez questão de ressaltar. Corajosa, ela enfrenta pistoleiros, grileiros e políticos "no grito", no interior do Maranhão. Suas histórias parecem absurdas, não fosse o reconhecimento de que a triste realidade brasileira pode muitas vezes desafiar a imaginação de qualquer um... Mostram, sobretudo, a sobrevivência do Movimento Sem Terra no Norte e Nordeste do país, carregado de violência, falta de recursos e dificuldades de organização. Ainda assim, o MST torna-se a última via para a conquista da terra, diante da falta de apoio e da atitude de hostilidade por parte de quase todos os setores da sociedade. Todavia, não esperava que além do apoio político e material do Movimento fosse encontrar ali uma nova visão de mundo, uma perspectiva histórica bem diferenciada da que possuía até então...*

Não tenho medo, não! Se tiver que morrer na luta, vou morrer, mas não vou sair daqui de cabeça baixa!

PRIMEIRO vou falar que nossa luta lá no acampamento tem cinco anos! E nunca foi resolvida... Então, isso é um problema e uma grande história! Começo assim porque sou cabeça dessa história... Inclusive, sou ameaçada de morte por isso!...

Meu nome é Maria José Lima e nasci em 1966. A minha infância foi difícil, mas na realidade foi até mais feliz, porque naquela época ninguém pensava muito nos problemas que a juventude de hoje tem. Foi legal... Nasci no interior do Maranhão, num lugar chamado Cipó.

Estudei até a 3ª série do 1º grau. Nossa vida só foi boa enquanto tinha o pai, porque teve muita paz... Foi antes de toda essa história que a gente está passando hoje... Fomos muito felizes... Tenho seis irmãos homens, ao todo somos sete. Meu pai sempre trabalhou na roça, toda vida, esteve trinta anos de posse da terra. Só que esse proprietário que existe hoje — e que se apossou do que era nosso — era um grileiro mesmo! A gente já descobriu... O nome dele é José Ribamar Torres de Souza, vereador da cidade, e sempre foi uma pessoa que quis mandar em todo mundo.

Quando era criança, a gente tinha uma casa... minha família toda morava lá. Tinha roça... era uma região que plantava arroz, feijão, milho, abóbora, melancia... Eu ia pra roça desde criança, mas papai não deixava trabalhar porque tinha um carinho grande pela gente! Ia desde pequena e todos os anos a gente fazia roça.

Tenho uma admiração muito grande pelo meu pai... Ele não morreu na luta, foi de doença mesmo. Tinha problema de asma e morreu assim. Mas admiro muito, porque acho até que puxei a ele, porque nunca me rendi para a situação... Meus irmãos não são assim. São nada! Eles são aquelas pessoas que não chegam para encarar a realidade, falar para alguém assim, olho a olho... Se eles falam, sempre abaixam a cabeça...

Quando eles eram crianças, gostavam de brincar, de se divertir... Eu também gosto! Ainda gosto... A gente brincava... Lá no mato tem essas plantas, e a gente brincava debaixo delas, de boneca... Criança, né? Nossa família quase toda morava lá: tios, primos... A gente vivia bem... Comia tudo o que plantava: melancia, abóbora, maxixe, quiabo... todas essas coisas... E tinha criação também. Papai tinha um sítio muito grande de banana, laranja, melão... O sítio da gente era bem grandão.

Todos os anos tinha uma grande festa na casa do meu pai. Os Festejos de Todos os Santos, que uma tia minha fazia, eram na nossa casa! Era no dia 31 de outubro... Fazia um leilão, com bolo, assados... O leilão é assim: a gente faz os assados, os bolos; bota fruta, laranja, banana, essas coisas... e coloca uma pessoa para tentar o leilão:

— Quanto é que vale aquilo ali?...

É! A gente grita quanto é que vale! Alguém que acha o quanto é coloca o preço. Até que uma pessoa paga e leva... Pois é! A juventude da gente foi muito legal... A gente tinha cantoria, baile... Sim, era bem divertido! No nosso lar, antes de toda essa desgraça, a gente se divertia muito bem!

Hoje tenho preocupação porque meus irmãos... Ainda quero me divertir, ser feliz, como antes, mas tenho medo de faltar um da família porque... os adversários da gente são muito perigosos! Eles já fizeram de tudo para me pegar mas, graças a Deus, até hoje não me pegaram não! Mas eles mesmos, esses adversários da gente, dizem que não sabem no que confio... Eles sabem que eu é quem tem que ser tirada de lá, porque os outros sempre abaixam a cabeça, mas eu não! Não tenho muito medo disso não! Porque tenho muita fé em Deus e não penso em ser vencida... Sempre fui otimista!

Quando era mocinha, namorava bastante... Casei com um cara legal, que não fuma, não bebe, não é mulherengo... Eu tinha 19 anos. É uma pessoa legal, que gosta também de se divertir... É muito brincalhão com os outros, todo mundo gosta dele! Eu já sou a segunda mulher. Ele teve a primeira mulher, que traiu ele com outro homem. Depois de um ano dele estar separado, um dia a gente se encontrou e ele falou que queria casar comigo. Falei a ele que não ia mudar meu jeito de ser. Porque toda vida fui uma pessoa que nunca estive presa... Sempre andei muito! Gosto muito de andar, né? Com a primeira mulher, ele tinha um monte de exigências: ela não usava batom, esmalte, calça, shorts... ele não deixava a mulher dele cortar o cabelo, e eu cortava o meu bem cortadinho... Tinha essas proibições com ela. Então, falei para ele que não era obrigada a casar com ninguém. Que, um dia, só casaria com alguém que me desse liberdade, e que não ia deixar de usar as coisas que usava. Ele disse que podia ser assim e que queria casar comigo. Disse que podia até cortar meu cabelo!... Agora, deixei crescer porque quis mesmo, mas era bem curtinho!

Graças a Deus, meu pai era muito seguro, mas comigo sempre deu muita liberdade! E esse esposo que tenho hoje também me dá, e é a coisa que mais sei preservar: essa liberdade... porque só uso, não abuso dela. E tanto faz estar com ele ou com qualquer pessoa onde passo. Sempre ando com qualquer um... A gente tem 11 anos de casado, mas nunca brigou com ciúme do outro... Uma vida legal! Tenho três filhos... Minha filha mais nova está quase do meu tamanho! Ela tem 8 anos; a mais velha tem 9 e o rapazinho tem 12...

Assim que casei, saí da minha casa e morei sete meses na do meu sogro. Depois, meu marido construiu uma casa no mesmo lugar e a gente foi morar nela. Ele trabalhou numa firma do grupo João Santos, uma empresa que tem lá, muito grande e poderosa... É um grupo que envolve agropecuária, celulose, álcool, açúcar, papel, muita coisa... É muito poderoso! Tem 95% das terras do município que a gente mora, Coelho Neto. Esse grupo protege todos esses políticos latifundiários, que tem nessa cidade... Até a Igreja ele conseguiu controlar! Nem preciso dizer que, quando estourou toda nossa luta, a Igreja ficou contra a gente...

A gente morou lá até 84. Eu, com meu marido, fomos trabalhar nessa firma e eles dão a sede para morar. Meus irmãos e minha mãe ficaram em nossa terra. Eles foram expulsos em 95. Aí saímos da firma, porque ouvi minha mãe falando pelo rádio, dando entrevista, e fiquei muito emocionada com aquilo! Também fiquei revoltada!... A gente pediu as contas para sair e foi onde eles estavam... Nunca mais deixamos eles sozinhos.

Minha sogra morreu no dia 4 de março de 96, e a gente ficou por lá. No dia 9 de setembro, a gente se acampou, voltando pra área que tinha sido despejado...

Meu pai era uma pessoa muito esperta e nunca baixou a cabeça diante da situação! Ele também sabia que a terra não era deles... Meu pai e inclusive meu avô morreram lá... Tem dez anos que meu pai morreu... E, quando isso aconteceu, o grileiro aproveitou a oportunidade e tentou expulsar minha mãe! O pai do vereador José Ribamar Torres de Souza — José Ribamar de Souza — é meu padrinho de batismo!... Ele próprio também veio dizer que minha mãe tinha que sair! Acho que puxei um pouco para o meu pai porque nunca abaixei a cabeça... A gente ficou lutando por isso...

A primeira coisa que eles fizeram foi tocar fogo numa casa da gente, cheia de legumes... Era na época da colheita. Estava com toda a colheita dentro e outras coisas... Eles atearam fogo nessa casa, e a gente viu queimando com tudo... Foi uma revolta muito grande que a gente teve! E daí para cá, não basta!... Ainda por cima, o grileiro fez uma roça na frente da nossa casa, onde era uma mata nativa que a gente conservou. Embaixo era tudo limpo, tinha aquelas sombras... Lá onde a gente mora é muito bonito! E eles derrubaram tudo isso... Fizeram uma roça e mataram a criação!... Hoje a gente não tem nada!

Como se não bastasse, ele mandou prender nove trabalhadores que estavam lá. Eles foram presos no caminho da cidade. A gente ia na feira e, na hora que eles foram presos, a única mulher que tinha nesse grupo era eu... Foram presos! Aí liguei pra CPT, a Pastoral da Terra, mandei carta para toda sociedade... Assim consegui advogado para tirar eles da cadeia...

Eles saíram da prisão, mas isso também não foi o suficiente para eles! Conseguiram uma ação na justiça contra meus cinco irmãos que moram lá, para despejar... Eu e meus irmãos lutamos! A gente lutou e conseguiu uma terra com o governo numa outra propriedade, para não ver meus irmãos derramados... Eram 233 hectares de terra, e meus irmãos se mudaram para lá. Mas isso não basta porque o grileiro, que é vereador, dizia que, se meus irmãos saíssem, os outros que estavam lá, ele tirava a pontapé! Ele conseguiu! Tirou mais 20 famílias e despejou dentro dessa área junto com meus irmãos! Na mesma época, a gente deixou roça plantada, deixou tudo... Eles colheram tudo! A gente ficou sem nada! E essas famílias foram para lá e eu fiquei muito indignada com isso! Não me conformei em perder... Sabia que a gente tinha direito! A gente tem mais de cem anos de moradia, cinco geração, minha mãe tem bisneto... Todo mundo foi despejado. Ficamos em cinco família dentro de uma casa, as crianças adoeceram tudo... Era inverno! Esse vereador mandou colher a roça da gente.... Porque ele é vereador! Por incrível que pareça! Esse ano ele não ganhou, mas tomou a candidatura de um. O grande poder que esse vereador tem também vem de um deputado que representa Coelho Neto e chama-se Carlos Bacelar. Além disso, a mulher dele é a prefeita hoje, porque tomou a eleição. Foi a maior bagunça!... São filhos de grandes latifundiários que estão dando toda cobertura a eles...

Todo mundo foi despejado, ficou doente, mas nunca baixei a cabeça pra essa situação! Tinha um amigo que ainda hoje é do Sindicato dos Professores, que me procurou e perguntou se não queria ligar para o Movimento Sem Terra. Dessa forma é que tive de ir pro Movimento...

Para mim, o Movimento era um sonho... E eu também tinha um sonho a realizar, que era voltar para essa terra que é da gente. Nunca tinha ouvido falar do Movimento. Quando ele me falou, pedi o telefone, disse que queria ligar, porque queria achar um jeito de voltar pra nossa área. Liguei, falei com o Goreti e o Elias, que são diretores do Movimento no estado do Maranhão, e eles falaram que o meu caso tinha jeito. Eles não entendiam por que estava acontecendo, porque sabiam que a gente tinha direito, né? Falaram que, quando tivessem arrumado o advogado, me procuravam... Isso foi no dia 6 de dezembro de 1995, quando a gente foi despejado dessa outra área.

Quando deu a Quarta-Feira Santa de 96, eles chegaram. Mandaram um menino me pegar para a Marcha de 96, no estado. Aí fui. Falei com a governadora, que é a Roseana Sarney, e ela falou que podia voltar pra terra da gente, porque ela resolveria o problema... Só que até hoje a gente está nessa luta! Foi isso que me levou ao Movimento, e foi ele quem deu apoio pra gente. A gente tem advogado e hoje, inclusive, sabe que a terra nunca foi demarcada... nunca na vida! Sabemos que lá tem sobra de terra — o que já foi declarado — e, por isso, o vereador não quer que seja medida, que as terras sejam demarcadas.

Tenho meu filho mais velho estudando na cidade e as mais novas no acampamento, porque tem escola... Tem 34 famílias no acampamento, porque o pessoal tem um movimento bravo de arregimentação... Quem conhece o Movimento sou só eu e algumas pessoas que me acompanham, né? Mas, para eles, isso é incrível! A gente morre por isso! É aquela coisa, sabe? Morre ou mata. Isso tem que acontecer! Os poderosos mesmo me vêem como um bicho. Quando pensam em me ver, falam:

— Vixe Maria, isso assusta!

Mas isso, para mim, não significa nada. Sei entender isso direitinho, enquanto as pessoas que não entendem ficam apenas criticando. Também sei entender direitinho! E tento explicar aos outros como é que é...

Esse acampamento foi assim: a gente articulou, teve que trabalhar dois, quatro ou cinco meses com essas pessoas que foram para lá. Porque quem mora nele segue um regimento interno. Fora do acampamento, tem que saber todo mundo que mora dentro dele. Acho maravilhoso o Movimento, porque tem organização! Todo mundo que mora ali, cada pessoa, tem que ter uma função: coordenador do acampamento; de grupo de famílias; geral; da segurança; da escola...

Por exemplo, a professora que dá aula tem de assinar num caderno do coordenador da escola para ficar comprovado se ela trabalhou ou não naquele dia. É uma coisa que a gente aprende a ser mais educado e é muito interessante! Na escola do acampamento, quando se faz a 1ª série, é como se tivesse feito a 4ª série pelo estado ou pelo município! Pois é... A gente aprende muito! Pela experiência que tenho hoje no Movimento, é como se já tivesse estudado muito... Nunca fiz nenhum curso do Movimento, só o de informática mesmo... Mas os dirigentes têm vontade de me levar para fazer um curso porque sabem que tenho uma grande experiência com isso... Gosto muito do Movimento! E, no que depender de mim, vou. Nunca fui proibida de ir a lugar nenhum. E a gente tem se visto até hoje sem morrer ninguém de um lado, nem de outro, né? A gente não sabe como é que vai ficar tudo isso... Espero que seja legal, que termine bem...

Desde 96 estou no Movimento, dia 6 de abril. Mas, para mim, era um sonho... Foi através do telefone que consegui trazer isso pra gente. Por isso, eles dizem também que fui eu quem buscou esse Movimento, porque isso não existia lá. Não existia mesmo! No Maranhão existia, mas não na nossa cidade... Tenho contato com o pessoal de outros lugares do Maranhão, como São Luís.

Muitas das vezes, cada acampamento ou assentamento tem uma forma de ser. Para nós, tem coordenador de acampamento; para outros, tem coordenador de grupo de famílias. Sei porque estive conversando com os companheiros da gente. Isso depende de quantas famílias tem na área. Se são 600, mil famílias, tem que ser por grupos de famílias. Cada uma, duas, três pessoas, faz parte do grupo de família. Nós, que estamos acampados, temos uma outra maneira: a gente forma brigadas, que são grupos. Todos os que somos maiores de idade temos responsabilidade pelos nossos atos. Se errar, tem o coordenador de disciplina e uma disciplina, que vai regulamentar. Cada um paga uma pena por aquilo que fez de errado. E vai fazer o que o coordenador acha que deve ser feito, cumprindo aquilo. Eu sou coordenadora do acampamento, só que também tem outros que ficaram responsáveis enquanto não chego.

No acampamento, muitas das vezes, a gente deita cedo porque tem que levantar cedo também. Em seguida, cada qual vai para seu serviço. Temos nossa cozinha coletiva, e todo mundo tem seu barraco onde dormir e colocar as suas roupas, seus pertences. Na nossa cozinha coletiva, que é só uma casa, tem a sala, uma repartição para os homens almoçar. Eles não têm o direito de passar para nosso lado. Colocamos uma placa que diz: "Por favor, não entre sem permissão".

Então, nós fica no lado da cozinha e os homens ficam para esse outro lado. E a gente passa a comida por cima do balcão... e eles comem lá. Eles obedecem aquilo ali, porque senão paga a pena.

Conseguir a comida do acampamento é nosso grande problema. A gente consegue com algumas pessoas que já esteve na luta, sofreu muito, e que hoje é assentado. Eles mandam alimentação pra gente. Já tem assentamento no Maranhão com energia elétrica, poço artesiano, colégio ampliado, posto de saúde... Tem acampamento que já tem até telefone! Tudo do Movimento. É superlegal ir num acampamento e ver que a coisa muda, que a gente muda de situação... Eles mandam ajuda pra gente, e mesmo assim está difícil. Porque onde tem muita gente, toda coisa é pouca, né? E a gente não tem como sobreviver. Agora, o verão destruiu muito a plantação. Na época que era para encher o arroz, não teve chuva... aí o arroz secou.

A gente também já teve ajuda pela CPT, através da Cáritas. Eles mandam dinheiro e a gente presta contas a eles com notas fiscais, porque tem uma secretaria que passa esse dinheiro para nós. Quando fui em São Luís, conseguimos uma alimentação com a secretaria de solidariedade, que faz parte do governo. E tem outras pessoas que são amigas também, destacadas em outras cidades, que mandam as coisas. Arroz, açúcar, feijão, café, sabão, massa de milho... eles mandam para nós.

A gente tem uma despensa com a chave e uma coordenação que fica responsável por ela. Tudo o que sumir, que vai saindo dali de dentro, tem que estar anotando. Tudo o que entra, tem que saber quem foi e o que é que mandou, botar, pôr nota e saber toda hora se está trancado. Só quem mete a mão ali é o coordenador, e quando pega as coisas tem que trancar. Ninguém pode entrar lá dentro, e se entrar é com ele.

Depois que damos almoço para os homens e para as crianças, almoçamos e lavamos tudo. A gente deixa tudo organizado pela cozinha, porque também tem uma comissão de pessoas que trabalham nela, com duas mulher por dia. E aí vão quebrar coco, tirar azeite, essas coisas para todas as mulheres. A gente também quebra coco para vender e poder comprar alimentação. É com machado: coloca ele assim, debaixo da perna. Com um cacete na mão. Bota o coco, arreia o machado e tira o fruto. Lá tem muito coco, muito babaçu. Colhendo babaçu, tem dia que a gente tira cem quilos. Só que é muito barato: 35 centavos o quilo. Por isso que falo que é muito difícil a situação da gente...

Nossa situação também é muito difícil porque a sociedade que vive em volta não entende como é o Movimento... Eles ficam sempre surpresos com a gente. Um acampamento, quando está como o nosso — que o cabra ameaça de matar todo dia —, a gente não deixa entrar ninguém. Só uma autoridade qualquer — polícia, delegado —, pessoas que vêm entrevistar, pessoal interno do Incra... Uma pessoa conhecida assim, né? E a sociedade vê com um olhar muito diferente do nosso. Eles acham que a gente não deixa entrar ninguém porque ali dentro tem alguma coisa que não podem ver! Uma vez, houve umas pessoas que — por incrível que pareça — entraram no acampamento. Primeiro achamos que foi por um acaso, mas, analisando bem, sabemos que não foi. Eles tinham curiosidade. Entraram e falaram assim:

— Ô, desculpe por ter entrado aqui... Não imaginei...

Falei:

— Foi legal você ter entrado aqui, até porque tem gente que fala que tem bicho-de-sete-cabeças. E foi bom que você entrou de surpresa e não viu nada disso! Aqui só tem gente igual a vocês e às outras pessoas. Aqui a gente só vive como vivia antes.

Só que a gente não deixa entrar todo mundo porque, acompanhando as pessoas que vão ali sem nenhuma má intenção, vão aquelas que têm isso e que podem invadir, de repente, nosso acampamento. Por isso, tem nossa segurança. Não é para matar ninguém, mas sim conversar e explicar para as pessoas que chegarem o porquê de não entrar todo mundo. Se a gente deixar um, é claro que todo mundo que chegar quer entrar, porque esse alguém entrou. Essa é nossa forma de segurança. Quando é assentamento, isso é liberado. Mas a gente ainda não pode liberar assim porque corre muito risco...

A gente está passando dificuldades... Tem um companheiro meu que foi baleado pelos pistoleiros. Ele está aqui na Marcha, é da direção nacional do Movimento. Ele tinha ido até um riacho que tem perto e encontrou no caminho uns seis caras que vinham armados. Perto do acampamento! Ele falou assim:

— O que é isso? Onde vocês vão desse jeito?

Eles responderam:

— Não, a gente só anda caçando uns porcos... Pode ficar tranquilo que a gente não vai lá não!

Mas o companheiro já tinha passado pelo que depois ia dar um tiro nele, que estava bem longe! Mas, de onde o companheiro estava, viu um vulto detrás de uma moita. E, quando ele foi se virando assim, o outro deu um tiro de lá, com uma espingarda calibre 12, de repetição! Pegou caroço de chumbo na cabeça, na barriga e nas costas... Foi... Ele tirou um desses ainda ontem mesmo!

Então, a gente foi na cidade. Ele foi para Teresina e lá acabou sendo entrevistado pelo SBT, que também veio no acampamento... Assim, a gente foi entrevistado. Eram 5 horas da tarde quando a televisão chegou, e eu sempre fico atenta... Sei que quando acontecem essas coisas chega todo mundo para ver o que é que houve, entrevistar, investigar e tudo! Já estava esperando. Conhecia o Silas Reis, que era o repórter do SBT. Quando vi ele de longe, reconheci! Ele chegou e perguntou como é que foi e eu contei tudinho. Mostrei também a camisa de nosso companheiro, que estava furada pelo chumbo... Ele filmou tudo que a gente tinha lá, né? O acampamento inteiro: a cozinha, a escola... Falei como é que tinha sido o tiroteio, e ele disse que também já tinha entrevistado o rapaz em Teresina. Disse que tinha vindo para ouvir os dois lados. E ouviu. Só que, do outro lado, eles confirmaram que estavam dispostos a morrer e a matar toda hora que pudessem. Achei bom!... Achei bom, porque era uma luta que estava concentrada em mim. Todo mundo dizia que o Movimento era eu, que não existia isso no mundo! Eu dizia:

— Se vocês não saem para conhecer o Movimento, é outra história! Agora, eu conheço o Movimento e sei que não é só meu. É de todo mundo. E as pessoas que quiserem participar vão ver que é muito interessante porque vocês vão aprender coisa que nunca viu na vida!

É melhor do que qualquer escolinha. Porque na escola a gente aprende umas mentiras que não existem, a gente sabe disso! Eu estudei! Por exemplo, a gente aprende que o Brasil foi descoberto. O Brasil não foi descoberto coisa nenhuma: foi invadido! A gente aprende também que quem libertou os escravos foi a princesa Isabel. Não foi! Foi Zumbi! Hoje, a gente vê que nos livros do Movimento o que conta é isso. Essa é a realidade! E só agora que viemos saber dessa história... Na escola do estado, do município, não foi isso que aprendi. Mas na do Movimento a realidade é outra. A realidade está sempre engavetada. A gente aprende muita coisa no Movimento. Tem uma coisa muito interessante que é o curso que a gente faz todos os anos numa escola: são três meses que mesmo gente que não saiba ler e seja analfabeto consegue se formar e saber se comportar dentro da justiça. Como entrar, como sair. Ser uma pessoa educada e civilizada até mesmo para sua própria família. Pois é...

Quando o meu amigo, esse companheiro, foi baleado, o SBT foi filmar, entrevistar a gente, e o irmão dele falou que lá estava uma bomba! Que toda hora podia morrer muita gente, e que ele estava disposto a morrer e matar! Isso ficou muito claro para a sociedade! A sociedade, hoje, vê a gente como "coitadinho" e eles como os pistoleiros... A gente está segurando isso. Só temos segurado até hoje porque a gente não quer mesmo se manjar com eles. São aquelas pessoas que não estão nem aí para nada, né? Pelo que conheço, acho que eles não estudaram nem o que estudei, porque são ignorantes demais! Eles dizem também que sabem que sou capaz de qualquer coisa! Falei a eles:

— Capaz de qualquer coisa, não! Mas onde meu braço alcançar, pode ter certeza que entro até o pescoço! E não vou abaixar a cabeça diante dessa situação porque sei que tenho esse direito e não vou perder ele para ninguém!

Agora, até a Igreja vai estar do lado da gente. Se tiver mesmo mudado o padre, como me falaram. Se for amigo, um padre da luta, com certeza a gente vai ter esse aliado. Antes, o padre falava que não podia ser a nosso favor, porque a Igreja não tinha nada a ver com isso! Só que falei com o bispo e ele disse:

— Quem?... Nós temos tudo a ver com a luta...

A gente sabe que a Igreja é a maior provocadora de uma luta. E aquele outro padre disse que não tinha nenhuma preocupação com isso, que a Igreja não tinha nada a ver... E a gente ficava sem apoio... Eu também não ia na Igreja, porque lá todo mundo tem um conhecimento muito forte sobre mim, inclusive o padre era um deles. Então, ficava meio afastada porque me viam com uma visão diferente, de autoridade...

Todos sabem que hoje as autoridades são todas autoritárias. Para eles, a pessoa que luta é baderneira, cheia de confusão, né? E, na realidade, a gente tem conhecimento que tem direitos. Não deve baixar a cabeça diante da situação que está passando! A dificuldade que a gente passa é muito grande e, se aceitar, vai ficar pior. Eles vêem a gente como fofoqueiro, caçador de confusão. Eles me olham assim, porque lá na nossa cidade ninguém luta por nada. Quem luta sou apenas eu e, agora, mais alguns que estão tendo conhecimento e acreditando que estou certa. Já tem até professores que passam por mim e cumprimentam... Falam que sou um herói e tal, aquela coisa... Acho que estou justa e não sou contra a luta de nenhuma pessoa. O que a gente tem que fazer é procurar o porquê, como é que essa coisa funciona, e perguntar:

— Por que eu estou nessa luta? Qual o direito que tenho nela? Desde quando tenho direito a isso? Como é que isso está funcionando? Como é que essa história começou e como é que ela está até hoje?

Não achar que isso é bicho-de-sete-cabeças... Aquilo que a gente não conhece, deve procurar conhecer.

A gente já sofreu muito nessa luta! A gente está passando muita fome nesse acampamento... Muita fome! Tem dia que as crianças vão almoçar às 8 horas da noite... E dói! Tem muitas famílias e estamos passando por uma dificuldade muito grande... Foi isso que me levou ao Movimento, porque tenho esse grande sonho de ganhar essa terra! Também, se não ganhar nesse lugar, sou mais ir pra rua, porque não vou morar em outro interior... Lá a gente conhece tudo e gosta do lugar! Todo mundo que vai lá gosta! Na época que esse companheiro da gente foi baleado, o delegado da Polícia Federal foi no local e falou assim:

— Tem razão... Esse lugar de vocês é muito bonito!

O lugar da gente é muito bonito! Muito bom... A gente gosta dele.

A Polícia Federal apareceu porque, quando vou na delegacia, o delegado da cidade nem me recebe. Não quer nem me ver. Um dia, eles invadiram as nossas casas às 5 horas da manhã. Derrubaram criança da cama... Foi abuso de poder! Os policiais foram com o delegado. Foi invasão de domicílio. Eles roubaram 48 reais de um cunhado meu. E, nesse dia, teve um doutor que ia lá pra casa, consultar a gente. Eles levaram um repórter, gravei uma entrevista e ela foi ao ar. Esse repórter saiu da rádio porque botou essa entrevista no ar! Porque pôs tudo que eu falei. Eles falam, na rádio local, que a gente guarda pistoleiro na casa do amigo, que é do Sindicato dos Professores. Na rádio de lá, só fala quem eles querem que fale! Pela rádio, eles falam que vão matar a gente!

O delegado foi se defender, falando que me prendia, que eu era uma débil mental. Respondi assim:

— Ah! Quem fala a verdade é débil mental para vocês? E o que é um delegado que prende um débil mental?

Acho que estou mais correta que ele. Vários companheiros meus pegaram tiro, e o laudo deu lesão corporal, porque o delegado está do lado do fazendeiro... Ele não gosta de mim nem um pouquinho. Toda vez que vou na delegacia, arrumo briga, porque ele é aquele tipo de gente... Nem delegado ele é! É só um professor que os políticos colocaram lá! Sempre fui direta com ele. A gente chega lá na delegacia e ele fica sorrindo ironicamente, assim, da cara da gente! Um dia, quando falei com ele, ele respondeu que era bom tomar um suco de maracujá. Respondi, furiosa:

— Olha, eu ainda posso comprar um suco de maracujá para tomar! Só que não vim aqui pra isso. Suco de maracujá não me faz vir a essa delegacia, não. Venho porque é aqui que tenho necessidade de vir. É aqui que tenho que vir registrar a queixa. E se você está pensando que está diante de uma trouxa, está muito enganado comigo. Toma cuidado com o que você possa fazer...

Ele é um mau-caráter mesmo! O delegado de Coelho Neto é um mau-caráter. Não é só para mim... É para todas as pessoas que vão lá. Ele mesmo se esclarece, dizendo que é só um professor que está lá, porque gostaram do trabalho dele. Claro! Gostaram porque ele é sempre dominado pela elite, é nomeado por eles...

Essa história foi na época da política, da eleição, e eu era candidata a vereadora pelo PT. A experiência que eu tive... A eleição foi a esquerda contra a direita, e isso perde muito porque é outra luta, que tem que ser encarada de verdade.

A campanha eleitoral a gente fez com som na rua. Também ia de casa em casa, conversando com as pessoas... E foi ótimo! Conheci bastante gente, as pessoas apoiavam. Mas nós fomos roubados... Até hoje, nunca descobri quantos votos tirei! Foi uma coisa muito incrível, muita injustiça, muita injustiça!

A eleição foi tomada porque o lado que a gente esperou que ganhasse não ganhou. O outro lado foi vitorioso, com roubos. Desde a primeira urna que foi contada, a gente viu, constatou roubos, o que foi provado. Só que esses que hoje estão no poder são muito poderosos com Roseana Sarney e, assim, eles conseguiram botar essas pessoas. Mas essa prefeita, Márcia Bacelar, tem não sei quantos processos, porque ela também lutava com outra pessoa muito poderosa. Ela é do PMDB, e essa outra pessoa é do PFL. Apesar de nós, da esquerda, não dar valor em achar que esses outros partidos fazem alguma coisa, isso não é verdade, porque muitas vezes fazem, e não adianta a gente dizer que não. A gente sabe que não pisam tanto na bola, né? Ajuda... Eu tinha uma facilidade de diálogo com o outro candidato, do PFL. Ele é uma pessoa que a gente vê que é mais calmo, tem medo de tudo. Mesmo nesse outro partido, estava disponível à gente. Nunca tivemos que aceitar as propostas dele, porque tinha que estar do outro lado. A gente sabe que do lado dele também existia alguma coisa que não batia com nossa idéia. E a atual prefeita conseguiu tomar a candidatura dele. Mas ele também é um empresário muito rico, influente, por isso ainda estão na justiça, e ela sabe que corre o risco de perder a candidatura antes de terminar o mandato.

A prefeita, depois que entrou, botou todos os funcionários para fora, sem direito, mesmo com estabilidade... E ela está numa questão incrível com esses funcionários, inclusive o advogado deles é o mesmo que o nosso. Esses funcionários também estão nos apoiando na nossa luta. Sempre estão achando que estamos certos. E achei bom isso que eles estão passando... Não porque perderam o direito deles, que espero que consigam recuperar. Mas sim para entenderem que nós, seres humanos, não nos conformamos perdendo aquilo que sabemos que é de nosso direito. Porque quem não tem direito já não quer perder mais! Imagina a gente que tem e perdeu...

O último tiroteio que teve foi Terça-Feira Santa! Eles chegaram, invadiram o acampamento, dando tiro no meu sobrinho, só que não pegou... Acho que eles têm uma pessoa que observa quem está dentro do acampamento. Nesse dia, só estava nós, em casa, e o menino na segurança, porque todo mundo tem que sair para trabalhar. O menino estava trepado numa jangada, que é um pau que fica em frente ao acampamento. Quando ele deu fé, os pistoleiros já estavam perto, deram dois tiros nele com rifle! Ele desceu por trás do pau e o tiro passou assim, por cima da cabeça dele... Aí correu e chegou, falando pra gente que eles estavam vindo. Quando a gente saiu, eles já estavam ali: eram seis ou sete pessoas, cada um com rifle, e um deles com uma 12 e um 38. Conheço todas essas pessoas. O nome desse último é Edvaldo, mas a gente conhece como Bezinho. Ele é mandado pelo vereador. Ele botou a 12 em mim e falou que ia me matar... porque falei para ele:

— Vocês são muito irresponsáveis. Quando a causa está na justiça, tem que esperar a decisão dela. Quem perdeu perdeu. Quem ganhou ganhou. Vocês estão invadindo! Agora, que isso não é justo, não é.

Ele disse que, se não me calasse, enchia a minha cara de bala!

Respondi:

— Eu não estou com medo de você, não. Na verdade, sei que você é um bandido, mas quem anda voando cai. E você é quem vai dar no chão. Tome cuidado com o tombo que pode tomar. Você não é mais rico do que eu em nada, aliás é muito mais pobre. E não é só na condição, não. É também na consciência. Eu não me considero pobre, porque uma coisa que tenho muito é consciência. Pelo menos consciência política daquilo que quero. E você não sabe o que está fazendo... Se tiver coragem de dar um tiro, está na hora.

Aí, o que estava com ele falou que não era para atirar. Porque ele sabia que isso complica lá, né? A gente não tinha como se defender, a não ser pela conversa!... Até porque, além desses que estavam ali, tinha mais um bocado no mato, todo mundo armado. E, se tivesse mais um, dois ou três tiros, aparecia todo mundo armado até os dentes. Eles têm muita arma que os políticos de Coelho Neto doam para matar a gente...

Mas não sei o que acontece... A gente tem que ter um determinado controle tão grande! Nessa hora, chegou um companheiro nosso muito aflito, querendo ir pra frente. O nome dele é Francisco de Souza Lima. O irmão do vereador, que estava naquele bando, chamou o companheiro pra briga, para matar. Esse companheiro passou por todas as mulheres e, quando me virei, falou aquilo:

— Eu vou partir pra frente!

Nesse momento, foi um conflito tão grande, que as crianças choraram, as mulheres também... E eu só consegui me controlar. E falei. Pedi a ele que não! Não ia valer a pena, porque ia morrer... A gente não quer conquistar a terra faltando companheiros. É que tenho uma liderança... Todo mundo no acampamento me obedece, acredita muito, tem a maior confiança em mim... Aí, ele me obedeceu e voltou comigo... Voltou... Então, os pistoleiros desceram e passaram do acampamento, saiu todo mundo... Todas as mulheres falaram que, se eu não estivesse lá nesse dia, eles tinham morrido... Porque, pelo menos esse companheiro, eles matavam mesmo. Eles têm vontade de matar ele, porque é uma pessoa que também não abaixa a cabeça...

A gente ficou com medo deles voltarem, porque é muito visado... Botamos outras pessoas na segurança, que também não se deixasse mostrar a eles. A gente já sabia como é que estava a situação. A polícia não fez nada, nada, nada...

A gente veio do Maranhão até a Marcha só dia 30 de março de 97. Como disse, nosso acampamento estava muito cheio de conflito e a gente não podia sair de lá no início da Marcha, que foi no dia 17 de fevereiro. Nós, do Maranhão, somos 34 que estamos aqui em Brasília. Saímos de lá e chegamos em Imperatriz, eu e mais dois do acampamento. Lá, a ponte estava quebrada para a gente atravessar para cá. Fomos esperar o rio abaixar para vir. A gente só veio no dia 1º de abril. Chegou aqui dia 2 e a Marcha já estava em Goiânia. Ficamos...

O que quero falar sobre a Marcha é que passei uma crise... Depois que cheguei em Goiânia, peguei uma febre, gripei... Não comia nada. Fiquei doente, fui no hospital, me consultei. Depois fui indo e melhorei. Os companheiros já estavam desistindo de me trazer, querendo voltar para trás, mas eu não queria. Vim andando com o pessoal.

Essa também é uma história que tenho orgulho de estar ajudando a construir! Porque a gente sabe que isso é uma história, que a gente está fazendo no Brasil e no mundo, né? A gente recebeu mensagem de toda a América!

É uma coisa que nunca imaginei que fosse tão emocionante... A gente está vendo que é o final, mas vai sentir muitas saudades dos companheiros que viu e das amizades que construiu aqui.

Na Marcha, tinha dia que a gente dormia nas fazendas, no mato. Outros, que comia só feijão com arroz. Outros, que só ia almoçar 5 horas da tarde... Era muita dificuldade, mas apesar de tudo o que a gente passou, de tanto sofrimento, valeu a pena! Até porque a gente conseguiu alguns objetivos que esperava com a Marcha. Pelo menos, o mais interessante foi a participação da sociedade. A gente sentiu que o pessoal está sendo injustiçado, o povo do Brasil inteiro... Em todos os lugares que nós passamos, recebemos doações de alimentação. Teve muita solidariedade das famílias que ficavam ali em volta da gente. Até em lugar distante que a gente esteve, mesmo dentro das fazendas, tivemos solidariedade de artistas, de famílias que vinham nos visitar e também dos caminhoneiros que passavam pela gente. Foi muito legal...

A gente chegou aqui em Brasília e aí foi muito mais emocionante! Pensei até em não chorar, mas chorei... Foi muito emocionante mesmo! A sociedade estava totalmente do lado da gente, e foi justamente esse o maior objetivo que nós queríamos. A gente sabe que o governo é contra mesmo, só faz ofender, não quer nada de bem para ninguém... E, com essa sociedade que a gente conquistou, tudo pode mudar. Hoje, esse apoio é a realidade do Movimento, porque todos nós já demos entrevistas para rádio, televisão... Acho que, pela organização que temos, não vamos ter facilmente essa sociedade contra a gente. Atualmente temos poder, e tudo que tiver organização vamos conseguir fazer. É o lado que não tem dinheiro, mas tem ajuda de muita gente...

Por exemplo, depois que estou aqui na Marcha, soube, em Goiás — por um amigo de São Luís, que é um padre —, que o padre da minha cidade foi trocado. Fizemos protesto pra tirar... porque ele era controlado pelos poderosos. E a gente, antes de ter vindo, fez um ato e pediu a transferência do padre porque nós quer pelo menos um que esteja do lado da gente! E o bispo fez isso. Mais rápido do que eu imaginava! Aí, eles fizeram protesto: disseram que nós, do Movimento, foi que tiremos o padre de lá! Falei:

— Olha, pedi, mas não pensei que fosse tão rápido assim!

Mas foi legal! Pelo menos agora vou poder ir na igreja! Para mim, isso foi muito bom, porque lá a gente não conta com ninguém! Só com esse amigo, que é do Sindicato dos Professores, e ele também é muito ameaçado...

Por isso, foi muito legal. A gente construiu muitos amigos de outros estados, pessoas que não conhecia, e vai sentir muita saudade dessa nossa caminhada... porque foi muito emocionante, e depois de amanhã vai ser muito mais... A gente vai se separar, cada um vai embora para os seus estados... e vai ser muito emocionante. Será muito difícil essa separação da gente, né? Porque sabemos que tem amigo aqui que a gente não verá nunca mais...

Lá no Maranhão, o que a gente vai fazer quando chegar é marcar reunião com os companheiros e passar o que aprendeu para eles. É por isso também que, quando vai em alguma coisa assim, não é a gente que se escolhe para vir, mas sim a assembléia. Colocamos a assembléia, e as pessoas que estão nela vão votar quem é o responsável. Tem que ter essa pessoa que sabe tudo por detalhe, muitas coisas tem que anotar, lembrar e levar a eles. Passar o que a gente puder para os companheiros que ficaram no acampamento. Vou passar para o pessoal algumas coisas que aprendi: o conhecimento maior que a gente teve; as coisas que aprendi na Marcha; as dificuldades que passei; as facilidades que teve; as pessoas que contribuíram com a gente e que chegaram ao meu conhecimento; como foi a Marcha; como foi a sociedade com a gente... Todas essas coisas tenho que falar a eles.

Depois dessa Marcha, vamos conseguir alguma coisa de facilidade para resolver nossa situação. Acho que esse vai ser o futuro... Se conseguirmos resolver nossa situação, vai melhorar muito pra gente. Vai ter liberdade, porque a gente fica muito preso... Acho que a gente também vai conseguir resolver a questão e ser mais liberto. Os que hoje vêem a gente com uma visão diferente vão se achegar para entender como é a luta. Vão acreditar na luta, e a gente vai conseguir trazer eles para o Movimento. Não se pode também dizer que eles têm que acreditar numa coisa que não conhecem. Tem que conhecer para poder acreditar! Então, acho que, para fazer uma ocupação nossa por lá, tem que resolver primeiro com a sociedade... porque ela não vê como a gente. Só depois de nosso futuro assentamento é que as outras famílias vão acreditar que isso existe e que funciona daquela forma.

Com todos assentados, penso em descansar. Por enquanto a gente tem um compromisso maior com a luta, e é muito difícil isso... Eu não era fininha assim, magrinha, era bem forte. Depois dessa luta é que fiquei assim, porque a gente passa muito mal, anda muito... é difícil parar em casa porque quem mais sai sou eu. Tenho uma correria danada! Já acostumei muito longe de meu marido e meus filhos... Tenho uma casa na cidade também, só que nela não tem ninguém, porque meu filho que estuda lá fica com a minha irmã. Estou tendo contato com eles, que estão esperando por mim, com ansiedade que chegue... E assim a gente descansa muito mais...

Espero que essa época de descanso esteja perto. Porque já se provou que o grileiro não tem mesmo o direito. A gente está lutando dessa forma: no dia Primeiro de Maio, vai ter um ato por lá. Gostaria de estar, mas não é possível ainda... Quando chegar, vai ter uma audiência com a governadora para resolver a situação o mais rápido possível. Nós não podemos ficar assim, presos durante a vida: tem que decidir alguma coisa. Aceitamos uma outra área conhecida, e o próprio vereador disse que não é para vender essa terra pra gente! É incrível, ele é muito prepotente! É aquela pessoa que não pensa em ninguém, só nele. Apenas pensa em miséria para os outros... Os pistoleiros, mandados por ele, já me ameaçaram assim, de frente... de rifle, falando que me matavam. Falei:

— Não tenho medo, não! Se tiver que morrer na luta, vou morrer, mas não vou sair daqui de cabeça baixa!

Sou ameaçada de morte por isso... Esse companheiro que foi baleado também é ameaçado de morte pelo mesmo motivo... E está tudo impune, a justiça nunca fez nada... Lá tudo é contra a gente! Tanto faz ser a prefeitura, como a câmara de vereador, tudo... Eles me vêem com olhos de novidade, né? Não sabem agora onde estou. Estão dizendo que fugi porque queriam me matar. Só que, de repente, vou explodir por lá! De novo...

Enfim, tenho esse grande sonho a realizar, de ter nossa terra de volta, e só acredito que nessa luta não vou perder...

Entrevista: Andrea Paula dos Santos,
29 de abril de 1997.

Textualização: Andrea Paula dos Santos
e Andreas Rauh Ortega.

> Quem sonha grande e põe os pés na estrada
> verá um dia se concretizar.
>
> Zé Pinto, "Sonhar grande".

MARLENE
Mato Grosso

MARLENE *falou uma hora, sem parar. Sua entrevista dispensou perguntas. Clara em suas idéias, cruzou sua experiência da Pastoral com as adquiridas nos anos que trabalhou no sindicato rural, para dizer o que significa o Movimento Sem Terra. Para falar de Marlene deveríamos usar a palavra "sonhadora", mas teríamos de completar: "com os pés no chão", por mais contraditório que isso possa parecer. Sua identificação com o MST está expressa no tom de sua história de vida, ao contrapor o radicalismo desse movimento social com a dureza da miséria.*

O governo costuma dizer que o Movimento Sem Terra é radical, que estamos fazendo a coisa à força, e que não devia ser feito assim. Radical, para nós, é a fome, a miséria...

MEU nome é Marlene, sou do Mato Grosso. Nasci em Cuiabá, capital do estado, em 1975. Tenho 21 anos de idade. Sou a segunda filha. Nasci na cidade, mas desde bebê fui pra roça porque os meus pais moravam lá... Sempre trabalharam como empregados em fazendas, fui criada o tempo todo no campo. Minha infância e adolescência foi sempre na fazenda.

Não tinha como estudar porque nas fazendas não tinha escola. Sempre mudamos muito. Então, fomos morar em uma fazenda que tinha uma escola municipal, onde, com 9 anos, comecei a estudar. Fui muito rápida na escola, consegui me desenvolver bem. Estudei até a 4ª série. Depois tive que ir até a cidade porque queria continuar estudando e não tinha mais como estudar lá... Não tinha ônibus para a escola, e a minha única alternativa foi morar com a minha madrinha na cidade. Foi muito difícil! Por mais que fosse madrinha, era uma pessoa estranha para mim. Não era a minha família! Estudei o ginásio inteirinho, até a 8ª série, morando na casa dela...

A minha família é pobre, nunca teve terra, sempre trabalhou na roça a vida inteira. Meu pai trabalhou na roça até se separar da minha mãe... Hoje a gente não tem nem notícias dele, porque ele sumiu... Não nos ajuda de espécie alguma...

Depois, meus pais se separaram. Minha mãe teve que sair da roça e ir até a cidade também. Começou a trabalhar de doméstica, lavadeira, essas coisas... A vida foi muito difícil, principalmente para mim, que saí de casa cedo e fui trabalhar para pessoas estranhas... Tive que trabalhar muito para estudar... Tudo que consegui até hoje foi com muito sacrifício... Trabalhava durante o dia todo e estudava à noite... Quando minha mãe mudou para a cidade, em 93, foi pior, porque ainda tinha que ajudar ela... Os meus irmãos eram pequenos... Esse tempo na cidade foi muito difícil, muito sacrifício para todo mundo, para mim, para ela e para os meus irmãos.

O ano passado fiz o 2º colegial... Este ano era para estar me formando... Só que não pude estudar, pois tive que mudar para o assentamento, e de lá não tem como ir para a escola...

Acho que na minha vida não tem uma história muito interessante para contar, são só coisas de adolescência, casa, mãe, família... A família é muito importante para mim, porque, se não fosse ela, hoje não teria essa força que tenho para estar lutando por alguma coisa.

Tenho uma irmã que está grávida, vai ter um bebê o mês que vem, e tem os outros: uma irmã de 12 e um de 6 anos... São pequenininhos, ainda vão à escola, e dependem muito da gente. Temos que trabalhar bastante para cuidar dos dois.

Então entrei no Movimento Sem Terra por questão de necessidade mesmo, não tinha alternativa, trabalhava no sindicato e eles não tinham condições de pagar bem, pagavam um salário mínimo. Não dá nem para começar, né? Eu tinha que me manter, ajudar a família, e um salário mínimo é muito pouco, mesmo para uma pessoa solteira. Foi muito difícil ter que optar... Mas tinha que fazer alguma coisa... A minha origem é da roça, então o que é que vou fazer na cidade?

Agora estou morando no assentamento, fui sozinha. Minha mãe não podia ir porque ainda não tinha escola para os meus irmãos e ela não queria deixar os pequenos sem estudar... Agora, que estão montando uma escola, é que eles vão poder morar comigo.

Conheci o Movimento Sem Terra em 95. Já tinha ouvido falar, mas ele ainda não era organizado no Mato Grosso. Sempre ouvia a televisão falar das invasões de terra... Sempre foi dito assim: "invasão de terra"! Quando participei de um Grito da Terra em Cuiabá é que comecei a conhecer melhor o Movimento. Até então era militante da Pastoral da Juventude... Fiquei cinco anos trabalhando com os jovens. Tinha aquela coisa de participação da Igreja para conhecer a realidade das nossas comunidades, que eram muito pobres... Essa militância foi muito boa... Foi um estágio de grande aprendizado para todos. Cada um assumia um compromisso com a Pastoral. Uns mexiam com sem-terra, outros com sem-teto, sem-família, crianças de rua... Era assim... E, por opção, escolhi justamente trabalhar com os sem-terra! O pessoal fazia um trabalho bom, visitando as comunidades. Na nossa cidade tinha muita gente carente... Muito sem-terra que saía da roça, sem emprego, ia até a cidade e ficava favelado... Então, o trabalho era gratificante!... Foi interessante conhecer a realidade deles, porque também é a minha! Só um pouco diferente, pois tinha conseguido estudar...

Logo depois, fui para o Sindicato. O movimento sindical da cidade era muito fraco. Os trabalhadores rurais não tinham segurança, pois o sindicato era muito burguês... Quem ficava lá dentro eram os ricos!... No ano de 95, começou a briga dos trabalhadores para tomar o sindicato! Entrei com eles! Foi um ano inteiro de briga. Mas, no final, consegui trabalhar. Me tornei secretária e fiquei um ano e três meses lá.

Essa experiência também foi um estágio de aprendizado muito importante. A gente lidava com as dificuldades dos trabalhadores o tempo todo!... Por exemplo: o trabalhador rural enfrenta muitos problemas para se aposentar, porque existem papéis necessários, que a pessoa nunca ouviu falar! Documentos que dizem o tipo do contrato de trabalho, se é de arrendamento ou assalariado... Enfim, aquela coisa! Ninguém tinha documento... Alguns nem tinham certidão de nascimento! Como é que iam conseguir se aposentar se nunca ninguém orientou?! Com isso, a gente começou a perceber o quanto é ruim a burocracia do nosso país... Foi quando, em 96, surgiu aquela lei que permitia se aposentar depois dos 60 anos, e não precisava ter os documentos que comprovavam a atividade rural.

Às vezes, muita gente não dá valor ao sindicato, acha que não tem nada a ver... Pensa: "Vou ficar pagando uma mensalidade à toa, porque depois não vou precisar". Mas não é verdade. O sindicato tem que trabalhar dando orientação para os trabalhadores. Ir nas comunidades, orientar, ver o que estão precisando, porque quem está velho, hoje, já não precisa mais desse cuidado... Quem precisa são os jovens, que estão lá na roça trabalhando de empregado... Só assim, quando estiverem na idade de se aposentar, vão ter os documentos necessários. Hoje o trabalhador do campo precisa de uma declaração do sindicato dizendo que pagava. É um dos documentos que prova que ele é trabalhador, porque a documentação que comprova a atividade rural é muito difícil de conseguir... Tem que comprovar os últimos sete ou oito anos que trabalhou, cada ano com um documento diferente. Mesmo num contrato de três anos, tem que especificar ano por ano, que exerceu a atividade rural...

Para mim, foi interessante porque aprendi muita coisa. Fizemos um trabalho de conscientização muito bom, conhecendo a realidade deles, trabalhando junto...

Depois dessas histórias do sindicato, conheci o Movimento Sem Terra. Foi no Grito da Terra Brasil, o segundo Grito da Terra no Mato Grosso, em Cuiabá. Era o mês de junho... Nessa época, o Movimento tinha acabado de chegar e estava começando o trabalho de base, na região sul do Mato Grosso... Rondonópolis foi a primeira região a ser atingida pelo Movimento. Conheci alguns militantes do Rio Grande do Sul... Cinco companheiros... Hoje só tem quatro, porque um já voltou para seu estado de origem.

Foi nessa época que comecei a conhecer o Movimento de fato. Antes era só pela televisão ou notícia de jornal. Trabalhava no sindicato, e a gente queria levar o Movimento para nossa região... Porque, com o conhecimento da realidade, sabia que tinha um monte de gente passando necessidade, sem terra, sem emprego, sem nada. A gente batalhou muito para levar o Movimento lá... Corria atrás, ia na secretaria em Cuiabá... A secretaria estava começando, era só uma casinha pequenininha... Mas, quando foi 14 de agosto de 1995, surgiu a primeira ocupação na região sul do Mato Grosso.

Assim começou aquela grande coisa do Movimento Sem Terra ocupar fazendas.... Os jornais diziam "invadir", mas a gente costuma usar esse termo "ocupar". Era a primeira vez! Mil e cem famílias na primeira ocupação... Para nós, foi uma festa... A gente estava supercontente, porque vimos no Movimento uma maneira de resolver o problema dos sem-terra no estado. Um meio de acabar com aquilo de cada vez mais sem-terra, cada vez mais trabalhadores passando fome. O Mato Grosso é um estado de 90 milhões de hectares, e uma família, sozinha, tem mais de um milhão...

Dos 90 milhões de hectares, só quatro estão produzindo... E cultivam soja, cana... Coisas que não são nem para a alimentação, é para exportação... Tem muita produção de cana... Umas três ou quatro usinas. Vinte e dois milhões de hectares é só pasto... Só pasto!!... E 64 milhões não produz nada!!

O nosso grande questionamento é: por que não dar essa terra para o agricultor trabalhar? Por que ter dono, uma coisa que não está produzindo nada?... A gente quer essa terra distribuída!! Não é muito o que estamos exigindo. É só terra para trabalhar!! Mas isso já é muito difícil... Sofremos perseguição, ameaça... Principalmente pelos donos dos grandes latifúndios... Porque o Movimento ocupa as terras deles e depois desapropria... Acho que eles não perdem com isso, porque recebem tim-tim por tim-tim do que tem na área com a desapropriação. Para eles não seria ruim, mas assim mesmo a gente ainda enfrenta problemas...

Também já me envolvi na militância do Movimento. A primeira coisa que enfrentei foi o trabalho de base, a tarefa mais difícil que a gente tem. Nós reunimos e mandamos os sem-terra para uma região nova e muito perigosa, o meio-Norte... O pessoal de lá não só ameaçava, matava mesmo! Só que com a gente, graças a Deus, não aconteceu nada... Recebemos ameaças, é lógico, mas eles nunca fizeram nada de concreto. Lá não foi ocupação, mas sim uma concentração que a gente fez. Conseguimos fazer um contrato com o dono para entrar na fazenda dele... E, quando chegou um dia antes, o dono não quis mais... Foi aquela confusão, porque já tínhamos avisado todas as famílias, 1.100 famílias... E na organização: só eu e um companheiro, da região... Não tinha como controlar, como avisar... Não dava mais tempo... Era outubro e acampamos as 1.100 famílias na beira da BR 358, Cuiabá a Tangará da Serra.

Com cinco dias de acampamento, puseram um quebra-mola numa descidinha. Uma carreta desgovernou e entrou no nosso acampamento do lado esquerdo... Era o lado que tinha mais barracas!... Uma tragédia para nós!... 32 mil litros de combustível... A carreta foi massacrando as barraquinhas! Matou cinco pessoas no nosso acampamento e deixou mais de 15 gravemente feridas... Crianças... Mulheres...

Morreu uma mulher e quatro homens nesse acidente... Para nós, não foi acidente... A gente ficou no desespero, porque eles tinham confiado em nós para ficarem nesse acampamento... E acontece isso... Eu estava fora desde um dia antes do acidente, tive que voltar para casa. Cheguei em casa à noite e, no dia seguinte, 5 para a meia-noite aconteceu... Foi aquele desespero pra todo mundo, e o meu companheiro estava sozinho lá no acampamento... Ele não conseguiu controlar o pessoal, que ocupou a BR depois do que aconteceu... O motorista fugiu. A carreta estava cheia de combustível ameaçando explodir, pois pegou fogo em todos os pneus... Se explodisse ia matar todo mundo! Porque tinha combustível pra todo lado, óleo diesel, gasolina e álcool... Um horror!!! Isso foi a pior coisa que aconteceu... Daquele acampamento, 76 famílias foram para o assentamento... Mas foi muito ruim para elas. A experiência foi terrível!... Morreram cinco pessoas de uma vez... Uma mulher perdeu os dois filhos, um de 18 e outro de 20 anos... Os únicos que ela tinha... Morreu também uma mulher que era casada com um homem que foi ferido... Num outro caso, morreu o homem, e a mulher ficou ferida...

Essa experiência me deixou, mais ou menos, uma semana catatônica... Não conseguia dormir, nem comer... Estava desesperada! Era um povo que eu conhecia, tinha trabalhado com eles, feito amizade... E eles se apegam muito com a gente, que está fazendo trabalho de base...

Depois do acidente, eles ocuparam a BR, e só desocuparam quando conseguiram uma área para transferir o acampamento. Foram para uma área do Itamaraty.

Aconteceram mais dois acidentes na beira da estrada. A BR é muito perigosa, movimentada. Uma mulher foi atropelada por uma carreta, e um homem por um carro. A pista era muito estreitinha. O acampamento era muito desprivilegiado, com um pessoal muito carente...

Eles me tratam como uma princesa... A gente constrói uma família nova fazendo trabalho de base. Todo mundo gosta de mim. O pessoal é incrível! Durante nossa caminhada, construímos uma família muito grande que problema nenhum abala. A união, a amizade, tudo foi muito interessante para nós. O pessoal está sempre pronto, animado e disposto a caminhar.

São três regiões, no Mato Grosso, que a gente está trabalhando: sul, sudoeste e médio norte. Médio norte é aquela de Tangará e outras cidades para frente. A sudoeste é onde moro, Cáceres. E a região sul é Rondonópolis, depois de Cuiabá. Em dezembro, o Movimento visitou nossa região... E naquele tempo não tinha como ficar deslocando os militantes... Mas conseguimos levar eles! Foram para as primeiras reuniões no sindicato... Daí o pessoal começou a conhecer e a se interessar pelo Movimento Sem Terra... A primeira reunião com a regional, para a gente, foi o máximo! Uma conquista nossa... Uma festa! Tinha muita gente, nossos sindicatos eram pequenos... Vieram representantes de todas as comunidades participar da reunião, e depois levar para sua comunidade, fazer o pessoal conhecer e marcar uma reunião local.

No início de janeiro, quando marcamos as reuniões, bateu no ouvido dos latifundiários... Aí é que começou as ameaças... Ameaça de morte!... O pessoal não podia nem sair sozinho na rua... Telefonavam pro sindicato, onde os meninos que faziam o trabalho de base ficavam... Era muito difícil!... Nunca aconteceu nada de grave, nenhum atentado, mas sempre ameaçaram! E só o fato de ameaçar já transmite medo... Mas a gente conseguiu! Em janeiro de 96, teve o primeiro encontro estadual no Mato Grosso do Movimento Sem Terra!! Eu ainda não era militante do Movimento. Era do sindicato, mas participei como convidada... Eram 60 pessoas, só delegados podiam participar desse encontro.

Nesse período, a gente já tinha um acampamento, e estava a caminho de outro...

A primeira ocupação, na minha região, foi em 8 de abril. Essa data foi um marco na nossa história, a gente não esquece de jeito nenhum. Fez um ano agora, em 97... Para nós, foi uma maravilha! A gente lembra que ocupou uma propriedade de 5 mil hectares, bem grande, sem recebermos ameaças graves na ocupação... Mas, até hoje, não saiu o assentamento nessa fazenda. Saiu em outras três, mas lá não. Eram 1.503 famílias acampadas, gente que não acabava mais...

No dia da ocupação, todo mundo estava com aquele medo... Até que, três dias depois, o dono conseguiu a reintegração de posse, e recebemos liminar de despejo do juiz. Eu disse:

— A polícia vai vir e não sei o que vai acontecer...

Ficou aquela indecisão...

A polícia foi expulsar, mas desistiu, de tanta gente que tinha... Diziam que eram umas 200 famílias, mas, na hora do cadastro, tinham 1.503 famílias! Gente que não tinha fim!... Um acampamento de 10 hectares. Quando a gente ocupa, não esparrama o pessoal na fazenda, as barraquinhas ficam tudo junto...

Fizemos um acordo com o governo do estado. A partir disso, conseguimos fazer um contrato de comodato, com o dono da terra. Íamos permanecer por seis meses, até conseguirmos nossa terra... Aí, ficamos três meses acampados, mas como estava demorando muito — o governo estava enrolando demais — resolvemos fazer uma caminhada de 240 quilômetros, do acampamento até a capital.

Foram 15 dias de caminhada, 240 quilômetros. Uma maravilha! Era assim, mil pessoas caminhando, gente que não acabava mais, criança... Tinha mais de 200 crianças, e elas eram as mais animadas para andar... Se bem que não agüentavam caminhar muito, e por isso, tinham os caminhões para carregar... Mas elas eram animadas, brincavam o tempo todo... Para nós, foi uma maravilha levar aquela criançada.... Criança é superdivertido... Dava ânimo para a gente caminhar e lutar para conquistar nossa terra.

Fizemos a caminhada e acampamos no Incra de Cuiabá, por três meses. Só saímos quando deram a terra e fomos direto para lá. Tinha que sair seis fazendas para comportar todo o pessoal do acampamento. O módulo mínimo é de 25 a 30 hectares, dependendo da terra.

Saíram duas fazendas bem grandes. Uma de 16 mil e outra de 14 mil hectares. Nessas duas, dava para assentar muitas famílias. Assentamos mais de 600 famílias, quase 700 nessas fazendas. Também saiu uma pequena, onde estou assentada. Mas tinha que sair mais três para assentar o restante. A fazenda que estou ainda é um pré-assentamento, e só agora é que recebeu o primeiro crédito, o de equipamento. Temos 145 famílias. É pequena, tem 3.903 hectares. Porém, é cheia de conforto, de frescura. Nós, que não estamos acostumados, temos energia, telefone, água encanada... Era muito chique! Fomos lá, e todo mundo ficou falando:

— Ih... essa fazenda é muito chique, muito cheia de frescura.

Conseguimos ir para o assentamento no final de setembro do ano passado...

O ano passado foi decisivo pra mim. Trabalhava no sindicato, no Movimento e ainda estudava, um sacrifício danado. Estudava de noite, e durante o dia trabalhava. Era aquela correria... Quase fui reprovada no final do ano porque faltava muito na escola... Foi terrível o ano passado!... Tive que optar, ou o Movimento ou o sindicato... Não tinha como ficar com os dois. E acabei optando pelo Movimento. Saí do sindicato e imediatamente mudei para o acampamento, mas aí não tinha como estudar, porque só eu era aluna de 2º grau e não tinha ônibus.

Trabalhei um ano e meio no sindicato, consegui fazer um cursinho de computação, fiz datilografia... Ficava só escrevendo, a mão ficou fininha! Antes trabalhava de empregada doméstica... Quando fui para o assentamento, o pessoal disse:

— Ih, você não vai conseguir trabalhar na roça, de jeito nenhum, isso daqui não é fácil não!

Sei que não é muito fácil — nem para os homens é —, e só tem eu e uma outra mulher que somos cadastradas... Calcei uma botina, coloquei uma calça comprida, uma camisa de manga comprida, um chapéu, e fui pra roça... Ih! foi uma grande festa quando chegamos lá...

— Você está pensando que isso daqui é maquininha? Que é computador?

Trabalhei o dia todo, e todo mundo imaginando que não ia conseguir... Trabalhei numa boa... No trabalho coletivo todo mundo faz junto. Depois a gente conversa o dia todo, brinca, é a maior festa!

Foi uma grande força que dei a eles, porque estavam meio desanimados...

— Ah... Ela não vem para cá...

Para eles, foi demais eu ter ido trabalhar junto, ver a minha animação fazendo um trabalho difícil... A gente estava arrancando mato para preparar a terra e plantar feijão... É um trabalho duro, porque é muito pesado pra uma mulher. Era aquela festa, o tempo todo brincavam comigo... Sou a única solteira que não tem filhos que está no assentamento.

Quando fui para lá, não sabia fazer barraca, e eles fizeram para mim. O assentamento é uma maravilha... Acabou aquela história de alguém ficar mandando fazer isso, aquilo. A gente faz o serviço na hora que quer, quando acha que tem de fazer... A gente vê a necessidade de fazer o serviço... É muito bom se sentir livre, fazer o que quiser da sua vida... Para mim, isso é uma maravilha porque a minha mãe vai deixar de fazer o trabalho que faz, vou poder levar ela para lá... Vai viver tranqüilamente... Estou irradiando de felicidade...

Vou voltar depois de amanhã para casa... Estou morrendo de saudade... Foram mais de 60 dias fora de casa. Saí do assentamento dia 10 de fevereiro e estou até hoje na estrada, caminhando. Vou voltar para o assentamento feliz da vida. Antes vou visitar o acampamento. Minha mãe está doida, porque meu sobrinho vai nascer no mês que vem. Estou rezando pra chegar depois de amanhã...

Durante a caminhada, fiz parte da equipe de divulgação e propaganda... Venda de material, distribuição... Tomei conta dessa equipe... Agora faço parte da coordenação estadual, e assumir uma tarefa específica dentro do Movimento Sem Terra é muito bom. Assim, vou poder mostrar a minha capacidade de conquistar a terra e ajudar os outros que ainda estão sem terra.

Não vou desistir agora que estou aqui, com um ano e meio de Movimento... Caminhei mil quilômetros, cheguei em Brasília. Mexo com todos os trabalhos: vou para a cozinha, faço qualquer serviço... Não é porque o pessoal diz:

— Ah, se é militante não quer ir para a cozinha, não quer fazer isso ou aquilo...

Esse negócio não existe. Vou para a cozinha, lavo a roupa e panela, faço qualquer coisa... É o trabalho de muita gente, então por que nós não podemos fazer isso? Porque a gente tem um trabalhinho a mais, não podemos fazer o mesmo que eles? Até se for preciso ficar na segurança, eu fico!...

O Movimento Sem Terra foi uma experiência muito boa. A realidade brasileira de hoje aprendi no Movimento. Tudo o que sei devo a ele. Nunca vou esquecer isso. Ver as famílias que estavam necessitadas, passando fome na cidade, trabalhadores rurais sem emprego... e que agora estão vivendo como eu. É um grande sonho realizado... Vivendo em comunidade, tendo educação para os filhos, saúde. O mais importante é a saúde...

Tenho muitos sonhos ainda, terminar o 2º grau e, no ano que vem, fazer o vestibular para jornalismo. O meu grande sonho é ser jornalista! Aí o pessoal fica falando:

— O que você quer com a terra, se você quer ser jornalista?

E respondo:

— Mas, se eu não fizer isso, não vou conseguir nem terminar o 2º grau... Imagina ser jornalista!

Na minha cidade não tem esse curso, só tem longe, na capital, 240 quilômetros do meu acampamento. Não tem como. Para conseguir estudar, só se for com bolsa de estudo. Não tenho dinheiro para pagar uma escola particular, um cursinho ou alguma coisa parecida... Mas ainda é o meu grande sonho... Ainda estou nova, posso conquistar isso um dia... Às vezes, fico aí vendo os outros fazendo entrevista, e fico doidinha. Sou apaixonada por isso! Meu sonho é ser repórter... Desde criança, eu e minha irmã brincávamos muito de repórter, e eu dizia:

— Quando crescer, quero ser jornalista... Ainda vou fazer jornalismo, se Deus quiser... Mesmo que não consigam o ano que vem, no outro ano... Mas que vou fazer, eu vou!

Agora vai surgir uma oportunidade no estado... Nós temos 5 vagas no TAC, Técnico em Administração de Cooperativas, que é um curso de 2º grau e profissionalizante do Movimento Sem Terra. Forma técnico de administração de cooperativa e magistério, no Rio Grande do Sul, no Iterra. Eu queria fazer esse curso do TAC para ter uma profissão, porque aí ficava mais fácil continuar exercendo a minha atividade normal, de militante do Movimento Sem Terra...

Para mim, conseguir estudar é demais! A única da minha família que conseguiu isso fui eu... Agora, minha irmã mais nova está estudando... Ela vai fazer 12 anos. É uma conquista muito grande ter conseguido estudar. É um sonho... Mas espero realizar o resto dele, que vem pela frente... Tem muita coisa para fazer ainda... Vou pro Rio Grande do Sul fazer o TAC, passar 75 dias na escola, e outros 75 fazendo estágio. Depois, quero ir para o assentamento de novo e continuar fazendo a mesma coisa que fazia antes...

Organizar a produção no Movimento Sem Terra é muito importante.

Porque a gente quer que o trabalhador conquiste a terra para sobreviver dela. A única coisa que o trabalhador rural sabe fazer é trabalhar na terra, não tem outra atividade. A organização da produção é para o pessoal fazer cooperativa, associação ou aquelas coisas coletivas. Eu mesma participo de um grupo coletivo, o primeiro do nosso estado... São 20 famílias, mais ou menos 45 pessoas. Queremos fazer uma agrovila, morar todo mundo pertinho. É o primeiro grupo coletivo que está dando certo, trabalhando, conseguindo o objetivo...

Logo que a gente vai pro assentamento, fazemos discussões... O que plantar, o que fazer. Escolhemos um técnico para ver o que a terra produz melhor, dizer se a área é boa pra produzir isso ou aquilo... No Movimento a gente tem alguns técnicos, mas no meu estado temos uma carência grande. Queremos trabalhar com profissionais que sigam a realidade do Movimento Sem Terra, não com técnico que trabalhe para o governo... O governo faz o que quer, manipula... Porque quer que o assentamento não dê certo... Que a reforma agrária não dê certo...

Nós temos experiências disso no nortão de nosso estado. O governo pega as pessoas que vivem mais na região sul, médio norte, e leva onde dá malária, onde o pessoal leva três dias pra chegar numa estrada. Não tem nem como sair do assentamento. Como uma pessoa, uma família vai sobreviver num lugar desse? Fica doente, morre, e não tem nem como sair na estrada pra encontrar um carro...

Todas as pessoas da região sudoeste se assentaram lá mesmo, não tiraram ninguém para levar em outro lugar. Por que mudar de região se lá tem tanta terra improdutiva? Estamos brigando é para ficar na nossa região mesmo, não queremos mudar, pois é por isso que algumas experiências de assentamento não deram certo... Desse jeito não dá certo mesmo... Essa é uma tecla que a gente bate muito com o governo... Um pessoal fez uma plantação lá no nortão, arroz, feijão, milho... E essas coisas estão até hoje na fazenda, porque eles não conseguiram tirar. O carro não entrava no lugar. Era mata pura... Como é que o trabalhador vai vender essa produção? Ou ele vai plantar só para comer? Nós não estamos mais no tempo antigo, em que não tem ninguém para comprar o que a gente produz. O trabalhador plantou, colheu, e tem o direito de vender pra tirar o sustento da sua família, porque ele não precisa só de arroz e feijão para viver, tem outras coisas também, né?

A briga não é só pela terra... A gente quer terra, emprego, justiça, moradia, escola para os nossos filhos... O trabalhador da roça não iria para a cidade, se tivesse condições de sobreviver bem na terra. Dou a vida para ficar no nosso assentamento... É uma maravilha! Lá nós temos saúde, escola, tudo! Por que nossos filhos não podem ter tudo isso nos outros assentamentos? A gente briga muito por isso...

Nós temos no nosso assentamento uma comunidade pertinho, um vilarejinho que tem uma escola... Os alunos até a 4ª série estudam no assentamento, depois um ônibus leva eles para fazer o ginásio no vilarejinho. Mas a gente vai brigar para até 99 ter escola dentro do assentamento com ginásio. Porque tem muita gente que esse ano está estudando na 3ª série e daqui a dois anos vai ter que fazer a 5ª. Tem muita criança no nosso assentamento... São 145 famílias, e deve ter umas cem crianças, pelo menos, que estão em idade escolar... E tem as pequenininhas, que vão ter que estudar daqui uns dois anos...

Queremos professores que ensinem de acordo com a realidade das crianças, porque hoje o aluno aprende aquilo que está lá na Idade Média, e nós estamos aqui e não sabemos nem o que estamos vivendo. A gente quer que nossos filhos aprendam o que realmente interessa. Isso é muito importante para nós!

Queremos que nossos filhos saibam que hoje tem 32 milhões de brasileiros que passam fome. Por que eles não podem saber que os brasileiros passam fome? Por que eles não podem saber que 64 milhões de brasileiros se alimentam aquém da necessidade? Isso ninguém passa pra gente na escola. Estudei todo esse tempo e nunca ninguém, nem um professor, disse isso. Não é porque ele nunca quis, é porque o planejamento que o governo passa para a escola é esse. Eles ensinam aquilo que o governo quer. Até o 2º grau estudei o descobrimento, em história do Brasil... Da 1ª série até hoje estudando isso. É coisa que a gente não quer mais aprender. Tem coisa nova nesse país para a gente aprender! Nós estamos brigando hoje para construir um país novo, um país justo para todo mundo, essa é nossa grande briga.

O tema da nossa Marcha é: Reforma Agrária, Emprego e Justiça. Claro que o governo não vai fazer isso, porque é mudar toda a estrutura do Brasil inteiro. Mudar tudo, como se fosse começar de novo. Sabemos que ele não vai fazer, mas a gente vai continuar brigando. Não é só essa "marchazinha", que vai mudar. Para nós foi um marco na história do Brasil, uma Marcha com mais de mil quilômetros de caminhada para exigir isso do governo. Mas isso foi só o começo. O governo se comprometeu a fazer algumas coisas, e podemos estar cobrando dele. Tem muita luta pela frente, muito tempo ainda... Vai ter que caminhar muito para conseguir reforma agrária no Brasil...

Nosso país é de terceiro ou "quarto" mundo... Os países de primeiro mundo fizeram a reforma agrária para ser assim. Os Estados Unidos fez reforma agrária. Mesmo que não tenha sido com o interesse do trabalhador, fez porque o interesse era melhorar o país... Ver o trabalhador ter mais condições de produzir, para exportar mais. Queremos fazer a reforma agrária pros trabalhadores... Porque eles é que estão necessitando disso. O governo não precisa, por isso não faz...

O governo colocou a questão assim:

— Ah! Quem tem carro não pode ter terra!

Se quem tem carro não pode ter terra, então eles também não podem! Eles têm um monte de carros e mais de um milhão de hectares... Por que nós, que temos um carrinho velho, não podemos ter uma terra? Porque tem muita gente no assentamento que tinha um carrinho velho, então eles colocaram essa questão. A gente questionou isso duramente. No nosso acampamento, foram cortados todos os solteiros e os que tinham carro... Aí ocupamos o Incra e brigamos pra conquistar esse direito. Por que nós, solteiros, não podíamos ter terra? Nós não trabalhamos? Não vivemos? Até que conquistamos o direito dos solteiros ter terra. Mais de 30% eram solteiros, todos queriam ter terra!

O Movimento é muito feito pela juventude... Os jovens trabalhadores rurais estão aí exigindo... Estamos lutando... Os velhinhos não estão mais ligando, porque já estão no fim da vida e dizem que não precisam mais disso... Nós não, estamos começando agora, queremos construir um país novo, um país justo pros nossos filhos que estão vindo por aí... Somos jovens, daqui a pouco estaremos velhos, mas os nossos filhos serão beneficiados com o que estamos lutando agora.

É lógico que sonho para os meus filhos um país com igualdade, sem injustiça, onde os brasileiros não passem fome... É muito injusto um país tão rico e tanta gente passando fome... O governo costuma dizer que o Movimento Sem Terra é radical, que estamos fazendo a coisa à força, e que não devia ser feito assim. Radical para nós é a fome, a miséria... Se meia dúzia tem o que comer, o resto não... Radical é isso. É a fome que está matando os brasileiros... Tanta criança na rua... As meninas estão se prostituindo porque não têm o que comer, nem como trabalhar... E se vêem obrigadas a fazer alguma coisa para sobreviver... A gente questiona isso também...

Se tem terra e lugar para trabalhar, por que não dar ao trabalhador?... Por que não distribuir a quantidade de terra que tem no país, grandes latifúndios que não estão produzindo nada?... Na fazenda, que estou assentada, eram dez famílias trabalhando, hoje são 145 famílias... Cento e quarenta e cinco famílias a menos sem passar fome, na cidade... Isso, para nós, é um sonho...

Hoje, a gente fica sonhando com nossa cooperativa, com a associação... É demais estar trabalhando com aquilo que na cidade a gente nem imaginava ter... Por mais que trabalhasse a vida inteira, não ia ter tudo aquilo de terra que tenho hoje, 25 hectares!... E é a partir daí que vou tirar o meu sustento e o da minha família... Porque vai chegar a hora de me casar e ter filhos — não vou ficar a vida inteira sozinha.

Não sou muito de namorar, sou um pouco mais calma. Namorei um ano antes de vir para a Marcha. Namoro muito sério, mas falou em casar acaba a seriedade. Na Marcha, arrumei um namoradinho. Estamos paquerando... Quando era mais jovem sofri muito com namorado, me iludia, ficava sofrendo, chorava... Agora aprendi... Se o namorado quer ficar comigo, fica; se não quer também, amém... Não estou nem aí... Sou muito popular, o pessoal todo me conhece, conversa, brinca, mexe comigo... O pessoal da Marcha Sul, do Rio Grande do Sul, de Santa Catarina, não me conhecia... Eles são todos branquelinhos, ao contrário de mim que sou morena... Mas mexem comigo, conversam... Fiz amizade com todos eles... Vou sentir saudades. Eles são maravilhosos... Dizem que sou bonita por ser morena...

O pessoal acha muito engraçado eu ficar o tempo todo arrumada, de sapato, sandália... Nunca fico de chinelinho ou descalça... Passo pra lá, o pessoal olha; passo pra cá, o pessoal vê... É uma coisa muito divertida! Só que não dou sorte com namorado, são todos ciumentos... Deus me livre! É um horror! Acho que preciso me benzer, não tem jeito! É muito difícil esse negócio... Tinha um de Santa Catarina que queria casar comigo, de repente começou a pegar no meu pé. Aí arrumei outro...

Vou fazer 22 anos... Minha mãe disse que vou ficar para titia, porque não quero casar. Não quero mesmo, pelo menos por enquanto... Não tem como casar e lutar pelos meus sonhos... atrapalha, né? Vêm os filhos, tem que cuidar da casa... Nunca foi o meu objetivo ficar cuidando de casa, filho e marido... Só depois de conseguir o que quero, quem sabe posso ter a minha família...

Primeiro, quero construir alguma coisa para dar aos meus filhos... Não tem como assumir uma família agora, se não tenho como cuidar de mim... Quero estudar, trabalhar, estar no meu assentamento, onde as famílias estão vivendo superfelizes, ninguém está passando mais fome, mendigando emprego na cidade... Nos últimos anos, mais de 30 milhões de famílias foram para as cidades, se favelar, virar bandido, criança cheirando cola... E por que tem esse êxodo rural? É porque hoje os fazendeiros têm máquina para cortar cana e não empregam mais o trabalhador... E, quando emprega, paga uma mixaria, que no final do mês não dá para nada... porque tem família, remédio, comida...

O trabalhador tem que estar se conscientizando... Pois tem muita gente que não consegue enfiar na cabeça que é certo estar lutando pelos direitos, que estão na Constituição...

O governo diz que quando a gente ocupa órgão público não tem conversa. "Ocupou órgão público não é para negociar com sem-terra..." Mas, se não ocupar, eles não conversam do mesmo jeito. A gente tem que ocupar para pressionar... Ocupação de terra e de órgão público são algumas das pressões que a gente usa para que o governo pelo menos converse com a gente... Sabemos que não resolve, mas a cada vez que ocupamos o Incra de nosso estado, conseguimos uma coisa nova... Quando ocupamos pela primeira vez, todo mundo foi para o assentamento... Ocupamos de novo, e os solteiros conseguiram terra e foram cadastrados... E, no dia 17, ocupamos o Incra novamente para sair mais rápido o fomento, que é o primeiro crédito...

Tem um outro assentamento novo, na região do médio norte. Lá o pessoal está em regime de comodato e mal pode trabalhar a terra... No dia 17 de março de 97, aconteceram mais duas ocupações no estado: uma de 1.503 famílias, na região sul — próximo de Rondonópolis — e uma de duas mil famílias, na minha região... Um acampamento maior do que aquele que participei... Dizem que ele está bonito, de tanto barraco que tem... O acampamento é a coisa mais linda! Estou doida para voltar para casa e ir até lá, para conhecer... A gente faz a maior festa no acampamento o tempo todo...

São mais de três mil famílias que estão, no meu estado, exigindo terra. O governo fala assim:

— Vocês têm que dar uma trégua para a gente, que nós não estamos conseguindo.

A gente fica só imaginando... O ano que vem eles vão ficar doidinho... Desde quando o Movimento foi para o estado, em 95, o Incra não teve mais sossego! A gente ocupa, faz alguma coisa, leva a família, o povo todo vai... Pelo menos, agora estão trabalhando, porque não faziam nada! Agora tem serviço... Eles ficam muito bravo com isso e falam que não vão negociar. Ao mesmo tempo, a gente insiste em ficar lá e eles conversam... Num dia, dizem uma coisa, e no seguinte outra. É demais...

O Movimento para nós, do Mato Grosso, chegou como uma solução para o problema do sem-terra... O trabalhador acredita muito que o Movimento Sem Terra vai resolver o problema dele... É lógico que vai, mas com a ajuda dele. O Movimento Sem Terra sem gente não é nada... Ele é as pessoas que tem. Se saírem, acaba!...

Agora o meu sonho está começando a se realizar, minha mãe não vai trabalhar mais como antes, para cuidar dos filhos menores... O assentamento em que estou dá para sustentar a gente sem precisar ficar se sacrificando. É uma maravilha. Vamos deixar de morar na cidade. Minha mãe paga aluguel até hoje, e esse é um dinheiro que a gente vai deixar de gastar... Tenho dois irmãos pequenos que vão ter saúde, educação, tudo de graça lá no assentamento... Isso é uma grande conquista! Nunca tivemos nada... É assim o começo da realização de um grande sonho! Não sei onde consigo encontrar tanta força pra acreditar que isso vai dar certo...

Entrevista: Suzana Lopes Salgado Ribeiro, 30 de abril de 1997.
Textualização: Suzana Ribeiro, Andreas Rauh Ortega, Andrea Paula dos Santos, Marco Antonio La Femina.

> Combatendo o individualismo,
> se educando contra os opressores,
> aprendendo viver coletivo,
> construindo assim novos valores.
>
> Zé Pinto, "Nova forma de aprendizado".

ZENIR
Santa Catarina

T́IMIDO, *Zenir resumiu sua história nos primeiros minutos da entrevista. Perguntas mais pontuais foram feitas, para que se sentisse mais à vontade para narrar sua trajetória. Tornou nítido o contraste entre a vida antes e depois de seu ingresso no MST. O "antes" foi descrito rapidamente, num tom sofrido e envergonhado. O que se colocou em contraponto foi descrito detalhadamente, num tempo mais longo, num misto de convicção, prazer e satisfação. Acima de tudo, ficam o orgulho de quem faz e comanda seu destino com as próprias mãos, sem precisar pedir ou obedecer, e a certeza de quem já experimenta, na prática, os resultados da luta por uma sociedade mais justa e igualitária.*

A gente não precisa pedir! Porque conquistamos a terra, temos onde produzir, tirar nosso sustento...

MEU nome é Zenir, tenho 24 anos e sou natural de Santa Catarina. Foi muito difícil minha infância... Na minha família, a gente era em cinco irmãos. Perdi o pai muito cedo... Tinha 11 anos quando isso aconteceu... Ele trabalhava de empregado. Por isso, desde que era criança, a vida foi muito difícil. Toquei de começar a trabalhar de empregado, a partir dessa idade, para poder sobreviver e tirar o sustento da minha família... Isso foi em Varjeão, cidade catarinense muito distante. Foi assim, trabalhando desde pequeno, que fui percebendo que é muito difícil uma família pobre sobreviver do jeito que está hoje...

Meu pai trabalhava de empregado e minha mãe na roça. Ele era empreiteiro — fazia empreitada — para poder dar estudo e alimentação a nós. Meus irmãos são tudo mais novo do que eu. Tenho um mano de 22 anos, minha mana com 20, e meu irmão mais novo com 13 anos. Quando era criança, a gente brincava de carrinho... Chamava de "carrinho de quatro rodas". Reunia uma turminha de criançada e ia brincar. Tinha bastante lugar para isso, apesar de que era pouco o tempo. Todos eram que nem eu: tive que estudar metade do dia e, na outra, trabalhar para poder sobreviver e até mesmo manter o próprio estudo... Até os meus 10, 12 anos, trabalhei na roça, e comecei com 8 anos. Então, a vida foi mais ou menos desse tipo — muito difícil — até os meus 17, 18 anos, quando meu mano e minha mana já começaram a trabalhar também...

Foi difícil mesmo, porque era praticamente sozinho para trabalhar... Quando perdi o pai, conseguimos uma pensão para minha mãe. Ela ficou recebendo um salário mínimo, que já ajudava. Ela é muito doentia, mas os remédios já não precisava tirar mais de nosso trabalho. Ela comprava isso, e nós, com nosso salário, sustentava, dava para dividir...

Depois dos 12 anos, comecei a trabalhar de empregado. Trabalhei até os meus 22 anos assim. Esse emprego era numa madeireira. Empregado, ganhava um salariozinho por mês... Mas depois, como era em três que trabalhava, dava pra gente sobreviver e ter uma vida razoável.

Desses dois empregos que tive, o que achava bem melhor era na roça, porque a gente já tem origem nela, nasceu com aquela função de trabalhar a terra. Plantava arroz, feijão, milho, abóbora, de tudo um pouco... Era para o próprio consumo. Essa terra não era nossa. Era de um tio meu, porque nós nunca tivemos terra. Então, meu tio pegou e disse a nós:

— Vocês moram, não precisam me pagar nada, o que produzirem é de vocês.

Só que, com o decorrer do tempo, foi ficando pouco, muito pouco... que não dava para sobreviver. Aí nós tivemos que trabalhar de empregado.

Quando estava nesse emprego na madeireira, o dia era muito difícil. Até mesmo porque era novo, tinha que acordar às 6 e meia da manhã e trabalhava até o meio-dia. Depois, começava de novo à uma hora e trabalhava até às 6 da tarde para ganhar um salário mínimo... Ainda que dava pra gente sobreviver! Era pouco, mas dava...

Dos 11 até os 18 anos só fiquei trabalhando de empregado. Trabalhava, trabalhava... E o que lembro de mais emocionante foi quando me machuquei... e toquei de ficar sessenta e poucos dias fora de serviço... Eu me machuquei forcejando. Forcejar é erguer peso, durante o dia. Como era muito peso, me machuquei... Não era fichado nem nada. Toquei ficar sessenta dias sem receber nada de ninguém... Tinha 17 anos, e aí foi a parte que mais marcou...

Dentro desse período, só o meu mano trabalhava. A gente passou por várias necessidades. Não tinha como manter o estudo do meu irmão menor, nem como comprar uma roupa, um calçado... Então, a gente levou um certo tempo até poder equilibrar minha falta, quando me machuquei.

A gente continuava morando em Varjeão. É um município pobre, pequeno, onde não tem emprego. Quando arruma algum, não tem nem uma segurança de trabalho, tem que trabalhar "frio"... É uma série de coisas que não tem como e o que trabalhar. É uma cidadezinha pequena, só tem quatro mil habitantes... e tudo muito distante! Para ir num hospital, numa escola, é terrível. Tudo fica muito longe. A gente, que não tem condição financeira de pagar carro, não tem como ir. O ônibus é muito difícil, e um outro transporte é uma, duas vezes por semana. É uma vida complicada...

A partir de que completei 17 anos, aí já melhorou. Consegui arrumar outro emprego que deu para ganhar bem melhor, só que nunca foi de dizer:

— Estou feliz no emprego.

Só fiquei até o momento em que fui para o Movimento Sem Terra. Já estava com 22 anos...

Não conhecia o Movimento. Participei de algumas reunião que foi feita na comunidade, alguns debates sobre a luta pela terra... Nisso, já estava interessado... Ouvi falar pela primeira vez na televisão, que começou a mostrar algumas cooperativas, por exemplo a de Dionísio Cerqueira. Começou a passar a produção e a organização que eles tinham lá. Era uma cooperativa onde eles têm 60 sócios e que é totalmente coletiva. Eles produzem tudo quanto é tipo de alimento. Até mesmo fábrica de jeans eles têm! Isso tudo me interessou, por ver e comparar com o individualismo que existia dentro da nossa comunidade, no município... Aí a gente via aquela união que eles têm, porque compartilham tudo! A partir daí, deu um negócio... uma vontade de pegar e ir ajudar, participar daquilo que eles estavam fazendo. Então, foi feita uma reunião da nossa comunidade, onde a gente fez algumas perguntas sobre como é que funcionava o assentamento, se tinha condição de formar outros grupos que nem aquele... A pessoa que estava fazendo a reunião com a gente falou que tinha condição sim. Só tinha que organizar. Foi aí que senti uma necessidade de ir também, até mesmo porque fui criado trabalhando na roça... Então, senti uma necessidade de ir... Um dia, larguei tudo. Estava trabalhando de empregado ainda. Tinha largado o último emprego que estava e voltado para a madeireira. Trabalhava de serrador o dia inteiro, dez horas por dia... Serrava tábua, pegava a tora e tirava todas as tábuas de que são feitas as construção... Estava serrando: era 7 e meia da manhã. E vi passar o ônibus, cheio de gente, um caminhão cheio de mochilas... Já me deu um negócio que eu tinha que ir. Tinha que estar junto! Trabalhei até meio-dia, então parei e fui para o acampamento.

Ainda tenho contato com meus amigos que trabalhavam comigo na madeireira. Tanto que, quando fui para a ocupação, dois deles, o Gilmar e o Jurandir, também não tinham uma noção do que era o Movimento... Eles não eram contra nem a favor, estavam em cima do muro... Mas, no momento em que fui, comecei a falar para eles do Movimento Sem Terra e hoje estão assentados junto comigo! Consegui tirar eles daquele emprego pra levar para o assentamento... Lá dentro, a gente forma uma grande família! Eu me sinto muito orgulhoso de ter ido pro Movimento. E me sinto superbem dentro dele e pretendo nunca sair...

Se meu pai estivesse vivo, não sei como ele ia encarar essa realidade... Não sei se teria, no caso, concordado com minha ida para a ocupação. Mas, se ele não quisesse ir, com certeza eu teria ido igual. Teria passado por cima dele. Porque parece que sempre tive uma vocação para isso! Falando de mim, acho que o Movimento Sem Terra é mais do que um pai... E nunca, jamais, vou esquecer de sempre continuar lutando e defendendo o Movimento Sem Terra em qualquer lugar que for!

A minha família está toda junto comigo. Nos primeiros dias, minha mãe e meus irmãos até estranharam sair de uma casa e ir morar numa barraca no acampamento... Isso dá diferença. Mas, na mesma hora, se conformaram, porque estavam voltando às origens deles. Eles nasceram na terra, queriam continuar nela. Isso foi um consolo para eles. Hoje nós somos uma família superfeliz, porque conseguimos alcançar aquilo que nós queria. Não precisa estar pedindo emprego ou um monte de outras coisas. A gente não precisa pedir! Porque conquistamos a terra, temos onde produzir, tirar nosso sustento...

Chegando no acampamento, fiz meu barraco em um dia. No outro dia, a direção do acampamento já me chamou para ajudar a organizar os barracos. Montamos tudo no município de Passos Maia. É um município novo... A gente chegou por volta das 7 horas da noite na fazenda, ocupou o latifúndio e, a partir do segundo dia, já começaram as negociação com o Incra, o fazendeiro. Então, o juiz deu uma liminar de despejo e estava liberando a polícia para despejar os sem-terra de lá. Mas aí entramos em negociação com o governador do estado, que não liberou a polícia. Ficamos... Tinha, na época, 750 famílias, e se deu um processo muito longo... Foram 15 meses acampado...

Nesse dia-a-dia do acampamento, e depois do assentamento, conheci gente que tinha histórias diferentes, de outros lugares. Porque a gente sempre fazia rodas de amigos, no final de semana, para tomar um chimarrão e conversar, um sobre o outro ou sobre a família... Aí a gente vai conhecer e perceber que as histórias são completamente diferentes! Achava que, no meu caso, tinha sofrido muito... tinha tido uma infância muito difícil... Mas, conversando com as pessoas, deu para ver que tinha gente que teve uma infância pior, muito mais difícil do que a minha!... Porque não conseguiu, quando era criança, ou com 14, 15 anos, ter aquilo que queria... Os pais eram muito pobres e não podia dar o que precisavam... um calçado, uma roupa... E, a partir daí, muitos dos jovens que hoje estão no nosso acampamento se obrigavam a pedir! Pediam nas ruas... Muitos começaram a sair de casa, depois de grande, e não conseguiram voltar mais... Foram para uma cidade estranha. Aí, o que eles tinham que fazer? Dormir na rua, morar embaixo de viaduto, e muitos acabaram indo parar na favela... Sofrendo muito, né? E, quando descobriram o Movimento Sem Terra, eles abandonaram tudo aquele sofrimento deles e, hoje, são superfelizes também! Então, conversando com as pessoas, a gente descobre que são realidades diferentes... Pensa que sofreu e tem gente que sofreu muito mais!

O dia-a-dia de acampado é uma correria, porque dá muita doença, falta alimentação, não tem estudo... E o grupo que é responsável tem que organizar tudo isso. É um dia supercheio, corrido mesmo... A gente acorda às 7 horas da manhã. Às 7 e meia tem reunião da coordenação, a direção do acampamento, que discute tudo o que tem que ser discutido e o que tem que ser feito dentro do acampamento durante o dia, até mesmo as negociação que vai realizar. Daí, se tira o encaminhamento, as conclusões. Às 9 e meia se faz reunião com os líderes dos núcleos. Aí eles vão fazer reunião nos núcleos, e a gente acompanha. Então, até meio-dia, tem esse roteiro para repassar ao pessoal como é que está a negociação, se tem possibilidade de sair o assentamento ou não... A partir daí, a gente vai na questão mais política: negociar com o Incra, o governo do estado, o prefeito... Comprar o que precisa, negociar a alimentação, remédio, tudo o que diz respeito...

A alimentação a gente consegue via Incra. É uma cesta básica que vem mensalmente, com 8 quilos de alimento por pessoa de um ano acima, porque abaixo dessa idade vem o leite... Chegando lá, é dividido: se vêm dez mil quilos de alimento e tem mil famílias, é dividido entre elas a quantia que dá para cada um. Não tem essa de um pegar mais que outro: é todo mundo igual. Pegando sua parte, cada qual cozinha no seu barraco. Então, o acampamento funciona assim...

No início do acampamento não tinha escola. Não tinha nada, porque nós ocupamos um latifúndio abandonado. Mas a gente, dentro do Movimento Sem Terra, tem professores. E a gente pegou e lascou madeira e fez umas escolas, coberta de lona preta, e conseguimos dar aula para mais de 400 crianças dentro do acampamento. Hoje, muitas delas já estão estudando em colégio, na cidade. Nós conseguimos, dentro do assentamento, comprar um ônibus e transportar as nossas crianças para escola de 5ª até a 8ª série, no município. Meu irmão estuda na cidade. Eu estudei até a 5ª série.

Comecei a me interessar cada vez mais... e a participar das atividades do acampamento. Só que não tinha aquela experiência de como eram as coisas mesmo... Aí eles perguntaram se eu queria fazer um estudo. Já topei, comecei a estudar e fui subindo dentro do acampamento, pegando conhecimento. Esse estudo era sobre a luta pela terra, como é o Movimento Sem Terra e qual a necessidade e a razão que temos para ocupar os latifúndios. A partir daí, fui aprendendo. Surgiu mais alguns cursos para fazer...

O aprendizado no Movimento se dá através de vários cursos, onde é feita a discussão dentro dos acampamentos. Vem quem tem necessidade de aprender e condição de contribuir pela frente com o Movimento Sem Terra. Esse é chamado para fazer um curso em que jogam a teoria da organização, ou seja, dizem o que tem que fazer, explicam tudo. Aprendemos a teoria, mas depois temos que fazer tudo na prática... Na primeira etapa que fiz, de 36 dias, aprendi só a teoria. Depois, tem 40 dias para fazer na prática. Aí voltamos no curso, e já não são eles que vão dar aula: a gente tem que trabalhar tantos dias e horas e expor o que fez. Dentro desse período, é feita uma avaliação para verificar se a gente aprendeu ou não... Tem que passar por um outro aprendizado, ou seja, dentro desse estudo vão perceber se a gente tem condição de estudar para ser um dirigente ou um militante. São duas coisas diferentes...

O que um e outro faz depende, porque tem vários tipos. Por exemplo, a gente pode trabalhar para ser um formador de frente de massa, que é organizar as famílias e levar na ocupação. Ou pode ser um militante do Movimento Sem Terra e ajudar nas marchas, na segurança, tudo quanto é coisa pequena dentro do Movimento Sem Terra. E existe o de dirigente, que é para ser formador. Ele aprende e aí vai ter que formar as pessoas.

Dando formação, a gente se sente um aluno, ao mesmo tempo que parece que está tratando com um aluno de 1ª série que nunca pegou uma caneta! Porque a pessoa pode estar no acampamento, ser até um assentado e achar que sabe tudo sobre o Movimento Sem Terra. Mas, quando vai aprofundar no assunto, entende que não sabia nada! Então surge um monte de pergunta, e a gente tem que ir explicando coisinha por coisinha até chegar lá em cima. No momento que a gente já deu uns dois, três dias de ensino, fazemos uma prova... Lançamos várias perguntas para a pessoa responder. E, a partir disso, já vamos tendo uma idéia se ele tem condição de aprender ou não, porque todo dia é feita avaliação. Se não faz avaliação, pode ficar três meses explicando uma coisa para uma pessoa, achando que ela está entendendo, e na verdade não está entendendo nada! A gente está perdendo o tempo de formar outras pessoas que têm condição para isso com quem não tem. Essa pessoa volta com uma certa tarefa, com um planejamento de tantos acampamentos ou assentamentos que existem para serem trabalhados... E, quando concluir essa parte, volta novamente pro curso, onde os profissionais vêm explicar e tirar conclusão do que aprendeu e avançou...

Estou fazendo um curso de formação, mas não está completamente terminado. A minha tarefa é a educação de formadores, ou seja, me formo e vou ter que formar outras pessoas... Fiz a primeira etapa, e nesse período que tenho de ficar no acampamento já vou ter que ir tentando formar três companheiros. Na próxima etapa, que começa em novembro de 1997, tenho que levar o nome desses três. Eles vão ser chamados em salas diferentes, para ver se consegui alcançar o objetivo, que era passar a eles aquilo que tinha que ser passado...

Depois do acampamento, veio o assentamento, a parte em que é mais trabalhada a questão da terra. A sugestão, pelas linhas do Movimento Sem Terra, é que todo mundo trabalhe em grupo, em cooperativismo. Por isso, a gente discute muito essa questão...

Na nossa cidade, não teve muito conflito para conseguirmos mudar de acampamento para assentamento. Foi tudo muito pacífico... Ah! No dia em que a gente recebeu a notícia que ia ser assentado, ficamos superfelizes! A notícia quem trouxe foi o Incra... Nós estava todos no acampamento, quando chegou o superintendente do Incra e chamou a coordenação para uma reunião. Nós sentamos e começamos a conversar e conversar... Essa foi a primeira vez que chegaram e disseram a nós:

— Talvez, daqui um mês ou dois, saia essa área para vocês...

Mas primeiro saiu uma área pequena para 30 famílias. Aí tivemos que tirar gente de nosso acampamento e levar. Pegamos as famílias, levamos e já ficaram assentadas. Quando fazia oito dias que eles estavam lá, chegou o mesmo superintendente e chamou para outra reunião. Fomos, e ele entregou a papelada para nós e disse:

— A área é de vocês, para 152 famílias. De hoje em diante, vocês são assentados... É só na semana que vem assinarem um contrato de parceleiro. Daí já vão começar a ter os créditos do Incra...

Ah! Todo mundo ficou muito feliz!

As pessoas do município encaravam a situação de um modo diferente, ou seja, não concordavam, porque não sabiam a fundo o que significava a ocupação da terra. Mas, a partir dela, a gente começou a fazer debate nas escolas, nas comunidades de Igreja, e assim foi esclarecendo o que representava essa luta. Hoje, no meu município, por exemplo, 90% da população apóia o Movimento Sem Terra e concorda com a ocupação do latifúndio...

Sou da direção do assentamento, um coordenador. Nós somos em oito companheiros que coordenamos tudo. A gente planta, tem várias coisas... Tem grupo que trabalha com lavoura, com fruto... e outros que trabalham com gado de leite, de corte, peixe, abelha... várias coisas diferentes... Mas tudo com mercado garantido, porque existem as nossas cooperativas. A gente pega a semente mais barata, mas também já tem onde pôr o produto que produz. Sobre o gado de corte, por exemplo, a gente está tentando construir um abatedouro para abater os nossos animais. Já sobre o leite, nós temos laticínio, só que fica longe... Só que vamos conseguir — estamos tentando criar um projeto — e trazer o laticínio para dentro do município...

A atividade que gosto mais é a do sistema cooperativista, que é trabalhar dentro de todos os acampamentos com as pessoas no estado, a importância do coletivo! A importância das pessoas trabalharem em grupo. Aí a gente vai diversificar os produtos, ver qual que dá mais, qual que recompensa ou não plantar... e até mesmo a renda que as famílias forem ter no seu próprio lote. Porque hoje, se for trabalhar individualmente, não vale a pena! Hoje, no individual, não se consegue um financiamento de 2 mil reais! É muito difícil conseguir! Então, tendo um grupo de dez famílias, um financiamento de 30 mil reais é a coisa mais simples que tem!... Porque a gente consegue via projeto. Essa é uma das vantagens do grupo. Todas as famílias trabalham juntas!

Se, por exemplo, o trabalhador individual pega um lote de 15 hectares, o que vai fazer? Vai fechar todos os 15 hectares e ficar dentro: ele vai ficar isolado! E se, por outro lado, tem dez famílias e cada uma pega 10 hectares, fechando o total em volta? Vão ser cem hectares, tudo num quadro só. Aí, tudo o que plantar vai ser de todo mundo. Eles vão trabalhar uma quantia de horas por dia e empregar tudo dentro do grupo. No final do ano, é feita uma totalização, uma soma dos prejuízos e dos lucros. Pagamos as dívidas que têm que ser pagas e, se tiver dez famílias e sobrar 10 mil reais, é dividido, mil para cada uma... Dentro desse dinheiro que sobrou, elas podem estar fazendo um projeto e comprar outra máquina, como é o caso da cooperativa de Dionísio Cerqueira! Lá, faz oito anos que estão assentados, e tem 60 famílias... Eles têm 600 cabeças de gado de corte, gado leiteiro, estoque de erva-mate, laticínio, chiqueirão de porco e uma fábrica de jeans funcionando dentro do assentamento! Então, essa é uma das vantagens do grupo: conseguir alcançar o objetivo máximo. E se é individual não consegue sair do chão... Essa é a questão que mais gosto de trabalhar dentro dos acampamentos e dos assentamentos...

Hoje estão as 152 famílias assentadas, vivendo superbem, com uma vida boa, uma alimentação farta e barata, não só para os assentados, mas para a própria sociedade, a comunidade do próprio município onde moramos, que está consumindo nossos produtos. Tem até um nome: Produtos Terra Viva, e são feitos dentro do assentamento... Temos uma marca, um negócio na embalagem, com esse nome. Vários produtos estão sendo comercializados! Alguns dos mais comercializados no mercado são o leite e a erva-mate. E temos conquistado a preferência da comunidade, porque o nosso é um produto puro, não tem nenhum tipo de mistura... Por exemplo, a erva, se for pega em outras ervateiras, tem um MONTE de mistura e pode até fazer mal! Já a erva dos assentamentos é um produto puro, natural... Por isso, o pessoal prefere mil vezes consumir os produtos dos assentamentos do que esses outros mais comerciais! Eles ficam sabendo a diferença porque a gente consegue manter um carro com as vendas de supermercados. No caso da erva, a gente pega e leva um fardo lá e diz:

— Vocês experimentam e fazem um teste. Se gostarem, a gente bota aqui com um preço mais barato, mas se não gostar não tem problema nenhum...

A partir disso, eles começam a experimentar, e o próprio pessoal que vai comprar, já vendo o produto, se interessa:

— Eu vou levar. Um produto novo, vou ver se é bom...

E aí foi um sucesso! Quando começamos a entrar no mercado, não parou mais!

Então, a gente está mostrando que o assentamento é uma saída para o Brasil... Ele próprio tem condição de dominar o mercado, de abastecer todos. Pelo menos em Santa Catarina, existe condição dos assentamentos abastecerem o mercado.

Meus irmãos também adotaram a idéia de trabalhar em grupo. Tanto que hoje, como faço toda essa questão do Movimento fora de lá, eles trabalham dentro do grupo, com o meu lote... Nele, a gente está construindo um confinamento de gado, que é pro de corte e pro de leite. Já construímos açude, temos mil pés de pêssego plantado e estamos vendo se ampliamos mais! Agora, a gente está criando um projeto para que se compre um trator e um carro pequeno para o grupo.

Todo fim de semana, a gente se reúne pela manhã, toma chimarrão, conversa... Ao meio-dia, fazemos um churrasco e reunimos todas as famílias. A gente faz toda aquela festança junto! De tarde, uns jogam baralho, outros jogam bola... Tem violão, gaita... A gente faz a maior brincadeira, todo final de semana!

Mesmo depois de assentado, em cooperativa, a gente continua levando o nome do Movimento Sem Terra... A gente nunca pode esquecer! Porque, se não fosse o Movimento Sem Terra, nós não estava em cima da terra... Não tinha conseguido conquistar nosso lote. Tanto que, dos projetos de financiamento pelo Procera que pegamos, já é descontado 1,5% para manter o Movimento Sem Terra! E 1,5% é para manter a Regional, 1% para o assentamento, no geral. Então, no total, são 4% que todos os anos são descontados para o Movimento Sem Terra poder dar prosseguimento à luta... Além disso, não produzimos só para nosso consumo, mas sim para a sociedade como um todo. Nós temos uma norma dentro do próprio assentamento: quando se produz em quantia de pinchar fora, então doamos para a comunidade carente. Isso é até uma forma da gente ir conquistando o apoio da sociedade para nosso lado...

Fico a maior parte do tempo trabalhando dentro dos assentamentos, na própria região de Santa Catarina, planejando outras ocupação... Então, é difícil parar em casa porque sempre tem tarefa e serviço a fazer. A cada 20 dias, nós temos reunião da frente de massa, com a direção... A gente quase não pára! Porque, no momento em que a gente chega na reunião, já se diz:

— A gente tem que fazer tal coisa no estado, dar formação num lugar, unir a base...

É tudo assim! Não paramos!...

Existe vários tipos de assentamento. Há dois tipos que são bem diferentes. O Movimento Sem Terra tem uma forma de trabalhar, uma norma que tem que ser cumprida dentro do acampamento e até mesmo no assentamento... Por outro lado, já tem o assentamento que é feito pelo Incra e pelo prefeito. Nesses, é a maior bagunça, porque eles não têm um mínimo de organização! Não têm ninguém que dê uma formação mesmo... Eles têm uma cabeça completamente diferente da nossa. A gente vai lá levar as propostas do Movimento Sem Terra e já tem os líderes, os comandantes deles... Esses assentados dizem que têm líder — coisa que nunca existiu até hoje no nosso Movimento — que quer se aproveitar deles! Aí, os caras, como têm a sabedoria, colocam que o Movimento Sem Terra é isso que a televisão diz... e que o que nós falamos é mentira, ilusão! Para o povo ficar isolado do Movimento Sem Terra. Porque, então, eles que comandam a organização do assentamento podem tirar, roubar o que tem e ninguém percebe. Fica entre eles! Eles formam um grupo de quatro, cinco, para tirar o que os outros têm!...

Isso aconteceu num assentamento organizado pelo Incra e pelo prefeito lá na comunidade onde eu morava, em Varjeão. Os membros da coordenação se aproveitaram, tiraram toda a madeira que tinha dentro do assentamento, venderam, e os próprios assentados ainda hoje estão embaixo de barraco, depois de quatro anos na área... Enquanto isso, os da coordenação estão superbem, têm casa de material, dinheiro no banco... e os outros sem nada! Isso é uma das coisas que o Movimento Sem Terra não concorda: que haja exploração, nem exploradores.

Lá dentro é meio que difícil a gente chegar e esclarecer essas pessoas do que está acontecendo... Eles estão isolados, e nossa coordenação, por exemplo, não pode entrar no assentamento. Não posso sair do meu assentamento e ir no outro fazer uma discussão, sem antes conversar com os líderes de lá. A gente tem que acertar tudo o que vai ser trabalhado no assentamento e ver se eles concordam! Por isso mesmo não deixam entrar! Eles não aceitam porque sabem que a gente tem conhecimento de todas as falcatruas deles!... E, se jogar os golpes deles, o povo vai acabar expulsando eles do assentamento!... Aí não vão ter mais como tirar o que os outros têm... Então, não permitem que a gente entre lá. Mas, mesmo assim, sempre damos um jeito de conversar.

A gente fica esperando nas comunidades, quando uns grupinhos desses vão na igreja, ou aparecem no final de semana nas brincadeiras, no jogo de futebol... A gente chama de lado e tenta conversar com eles... Pergunta como é que está o assentamento, o que é que está acontecendo... Aí a gente coloca a verdade, a proposta do Movimento Sem Terra e o que está realmente acontecendo. Já fiz mais amigo do que inimigo assim! Porque o povo até fica devendo obrigação pra gente, por ficar sabendo! Através de nós, ficam tendo idéia do que significa...

O caso do amigo Valdemar Marinho foi um... Estava conversando com ele, numa cancha de bocha, que é um jogo em que a gente se diverte no final de semana... Passa o final de semana inteiro brincando! Comecei a conversar com ele sobre assentamento — ele era desse outro e é um cara que já entende um pouco a situação. Daí, ele passou a me contar o que estava acontecendo. Falei para ele de toda a realidade do Movimento Sem Terra e a diferença que tinha entre nossa ocupação e a dele. A partir disso, ele me fez várias perguntas:

— Como que é o Movimento Sem Terra? Esses 4%, como é que funciona?...

Respondi tudo! Ficamos umas duas horas dialogando um com o outro e tentando esclarecer... Então, ele se propôs a ser um aliado e trabalhar dentro do assentamento, tentar organizar essa vida, e vir para o Movimento Sem Terra. O pessoal do Incra fica na deles! Porque eles não estão se aproveitando, mas sim os próprios comandantes lá de dentro! Tanto que hoje esse meu amigo já consegue ter 80% das famílias do nosso lado!... A gente já conseguiu isso... Agora, dentro do assentamento, quem decide é a maioria. E a maioria decidiu que a gente, do Movimento, tinha que fazer uma reunião com eles! E isso nós nunca conseguimos antes! Entramos lá e fizemos a discussão, onde tinha gente a favor e contra o Movimento Sem Terra. Foi meio que um debate, em que os que eram contra não tinham a ideologia do que era o Movimento Sem Terra. Eles eram contra, mas por aquilo que os outros diziam! Não por coisas que sabiam de fato... A gente fez o debate, colocou toda a verdade, e, quando chegou no final, dos três que tinham ficado contra no início, dois acabaram de nosso lado também, e só um ficou contra mesmo! Hoje a gente já consegue fazer reunião com eles, tanto que vamos conseguir formar um grupo, onde vão ficar 80% ligado ao Movimento Sem Terra e 20% isolado. Em um ano, queremos mostrar na prática a diferença que tem entre o Movimento Sem Terra e a ocupação do Incra e do prefeito... Na hora da produção, eles vão ver a diferença. Claro! Nossa idéia é criar uma cooperativa para esses que vão ficar no Movimento Sem Terra. Vamos conseguir isso ou fazer uma associação de máquina. Aí eles vão perceber o quanto vai evoluir o grupo que ficou com o Movimento Sem Terra em comparação com o outro, que vai descer mais do que está! Porque hoje o individual consegue comprar uma vaquinha, uma junta de boi e construir uma casa... Não consegue mais do que isso! Depois, fica parado! Chega nessa altura e pára: é o máximo que pode ir! Já os que estão ligados ao Movimento Sem Terra podem, cada um, subir mais. Podem fazer um projeto por ano e todos os anos estarão subindo... Creio que com dois, três anos, vamos ter todo o assentamento ligado ao Movimento Sem Terra... Como está se avançando a discussão, é bem possível que aconteça isso! Então, esse é o meu trabalho, que gosto muito de fazer e que venho desenvolvendo há mais de um ano.

Hoje, consigo ver uma grande diferença de como era o trabalho que tinha antes e o que tenho agora, porque no momento em que trabalhava de empregado, estivesse são ou doente, sol ou chuva, tinha que estar lá! Trabalhava assim, chegava no final do mês e via aquela miséria que é um salário mínimo! Sendo assentado hoje, não preciso ser mandado por ninguém. A gente manda! Faz o que acha que deve fazer, o que é melhor para cada um... E o dia que estou doente não vou trabalhar e ninguém vem cobrar nada. E sempre temos uma renda maior, bem melhor, porque temos condição de trabalhar... O próprio Incra, hoje, está pagando para a gente trabalhar. Tem esse Procera, que é um crédito especial para os assentados. É lógico que, com o tempo, vamos ter que pagar, mas quando estivermos estruturados. E, sendo empregado, o que é que a gente tem na vida? Trabalha lá até os 40 anos e, quando não consegue mais, vai fazer o quê? Esperar mais 15 anos para se aposentar, e ter um salário mínimo!? E, dentro desse prazo, vai viver do quê?

Quando disse que ia na Marcha, minha família não estranhou, já está acostumada... paro em casa muito pouco... É claro que meus irmãos e minha mãe disseram:

— Mas compensa você ir? Ficar 60 dias fora? Isso vai ser muito difícil...

Respondi:

— Ah! Mas para conseguir nossa terra foi com sacrifício! Então, já que nós sofremos até conquistar, fazer um sofrimento a mais, um esforço a menos, não vai ter diferença!... Portanto, estou indo nessa Marcha porque não vai ser só uma caminhada. Será uma experiência a mais para mim. Porque no momento que estou fazendo alguma coisa, estou adquirindo experiência! O dia que tocar de fazer na prática, estou sabendo como pode ser...

Então, é lógico que eles se preocuparam!... Acharam que ia ser difícil... Mas achei que ia ser bom. Tanto que, toda semana, estou ligando para lá e eles estão superbem... Acho até que por isso ainda sou solteiro... E penso que até mesmo para casar, ter uma família na minha vida corrida, é difícil. Se é para ter uma companheira e não poder ficar junto dela, acompanhar quando ela precisar, então é melhor ficar solteiro. Já tenho a minha família, minha mãe, meus irmãos... Eles já ficam com saudades, tenho contato com eles uma vez por mês, quando vou em casa... Isso quando vou! Se não, é só por telefone... Para mim, é difícil ter uma família! Penso em ter, mas quando estiver com meus 35, 40 anos...

Vim com a Marcha do Sul. Nós saímos da Praça da Sé, em São Paulo, no dia 17 de fevereiro de 1997, para chegar aqui no dia 17 de abril, com o objetivo de passar pelos lugares e dialogar com toda a sociedade. Em todas as comunidades, a gente fez ato, debate em escola, em igreja... Esse era um dos objetivos que a gente queria alcançar. A população deu o maior apoio!... Toda a população, a sociedade como um todo, apoiou, ajudou... Fez doação de roupas, de alimentos, de remédio... e também por todos os políticos, as administração que a gente passou, foram muito solidários com a gente! A única cidade que não fomos bem recebidos pelos governantes foi Pirassununga: o prefeito fechou as portas para nós! Chegamos lá e ele não quis dar nem lugar para ficar! Aí os vereadores conseguiram um local, um salão, e a gente ficou lá... Mas toda a população apoiou, ficou em peso com nós! O único que ficou contra foi o prefeito! No dia que saímos de lá, fomos na praça, na frente da prefeitura, e jogamos para a sociedade que o prefeito de Pirassununga era contra os trabalhadores... Ele não apóia trabalhador, por isso foi contra o Movimento Sem Terra! Foi a única cidade que a gente teve essa dificuldade. Nas outras, fomos todos muito bem recebidos...

Tive a oportunidade, em todas as comunidades que passamos, de fazer parte da equipe de debate. Participei de quase todos os debates. Conseguimos levar para a sociedade o que é a luta pela terra, qual o objetivo do Movimento Sem Terra e, até mesmo, a má política do governo Fernando Henrique... Nós conseguimos MOSTRAR para a sociedade! Muitas coisas estavam escondidas, ninguém sabia... Mas, com essa Marcha, toda a sociedade por onde a gente passou ficou sabendo, na verdade, o que é o Movimento Sem Terra. Tanto que, hoje, 85% da sociedade apóia o Movimento Sem Terra e 75% apóia a ocupação do latifúndio!

Ah! Quando chegamos aqui em Brasília, foi muito bom mesmo no momento em que a gente encontrou a outra Marcha! A gente vinha em poucos... Estava em torno de uns 600, 700 companheiros. Parecia que vinha um grupo muito pequeno, desanimado... Mas, quando a gente encontrou a outra Marcha e foi se juntando aos outros movimentos sociais — o estudantil, o sindical... —, aquilo deu uma sensação e até um arrepio difícil de dizer! Parece que estava fazendo uma grande coisa... Uma emoção! Uma emoção que não tem nem como explicar!... A gente não sabia o que dizer... se voava... corria, falava!... É uma coisa difícil de explicar!

Tinha mais ou menos uma idéia de que ia dar umas dez mil pessoas... Quando conseguimos chegar na entrada de Brasília, já estava com mais de 40 mil pessoas! Foi uma coisa que marcou para sempre! Para mim, marcou e vai marcar sempre! Nunca vou esquecer dessa Marcha. A gente conseguiu pôr cem mil pessoas aqui dentro!... Conseguimos PARAR Brasília! Praticamente parou! E por causa do Movimento Sem Terra!... Ou seja, tem muito mais pessoas do que a gente imagina querendo entrar no Movimento Sem Terra! Isso é um fato, e me sinto até orgulhoso!... Tenho orgulho de fazer parte de uma organização como essa...

Aqui em Brasília foi feita bastante amizade, porque, mesmo o pessoal do meu estado, a gente não conhecia todo mundo. Viemos a conhecer na Marcha! Então, a partir daí já vai conversando... Conversa uma palavrinha com um, uma palavrinha com outro... Ajuda outro lá! Arruma um telefone... E aí a gente foi fazendo amizade, se entrosando com o pessoal... Cada dia vai crescendo mais essa amizade!

Há um ano atrás, fiz um curso de militante, com 70 companheiros na Escola Nacional do Movimento Sem Terra, que fica em Caçador, Santa Catarina. Tinha gente de Brasília, Mato Grosso, de vários estados... E eu pensava, quando terminamos o curso: "Nunca mais vamos nos ver... esse pessoal... Vai ser difícil..." Mas chegamos na Marcha e encontramos com todos eles! O Movimento Sem Terra é assim: a gente conhece as pessoas hoje, amanhã vai embora, nunca mais se vê... quando é daqui a quatro, cinco meses, está se encontrando!... Porque ninguém pára, todo mundo fica correndo, organizando uma coisa, fazendo outra... E isso dá até um orgulho pra gente!

Depois da Marcha, a gente vai voltar na mesa de negociação com o governo de nosso estado, e o resultado já é sabido: mais desapropriações de terra, mais assentados, por causa dessa nossa manifestação e da abertura que o governo de lá tem para negociar com o Movimento Sem Terra. Saindo daqui, vamos com uma tarefa a mais, a de chegar lá, sentar com os grupos e, até mesmo, começar a fundação da própria cooperativa. Graças à Marcha, a gente conquistou 150 quilômetros de luz elétrica, 15 carros de transporte das cooperativas e mil casas para os assentados pagarem em 25 anos!

Em Santa Catarina, ainda tem muito a fazer. Sempre tem muitos assentamentos e acampamentos em que a gente precisa fazer a formação de militantes e de formadores. Mas a principal é a formação de base, porque ela tem que estar lá no acampamento, sabendo por que está e o que acontece. Então, é uma aprendizagem necessária, é uma obrigação. E — claro! — as ocupações não vão parar... Enquanto existir um sem-terra, também vai haver o Movimento Sem Terra! Não vai parar! Pretendemos fazer muita ocupação, não só em Santa Catarina, mas onde existir latifúndio improdutivo.

Para o meu futuro, espero conseguir alcançar o meu objetivo maior... Um deles já alcancei, que é conquistar a terra, ter uma vida melhor para mim e para a minha família. Isso eu tenho e espero que tenhamos dias melhores pela frente! Porque consigo fazer mais gente feliz e não apenas eu... É o que espero do meu futuro.

Hoje, estou superfeliz no Movimento Sem Terra. Não sei o que seria de mim, se ele e as ocupações não existissem. Porque lá a gente se sente numa família! Se você tem mil, cinco mil pessoas, é todo mundo igual, não tem esse negócio de um querer ser mais que o outro. O racismo, o individualismo não existem... Então, é uma coisa que muda a pessoa completamente, e mudou minha vida.

Pretendo não conquistar apenas a "minha" terra. Isso conquistei, porque já sou assentado. Só que não quero parar nunca. Quero continuar na luta para que mais companheiros possam ter também. Porque me dá um negócio ruim quando vejo essas crianças de rua, jovens, todo esse pessoal na rua... muita gente que veio da roça! Onde vejo eles, fico lembrando a minha história, o quanto sofri, e como é que consegui chegar até aqui hoje... Então, esse é um dos meus objetivos: conseguir fazer com que essas pessoas sejam felizes também. Pelo meu próprio sofrimento — a vida difícil que tive —, penso, um dia, poder melhorar a de outras pessoas.

A lição maior da minha vida é me desafiar cada vez mais... ir se desafiando, porque é assim que a gente vai aprender e conseguir passar não só para os acampados e assentados o que sabe, mas também para a sociedade como um todo. Esse é um dos desafios que tenho e quero conseguir superar...

Entrevista: ANDREA PAULA DOS SANTOS, 29 de abril de 1997.
Textualização: ANDREA PAULA DOS SANTOS e SUZANA RIBEIRO.

> A terra é a maior riqueza
> Que a natureza criou
> A todos foi entregado
> Meia dúzia de malvados
> Esta terra concentrou
>
> AMILTINHO, "Cercas que geram mortes".

JONAS
MINAS GERAIS

A chuva fina que caía naquele dia obrigou-nos a gravar a entrevista desse mineiro de fala muito rápida embaixo de uma tenda, onde brincavam muitas crianças. Jonas disparou a falar de sua vida, logo que expusemos o que buscávamos nas entrevistas. No afã de contar tudo, muitas vezes sua fala acabou não acompanhando a velocidade de seus pensamentos. A dificuldade de expressão também atrapalhou sua narrativa e o diferenciou das lideranças. Mas tudo isso foi compensado por uma trajetória de vida única, cheia de particularidades e aventuras que fizeram com que seu depoimento trouxesse muitos elementos para este trabalho.

Não vou dizer que a terra vai ser para mim ou pros meus filhos. Vai ser por nós! É preciso entender que a terra não é de ninguém.

SOU Jonas Ferreira de Oliveira, moro no município de Tumiritinga no assentamento 1º de Junho, a 50 quilômetros de Governador Valadares. Sou natural do Vale do Jequitinhonha, nascido no município de Vale do Paraíso, no dia 9 de fevereiro de 1967. Nasci naquela região. Um bocado de gente nasceu lá...

Com 7 anos comecei a estudar, fui para aula, mas mesmo nessa idade já era trabalhador rural... Trabalhava em café. Meu pai até hoje tem uns pés de café... A gente mexia com café, mandioca, milho, arroz. De tudo a gente plantava um pouco... Meu pai tinha um sitiozinho pequeno mas também trabalhava de meia para os outros. Quando morava com meu pai, trabalhava de meia com ele mais meus irmãos. Nossa vida era na roça mesmo... A colheita era boa, tinha muita fartura, mas na verdade sobrava sempre muito pouco para a gente. Ele não era o dono da terra! Colhia bastante, mas no fim das contas ele nunca ficava com bastante, e a gente passava era necessidade das coisas... porque é esse o projeto que está implantado no Brasil! A gente sofre... A vida de pobre é cada vez pior!... Até hoje ele é meeiro, a terra dele é pequena e por isso ainda trabalha a meia...

Na época, ainda lembro, meu pai fez uma coisa comigo que agradeço. Eu era menino... Sabe, não deve judiar demais porque é criança, mas também não pode deixar solto pro que está aí... A gente é pobre, mas não tem interesse que os filhos seja bandido! A gente é pobre mas não queremos isso. Então, meu pai fazia a gente trabalhar até a hora do almoço, e na parte da tarde ia na escola. Até 10 horas...

Aí tinha uma regra. E meu pai marcava um dente de café:

— Está aqui, meu filho. Aqui é seu dente, Zé, aqui você, Jonas, e aqui é o seu, Madaleno.

Nós éramos os três mais velhos. E tinha Antônio, que era o mais novo.

— Aqui é seu também, Antônio.

A tarefa era pequena, não era muito grande. Numa manhã mesmo a gente fazia.

— Se não fizer tudo, vocês vão ter que pagar a perda por causa disso.

Com isso fomos indo, tranqüilos, para o serviço... Todo dia tinha uma tarefa a cumprir. O dia que a gente tinha folga, ia para as casas dos colegas. Isso quando ia ter festa, uma festa de família, assim como as festas juninas.

Tinha muita fartura, era uma alegria imensa! A gente tinha muito mantimento, comida, café.

Ele está lá, e tem mais de um ano que não vi ele, mês de junho fez um ano que fui lá. Está quase fazendo dois anos. Tenho saudade dele... Agradeço a ele demais, porque ao menos trabalhar a terra ele soube me ensinar. Ele não me ensinou outras coisas, mas ao menos educação de trabalhar ele soube me dar. Agradeço muito meu pai nesse sentido. E na época também nós trabalhava lá, né? Era assim...

Depois com ele aprendi... Ele era um cara que mexia com madeira... Trabalhava assim com carpintaria. Depois aprendi com ele um pouquinho. Eu ia nos campos ajudar ele, com isso fui fazendo as coisas.

O dia que ele tinha muito serviço para fazer, de carpintaria, não ia sozinho, ia mais outro. A parte de casa ele entregava para mim, outra hora para o meu irmão que era o mais velho. Depois meu irmão saiu, foi trabalhar no garimpo, fiquei eu.

Eu comandava o serviço, conseguia articular os meninos, a gente ia e o serviço não ficava parado. Se tivesse camarada nosso olhando para o serviço, ele podia sair despreocupado. Na colheita, a gente limpava a roça na época certa. O serviço não ficava parado. Meu pai gostava demais... Era assim, lutando... A gente trabalhava em conjunto. Mandava carroça nossa e tudo mais. Passava aperto, mas a dificuldade, superava.

Em casa, com pai e mãe, somos 11 pessoas. Nove irmãos. Irmãs são três.

Antes de eu ir na ocupação, antes de entrar na luta pela terra, fui para cidade. Fiquei em média três meses na cidade, trabalhando com carteira assinada. Mexendo com serviço, com ferro-velho e com pintura também. Mexia em quase todos os serviços gerais. Pintando e limpando aqueles motores, separando os canos melhores daqueles mais ruins.

Trabalhava dias como sexta e sábado, perdia o ponto, mas faturava uns trocos. Trabalhei também em Belo Horizonte, abrindo fossa, cisterna.

Depois, fui fazer as contas... Estava pior que a situação na roça produzindo feijão, milho, o arroz. Colhendo meu cafezinho, estava bem melhor do que na cidade.

Fui para cidade e voltei para trás. Depois disso tudo, falei:

— Gente, não dá! Vou para luta pela terra.

Entrei na luta pela terra... Não paguei para entrar e não quero sair! Não tem coisa melhor que essa. Quem foi criado na roça sempre tem um sonho que é a terra. Tudo o que a gente come é saído da terra... Por isso não tem como sair do Movimento. E com emprego a coisa é ruim demais, viver dominado pelos outros não dá!

Até que um dia eu assuntei assim:

— Pai, o senhor sabe duma?! Vou sair daqui! Esta vida não dá para mim! Estou partindo para a luta por terra.

Na época saiu eu, minha irmã e mais uns três primos meus. De lá da região foram embora mais ou menos umas 12 pessoas. Hoje está restando na luta pela terra, desse pessoal que saiu, duas pessoas: eu e meu primo. Minha irmã depois desistiu.

No MST, só tem eu. Tinha vindo uma irmã, mas depois ela foi embora para o Rio de Janeiro. De lá, foi até São Paulo, porque esmoreceu após os conflitos. Com aquele sofrimento, ela esmoreceu e foi embora.

Tem outra irmã mais nova que eu, que deve tá na base dos 25, mais ou menos. Ela casou com o filho de um assentado. Inclusive ela foi embora daqui do Acampamento Nacional dia 17. Ela está assentada e trabalha em uma cooperativa. Na cooperativa não importa se o cara é assentado ou se não é. O que importa é a produção.

Desde criança ouvia falar reforma agrária, mas só ouvia falar, nem sabia o que era! Quando resolvi entrar no MST, em 88, é que fiquei sabendo. Comecei a sentir: isso está certo!... Oitenta e oito foi o ano das primeiras ocupações em Minas. Eu entrei na segunda ocupação. Quase participei da primeira, mas não fui. Entrei no Movimento já ocupando terra. E gostei.

Foi em Aruega, o primeiro assentamento que teve em Minas Gerais. Nós pegamos e ocupamos. Depois fomos despejados dessa área. Aí, depois que saímos de Aruega surgiu Sapezinho, que é o nome de outro acampamento, no município de Cruzeiro... Novamente fomos despejados. Então de lá fomos até município de Taipé, onde ficamos na fazenda de um pequeno proprietário. Inclusive tem um filho desse proprietário que é acampado com nós, porque a família é muito grande e a terra do pai deles é pequena. Era para a gente ficar trinta dias e ficamos parece que seis meses... Ele recolheu a gente.

Depois a gente saiu para outra ocupação, no município de Topázio. Não tinha mesmo como ficar lá. O destino nosso é lutar pela terra. Agora, não me lembro o dia, me esqueço... Tenho tudo isso anotado em casa, mas não está aqui... Nesse município ocupamos uma fazenda chamada Bela Vista. Sofremos outro despejo, mas foi muito violento! Inclusive oito companheiros nossos foram baleados... Quatro crianças baleadas!... E quatro pessoas grandes... Não tiveram muito perigo de morte, mas foram baleados. Essas crianças ficaram perdidas uns quatro dias, tomando chuva e sol, com os policiais caçando elas.

Fui preso, ficamos presos 24 horas. Fui massacrado nesse despejo da Bela Vista, apanhei demais! Todos sofremos muito... Apanhamos... Ameaçaram a gente. Disseram que a gente tinha de morrer... Eu falava para o guarda que o problema era dele e que estava tudo nas mãos dele. Mas eu apanhei mais porque falei isso... Mas não esmoreci! Falava:

— Estou nas suas mãos para vocês fazerem o que vocês quiserem. Não estou me importando com mais nada.

Já tinha derramado muito sangue. Inclusive porque recebi golpes, tenho muitos sinais na cabeça. Nem posso cortar o cabelo curto demais porque mostra os sinais. Cada sinal que tenho na cabeça é uma história, que não acaba mais nunca!

O povo ficou revoltado com toda aquela situação. Sabe onde eles recolheram a gente? Foi num lugar de guardar cavalos de raça, quem não tinha coberta tinha que dormir dentro daqueles cochos, com capim seco, aquela ração que eles davam para os cavalos. Porque no despejo queimaram tudo. Por causa da chuva que tomamos, vários companheiros adoeceram. Eu mesmo peguei caxumba. Quase morri. Aí consegui, fui ao médico e me recuperei.

É claro que nessas ocupações a gente sente um pouco de medo, porque quem não sente? Mas isso não impede a gente de fazer. O medo que senti foi muito pouco pelo que passamos... Na hora a gente está ali, morre, não morre... com o cara atirando e até querendo matar a gente. Escutando muito tiro... A gente não deixa de passar um pouquinho de medo. Só que não cede!

Não cheguei a organizar nenhuma ocupação, porque não tenho muita experiência para isso. Pode ser que a partir de amanhã eu organize... Pode ser...

Eu estou no Movimento há nove anos. Com isso já participei de várias coisas... Ajudo a organizar essas caminhadas. A caminhada do ano passado ajudou muito. A caminhada ajuda o pessoal e a mim. Essa caminhada agora vai ser ocupação, não vou dizer como, mas vai sair. Isso é uma formação que nós estamos dando para o povo. Estou ajudando o povo nesse sentido que é: estar chamando a atenção do pessoal. O meu trabalho é esse. Vir numa caminhada dessa, ajudar o pessoal na luta pela terra ou pelo bem social. A gente trabalha com pessoas que encontra, põe algumas colocações, dá umas lição para o pessoal, ensinando como a vida é melhor. Agora, sair e fazer trabalho de base, ir nas roças trabalhar com o pessoal, fazer curso e palestrar... nunca saí. Mas se precisar eu saio. Sou "pau para toda obra"! O que o Movimento precisar, se a gente tiver condições, estamos indo.

Depois desses tempos no Movimento, acabei analisando que morrer por um pedaço de chão, pelo que é da gente... eu não devia ter medo. Tive medo, não vou esconder, mas foi pouco. Era violento demais!

Uma vez, muitas pessoas foram baleadas. O local era pequeno, e não tinha para onde escapar. Foram na base de 180 policiais, e só cinqüenta e poucas pessoas. Ficamos naquela situação: "Se correr o bicho pega, se ficar o bicho come"... Fazer o quê? Ficamos no local resistindo... Mas veio mais de dois soldados para cada. Vários esmoreceram, foram embora e dizem que não querem nem saber. Mas eu não!

Graças a Deus nunca perdi nenhum amigo na luta. Perdi, assim, companheiros que foram embora. E faz uma falta... Como os meus parentes, que tive que me distanciar... Mas sempre que chego na casa de meus pais sou muito bem recebido.

Teve um vizinho meu que morreu... ele e parece que mais umas duas pessoas. Mas não é que mataram. Morreu por causa da miséria... Porque miséria também mata! Não era pessoas próximas, mas pessoas que a gente convivia.

Depois da prisão, fomos até o acampamento onde ficamos na lajinha da escola. Uma área pequena. Não dava dois hectares de terra. Ficamos em 70, cem famílias acampadas nesse lugar. Inclusive, era uma área de onde eles tiravam alimentação das escolas.

Foi aí que conheci minha mulher. O pai dela que era do acampamento de Aruega. Tivemos o bom senso de casar, e casamos. O pai dela é mineiro, mas a mãe é pernambucana. Ela mesmo nasceu no sudoeste do Paraná. Dei sorte de casar... Estamos vivendo até hoje. Tem problema na família, mas toda família tem problema. Qual a família que não tem um pouquinho de problema? E eu gosto dela. Às vezes a gente tem alguma briguinha. Mas a gente se gosta, briga é passagem de momento.

Ela me dá força, não é contra o que faço. Inclusive ela não veio até Brasília porque tem problema de saúde, doença. Ela não pode vir por causa da epilepsia, uma doença muito complicada... Mas ela gosta de mim, me ajuda demais. O serviço de casa mesmo, graças a Deus, cuida muito bem direitinho. Não é fácil, cada hora é um problema...

Somos casados há quatro anos. Temos três filhas, mocinhas. Uma está com 5 anos, outra com 2 e a outra com 8 meses. Elas ficaram em Minas, e eu já estou com saudade... Mas a luta é assim mesmo e não deve parar. É por nossos filhos mesmo que estamos trabalhando. Tenho saudades, mas nem todo dia a gente pode estar junto.

Aí ficamos nessa briga... Esse lugar era uns 500 metros longe da BR. Foram três anos sofrendo demais, passando necessidade por causa da falta de água. Às vezes, para fazer a comida era meio difícil, porque a gente não tinha lenha, ninguém podia comprar gás, nem fogão a gás. Ficamos nessa dificuldade... Havia a fazenda de um homem, com quem a gente trabalhava para arrumar o pão. Sempre a gente pegava um serviço para ver se diminuía a crise que a gente passava. Até que conseguir um servicinho por perto era bom demais!

Ficamos três anos trabalhando para os latifundiários, que naquela região tem muito. Um deles nem brasileiro era, um estrangeiro muito velho. Com ele fiquei. Até que foi indo e esse cara acabou morrendo. Foi o que aconteceu! Trabalhei mexendo com pastagem, plantando capim, roçando a terra... A gente trabalhou demais para esse povo.

Minha vida mudou demais depois que entrei no Movimento. Porque desde os meus 7 anos sonhei com um pedaço de terra. E hoje eu tenho minha terra! Não temos muitos recursos, mas estamos assentados. Conheci melhor o povo e sua realidade. Convivi com muita gente que só ouvia falar, mas que nunca tinha visto, nem pela televisão. Hoje convivo com paranaense, pessoal do Sul... Trocamos experiência, e a gente conhece várias coisas.

Logo depois, foi montado o assentamento Santa Rosa, no município de Taipé. Uma terra que, falando a verdade, não vale nada! O dinheiro que eles investiram lá valia mais do que a terra. O lote da região é 30 hectares e, quando passamos para lá, o módulo maior de terra que tinha era 10 hectares. Mas, como a terra não era boa, a gente plantava um pé de feijão e não via produzir, plantava arroz e nada. Eu mesmo perdi foi dinheiro lá.

Com isso nós fomos para lá, mas a terra não servia para trabalhar... Ninguém quer! O que aconteceu? Ficamos na fazenda Aruega, mas tinha muita gente. Na terra iam ser assentadas parece que 20, 25 famílias, o resto ia ficar de fora. Aí o pessoal fez negociação com o Rezende, ex-superintendente do Incra-MG, e nós fomos até Santa Rosa. A terra onde estamos hoje chama assentamento 1º de Junho em Califórnia, um município de Minas Gerais. Na época, foi proposto que o pessoal comprasse a terra porque era desapropriada. Então a proposta era pegar essa terra e repassar para o pessoal. Depois foi enrolando, enrolando, enrolando... Oito meses de enrolação!

Nessa época já tinha acertado com o Rezende que, se saísse a terra, uma parte de nós, de Santa Rosa, ia na fazenda Califórnia com o pessoal que ficou acampado no meio da BR 116 — a que desce até Bahia — perto do município de Icaraí. Com isso, depois a gente foi transferido para esse assentamento... Ficamos lá sofrendo demais! Três anos! Inclusive o projeto foi passado para assentamento no mês de fevereiro de 97. Mas com muita dificuldade...

E tem dificuldade até hoje! Foram três anos de safra que nós plantamos e perdemos para o sol. Essa safra de agora, que nós plantamos bastante mesmo, nós perdemos para a chuva, porque o rio Doce encheu. O lugar é quente e o clima é seco, chove muito pouco, mas não sei o que aconteceu, no ano passado, no mês de novembro, em Finados, deu uma chuva muito forte, e o rio Doce encheu. Tanto que mesmo o que a gente já tinha produzido, perdeu. Tinha muita fartura de banana. Muita mesmo! Tinha também uma lavoura de milho. A gente fez os cálculos, por baixo, perdemos mais de 2 mil sacas de milho. Porque o milho já estava endurecendo... Fora só o que já estava granado, quase no ponto de quebrar e o que estava começando granar...

Nós perdemos também muita mandioca, no ponto de fazer a farinha. Nós perdemos na faixa de 5 hectares de mandioca já no ponto de desmanchar. Porque lá não tinha tenda. Não tinha um lugar adequado para poder mexer, o que a gente chama de farinheira. Conseguimos colher milho porque a gente plantou um pouco na chapada, onde o clima é quente, mas a terra é boa, 80% da terra de lá é boa. O resto, 20% é ruim porque tem erosão e é muito desgastada pelo fogo.

Com isso, consegui pegar um pouco de milho... Mas no caso do bananal, em que já estava tendo muita fartura, coisa que ninguém via na região, não deu para salvar. O bananal encheu de água e ficou cinco dias alagado. Só dava para ver a copa da bananeira, o resto estava tudo embaixo d'água, morrendo...

Outros anos, o que prejudicou foi a seca... Mas de agora em diante vamos conseguir colher porque temos a irrigação. Hoje em dia estamos crentes que o negócio vai melhorar, porque temos irrigação. É quente, mas com a irrigação conseguimos superar estes problemas.

O crédito da habitação a gente pegou uma parte, agora, a outra eu não peguei até hoje mas está previsto para sair essa semana. Não sei!? Isso ouvi dizer... Não pegamos por causa de um acordo que tinha feito com o Rezende, que acabou atrapalhando um pouquinho. Mas já foi feito crédito de investimento para nosso projeto, pelo Procera. Só que está uma enrolação, porque o governo não quer saber... Era para assentar no mês de novembro, e até hoje não saiu esse dinheiro. O que a gente vê é que a tendência do governo é fazer os assentamentos, mas sem crédito para investir. É o que está acontecendo, não é só aqui, mas em vários assentamentos.

Mas vamos lutando nessa vida com esse sofrimento todo... Eu estou com três anos de assentado, dia 1º de junho de 97 vai fazer quatro anos. Agora a gente transferiu o acampamento para um local adequado, a agrovila, que hoje tem mais água. Fazendo uma caixa boa, dá para todo mundo!

Essa área é melhor, mais confortável. A gente, quando mudou para lá, começou a fazer os barracos, num padrão para trinta e poucas famílias. Para todo mundo. Lá é o lugar melhor. A sede, precisa ver, é um lugar lindo! Arborizado, com pé de fruta, pé de manga, a maioria é pé de manga. Tão bonito o lugar!

Na cidade tem estrutura que eles estão fazendo agora, mas na roça não se vê estrutura bem-feita. Igual a essa não tem!

Hoje, nós já estamos tentando realizar nosso trabalho coletivo, no assentamento. A gente está trabalhando para implantar a cooperativa. Estamos tentando trabalhar em cooperativa... Porque a gente tem vários tipos de trabalho. Tem uma parte do pessoal que trabalha coletivo, tem parte que trabalha em sistema familiar, e tem gente que trabalha no individual, sozinho. Estamos pensando numa cooperativa para ter dois cursos lá, e está previsto mais cursos de agora em diante.

Os problemas da cooperativa são da fase de amadurecimento. Na época, tinham coisas que não estavam muito claras. Com o tempo, a gente vai discutindo, discutindo, e consegue resolver os problemas. Concordando, a gente vai aprofundando... Tipo uma escola, né? Um estudo... Vai estudando aquilo, descobre e acaba chegando num consenso, enxergando a realidade. Não tem briga. Os problemas são esses que coloquei, que toda discussão tem, devido às participações. Dizer que é um problema, sim. Que atrapalha, não. Uns probleminhas simples mesmo...

Tem um pessoal que quer a gleba deles. Nós não queremos. Nós temos nossa gleba, o lote. Temos moradia. Isso nós temos! Cada um tem seu lote de moradia, na agrovila. Mas, com relação à área de plantio, rachamos a fazenda entre nós e o pessoal que quer trabalhar de forma familiar ou individual. Eles comandam lá e nós cá.

No sistema de cooperativa, todo mundo é patrão, é dono. Tem sempre umas pessoas que a gente elege "presidente". Pessoas que enxergam mais para correr atrás dos nosso interesses. Mas é a gente que diz: fulano vai fazer isso. É a gente que escolhe. Põe em votação. Aquele que a maioria concordou, vai. Não dá pra dizer que é o patrão, é o cara que vai dar confiança, que vai correr atrás por nós. Ele tem que estar disposto a vir para Brasília, ir para Belo Horizonte... a correr atrás. Sempre tem os que trabalham. Quando estão lá, todos trabalham. Mas, precisou sair hoje ou amanhã, estão no serviço. Para sair não tem disso... Mas é pela gente que eles vão. Se as pessoas não quiserem fazer o que a gente quer, a gente tira aquele e coloca outro. Não pode ficar! A lei é essa. Não é igual colocar os caras no poder, que ficam o maior tempão e não podemos tirar, ou demora muito. Lá não. Elegeu um cara hoje, daqui a 30 dias precisa tirar, estamos tirando. Tem pessoas que têm capacidade que são muito estudadas no MST e vai dá o bolo na gente. Tem que encontrar pessoas que vão nos ajudar.

Do nosso assentamento até Governador Valadares tem 50 quilômetros, e de Valadares até Belo Horizonte deve dar em média de 340 quilômetros. A distância de Belo Horizonte até o assentamento é 390 quilômetros. Mas antes de Valadares tem o município de Tumiritinga. Uma cidadezinha pequena, pertinho da fazenda, inclusive tem um pedaço da cidade dentro da fazenda. Na época, antes da gente estar lá, em 88, por aí, tinha o prefeito que tirou um pedaço da fazenda para fazer casas populares. A fazenda cerca toda a cidade.

A fazenda é muito grande. Tem 3.500 hectares, mas, como é dois assentamentos, para nós ficaram 2 mil e poucos hectares, não me lembro bem... E tem um outro assentamento mais embaixo.

Como somos 88 famílias, quase a metade da fazenda é nossa e da cooperativa. Lá tem pessoas cismadas. Acostumadas com trabalho de antigamente, o povo trabalhava sozinho. Mas são poucas pessoas novas que estão no trabalho individual. São pessoas mais antigas, de 30, ou 40 anos, que pensam nisso. De 30 anos abaixo é bem pouco.

Estou com 30 anos. Mas não fui educado no individualismo.

Lá tem nove famílias que não trabalham de forma coletiva. Chama semicoletivo, que ele planta numa parte coletiva e outra individual. Se for avaliar bem, esse povo, se continuar assim, amanhã vai provavelmente trabalhar na cooperativa, porque eles já trabalham num sistema de cooperativa. Inclusive tem um deles que tá aqui. Pelo menos eles estão se organizando nesse sentido. Não está na cooperativa mas... está quase... né?

Acho muito melhor. Muito melhor... Porque, para conquistar uma terra, não dá para ir sozinho. Quero ver alguém ir! Quero ver, eu sozinho, entrar num latifúndio. Por aí se chegou num bom senso, porque ninguém entra numa terra sozinho.

Para vir aqui em Brasília, a gente não veio sozinho. Até hoje, se for avaliar bem, a tendência é o coletivo, o individual não tem como lutar. Ninguém consegue as coisas sozinho. Se for sozinho, morre. Olha o caso do índio Galdino, saiu sozinho, ficou no ponto de ônibus e morreu, aqui em Brasília.

Lá é uma área muito boa, mas a terra é muito seca. No parcelamento dos lotes, tem pessoas que vão ser privilegiadas. Vão pegar água. Tem gente que não vai. Mas todo mundo vai pegar água sim! Porque tem uma terra muito boa, bem embaixo. Fica na beirada do rio Doce, que é um rio de porte grande, 600 metros de largura. Muita água! Quem puder pegar a beirada dele vai pegar um pouco. Agora, quem pegar da linha de trem, da linha ferroviária acima da Vale do Rio Doce, vai ter problemas com água, porque é muito seco!

No nosso caso, não vai ter muito problema porque a terra é conjunta. Não tem divisão. Tem parte que pegou água, outra não pegou. Mas no conjunto vai ter água. Para nós vai ser melhor! Porque vamos criar o gado todo em conjunto.

Na cooperativa, as decisões que tomamos são em conjunto. Vamos supor, fazer uma comparação: vim nessa caminhada. Tinha 12 pessoas na caminhada. Se a maioria votou aquilo, é aquilo. A decisão vai com a maioria. Pois se ela aceitar uma proposta é porque é a melhor. Eu mesmo falei:

— Eu vou nesse trem!

Coloquei meu nome, na vontade de vir mesmo.

Fui escolhido porque era um membro da cooperativa. Parece que iam ser 25 pessoas do assentamento, para vir aqui, coletiva e individual... A gente veio. Chegamos juntos.

Quis vir nessa caminhada, porque era um processo nosso! Não estamos perdendo com isso. Nós estamos aqui... não estamos? E não estamos preocupados com os dias que perdemos de produção, isso é superável. Não é problema para nós nesse sentido. Estamos aqui, e a produção lá. Mas como o trabalho é coletivo estão acabando o plantio de feijão. Não precisa nós se preocupar com esse trabalho.

Por causa dessa caminhada a gente parou, mas pode ser que quando a gente chegar de volta tenha uma proposta e até data marcada para os cursos da cooperativa.

As experiências estão dando certo. Parece que 40 famílias já estão numa cooperativa, né? Hoje, temos parece que 80 pessoas trabalhando. Isso porque, como não é o dia inteiro e nem todo dia, até as mulheres e as crianças podem trabalhar. Hoje, temos crianças de 12 a 18 anos trabalhando no campo, na cooperativa.

O serviço, então, é assim! E estão plantando muito mais do que a gente plantava. Temos lá umas cabecinhas de gado e leite para as crianças... Quarenta famílias, tirando 50 litros. Não dá para os adultos, mas pelo menos o leite das crianças está garantido.

Na cooperativa trabalham na base de 80 pessoas. E, para a troca de experiência, tiramos duas pessoas de lá que fizeram visitas nas cooperativas no Rio Grande do Sul... Esqueci o nome do assentamento e da fazenda... Mas ela é famosa. Parece que o assentamento chama Gleba Holandesa. Mas a fazenda... Fomos visitar esse assentamento, né? Tem duas pessoas lá militando. Inclusive, dessa cooperativa veio o Chiquinho, que tem experiência e veio dar o curso para nós.

Primeiro foi o cara daqui de Brasília, o Chicão, que é técnico agrícola também e foi dar o curso. Depois veio o Chiquinho... E nós estamos querendo que ele dê o próximo curso... Nós gostamos do cara!

Porque o MST tem visão de educação ligada ao trabalho, inclusive nós estamos querendo trabalhar com escola agrícola, uma cooperativa mais com escola. As crianças estudam na parte da manhã ou na parte da tarde, porque tem vários cursos nesses horários. Então a gente pensa na educação do trabalho. A diretora da escola é de lá do assentamento, perto da cooperativa também. Ela não trabalha na cooperativa porque é diretora, mas o marido dela trabalha.

Agora é pensar em educar os filhos, dar educação e tudo que precisar. Lá já tem escola estadual... Nós brigamos. Com muito trabalho conseguimos! Não tem o prédio da escola, tem uma casa que a gente juntou num mutirão e fizemos. Estamos brigando para que tenha uma estrutura melhor. Na agrovila tem escola e tem energia. Hoje temos tudo!

Por enquanto na cooperativa ainda não temos assistência agrícola, mas estamos pensando nisso. Os projetos vão ter acompanhamento técnico. Se não tiver, não resolve. Esse cara que está dando curso para gente é técnico em cooperativa. Ele é, como é que fala... professor. Professor para dar lição, ensinar como é que faz. Ele é bom para isso.

É assim que trocamos experiência... Creio que a cooperativa vá dar certo. Porque da experiência que peguei toda a vida trabalhando é que não gosto de trabalhar sozinho. Põe eu trabalhando sozinho na enxada que eu não faço nada. Agora, põe eu no grupo, que eu gosto do trabalho! É ruim trabalhar sozinho. Se me chamar para trabalhar de forma sozinho, não me chama não, que para mim tá me xingando! Para mim, o coletivo, cooperado, cooperativo é melhor que existe. O trabalho rende mais. Uma comparação: talvez, quem planta individual, ele pode até colher mais, umas 20 sacas... Mas não consegue comprar um trator. Uma pessoa só não consegue, é difícil. Pobre não consegue! Agora, se juntar dez famílias, dá para comprar um trator. No caso, hoje temos projetos, ajudados pelo Procera, de comprar um caminhão, um trator, e montar um alambique. Nós temos muita cana boa lá. Tem também umas 80 vacas leiteiras, parece que 300 novilhas, porque o Procera não financia gado de corte. Tem caminhão, batedeira, trilhadeira, nós temos projeto para tudo isso. Se for avaliar, um sozinho não tinha comprado. Agora, com esse tanto de gente, se Deus quiser, vai dar para comprar...

Nosso assentamento tem trocado muita experiência com o pessoal da Universidade Federal de Lavras Ufla. Tanto professores quanto estudantes. Tem também o pessoal dos Irmãos Marista, de Belo Horizonte, que tem trocado várias experiências com a gente. Essas pessoas dão apoio à gente e lutam também.

A vida no assentamento é boa. A vivência é boa! Quem está convivendo está unido. Tem alguns pepinos, alguns problemazinhos na luta. Mas a gente supera e é fácil conviver! Não é tão difícil, não. A vida é dura, mas eu falo:

— Gente, eu não saio da luta nem morto. Depois que eu morrer, se existir alma, volto para visitar o acampamento!

Porque a luta é bom demais!! A melhor festa na minha vida foi fazer a luta pela terra, pela dignidade... Para mim não tem outra situação melhor que esta. A gente sofre, mas a melhor vida que tem é essa!

A gente estava no assentamento quando surgiu essa Marcha nacional para Brasília. E eu disse:

— Vou até lá para caminhar mais mil quilômetros. Se Deus quiser, a gente chega lá.

Chegamos e estamos aqui tentando reivindicar as coisas que queremos, brigando contra a privatização da Vale do Rio Doce, cobrando do governo aquilo que ele prometeu... os cinco dedos que ele dizia! Nós estamos cobrando! E ele vai ter de fazer! Estamos indo embora, desocupando a área, depois de amanhã, mas não vamos parar, não! Se precisar voltar aqui, nós voltamos de novo! Nessa Marcha, pusemos mais de 50 mil trabalhadores na rua. Se a gente voltar aqui, vamos botar milhões de brasileiros na rua. Porque não dá para ficar desse jeito! Eu fico muito revoltado com essa situação, a gente sofre tanto, trabalha muito... Mas é quem mais trabalha que menos come, e quem não trabalha é quem mais come. Isto causa revolta na gente!

Gostei demais da caminhada. Agradeço muito à população de onde nós passamos porque a gente foi muito bem recebido. Só teve uma cidadezinha pequena, que eu não me lembro o nome, que negaram apoio à gente. Inclusive a Igreja, o padre não quis acolher a gente... nem o prefeito. A gente tinha saído de Governador Valadares. Ficamos parece que uns 12 quilômetros longe da cidade, acampados no campo, né!?

Se precisar de mim, dou minha vida por um pedaço de chão. Porque não esmoreci até hoje, e qualquer lugar que precisou ir lutar por um país melhor, eu fui. Nós não vamos esmorecer enquanto não ver esse Brasil bem!

Outra coisa que gostei demais é que nunca vi apoio da sociedade igual ao que foi dado nessa caminhada, que mexeu com o país todo. Foi bom demais! Não existe coisa melhor do que isso. Nunca existiu... Essa caminhada sensibilizou a população...

Nesse tempão todo, cansamos um pouco, né? A perna dói, mas, graças a Deus, consegui chegar até aqui, em Brasília. A sensação de chegar foi muito boa. Maior ainda do que a gente pensava! Porque aqui está a capital do poder, onde estão os ladrões de gravata... E nós tivemos aqui mais apoio até que nos outros lugares. E olha que fomos muito bem apoiados! Mas aqui parece que foi melhor! Foi muito bom... Gostei demais! O pessoal de Brasília foi muito solidário à gente, gostei disso.

Mas, quando fomos ali no Incra esses dias pedir o assentamento do pessoal, o Exército estava lá na porta. A gente não ia entrar numa sede daquela, porque é prejuízo para nós. Em comparação, o que o Incra faz com a gente hoje é isso. A reforma agrária do governo é isso que todo mundo está vendo.

Quando entrei no Movimento não pensava nem nos meus filhos, nem em mim. Eu penso, até hoje, numa vida melhor. Porque a terra não é minha, a terra é nossa. Desde que Deus deixou. Só penso em lutar nessa terra para nós. Pode ser que seja para minhas filhas. Mas queremos que a terra seja de todos, dos trabalhadores.

Penso numa terra de todos, igual era antigamente, quando Cabral invadiu o Brasil. Não falo descobriu, falo invadiu porque ele chegou matando os índios da época. Inclusive meus parentes, minha tataravó era índia. E eu não considero que ele é o descobridor, ele invadiu. Ele matou os índios... Mas até hoje ainda matam...

A gente tinha de ser igual a eles... Não poderia ter cercas, e falar:

— Isso aqui que é meu!

Por isso, não vou dizer que a terra vai ser para mim ou pros meus filhos. Vai ser por nós! É preciso entender que a terra não é de ninguém. Nosso trabalho é conjunto. Nós não queremos divisão na nossa ala.

E no mais que eu tenho a dizer, por enquanto, é isso. Então vou parar por aqui.

Entrevista e textualização: Suzana Lopes Salgado Ribeiro, 29 de abril de 1997.

> Pra mudar a sociedade
> do jeito que a gente quer
> participando sem medo de ser mulher.
>
> Zé Pinto, "Sem medo de ser mulher".

DIRCE
Rio Grande do Sul

G AÚCHA, *bonita e decidida, Dirce, como liderança feminina do MST, é dedicada e respeitadíssima por seus companheiros de luta. Sua entrevista foi norteada por amplas e poucas perguntas, e a história de vida que dela surgiu é simplesmente arrebatadora. Com parte da infância e da adolescência vivida nas ocupações e nos assentamentos que foram o berço do Movimento, esta colaboradora sabia muito bem que, ao falar de sua trajetória, a do MST era mais que indissociável. Pela própria educação militante e crítica que teve, aponta nele, com o mesmo bom senso e entusiasmo, as vantagens e os problemas. Sobre estes últimos, a perspectiva bem clara sobre a indispensável participação da mulher, tema de sua pesquisa na escola do Movimento, não lhe permite fechar os olhos para uma realidade bastante adversa e desafiadora. Adversidades e desafios que protagonizou e relatou com grande emoção.*

Acho que sem a mulher o Movimento Sem Terra não era nada... Nada mesmo!

NASCI no município de Herval Grande, no Rio Grande do Sul, no dia 31 de agosto de 76. Tenho 20 anos. Na minha família somos em sete irmãos: seis meninas e um menino, e eu sou a mais nova da turma, a última. Meus pais são pequenos agricultores, têm um pedacinho de terra na pior região do estado, onde o terreno é mais dobrado. Por isso não entra máquina, e todo o trabalho tem que ser manual... São só 15 hectares, é um espaço mínimo. Dá para sobreviver e mais nada... Lá eles plantam e colhem arroz, feijão, milho, trigo e soja, tudo manualmente.

Lembro que, na minha infância, a gente passou muita dificuldade lá em casa... Agora meus pais têm um pouquinho mais de condições, mas quando era criança o sofrimento foi bastante. Até mesmo porque eram muitos irmãos, e todo mundo teve que se virar logo cedo. Assim, não fui criada pela mãe, mas sim praticamente pelas minhas irmãs, porque meu pai e minha mãe iam para a roça com meus irmãos mais velhos. Outra irmã, que era mais velha, tomava conta de mim quando a gente não ia na roça junto. A infância que lembro tem poucas coisas. Não tinha tempo de brincar... Não sei se a infância é brincar... Nosso tempo para isso era limitado. Depois que completava 5, 6 anos de idade, tinha que carregar água para os terneiros, tratar das galinhas, tomar conta do irmão... Não vivi a experiência de tomar conta dos irmãos, porque sou a mais nova. Mas, com 5 anos, recordo que já fazia todo o serviço: varrer a casa e o pátio, dar água para os bichos... O serviço pequeno sempre foi a gente que fez... E dos 6, 7 anos em diante a gente ia pra roça, puxava a enxada junto com os pais metade do dia e, na hora do almoço, voltava para casa, tomava banho e ia para o colégio.

Da escola até em casa devia dar, mais ou menos, uns 2 quilômetros. A época da escola é uma das partes de minha vida que tenho saudades... Era uma escola do interior, tinha pouco aluno, a gente se conhecia bem e até era um dos nossos momentos de descanso... Com tanta correria em casa, com tanta bagunça, com tanto trabalho, era um alívio estar lá! Mesmo porque meu pai e minha mãe não se davam muito bem. Por isso, acho que nossa vida era bastante bagunçada...

Lembro da minha primeira professora na escola. Ela dava aula de 1ª a 4ª série. Ainda conheço ela, e quando vou na cidade sempre conversamos. Na escola, acho que sempre fui um pouco rebelde. Nunca gostei de aceitar as coisas, sempre questionei, e acho que essa é uma das características que trago desde a infância, de casa. Até hoje, graças a Deus, consigo manter isso. Claro, questionar os problemas, mas sugerir soluções também.

Na escola, eu brigava muito e era muito ruim com meus colegas! Mesmo nas aulas de história, as coisas eram colocadas de tal maneira que a gente discutia muito. Da 3ª, 4ª série em diante a gente puxava várias discussões, principalmente com uma das professoras. Questionava sem saber, né? Eu ficava me questionando por que a história brasileira era assim, quem eram essas pessoas que contavam nos livros... Será que eles eram tudo aquilo mesmo? Por que eles viraram heróis depois que invadiram o Brasil e mataram os índios? A gente ficava com aquele sentimento... Por que mataram? Isso, para mim, sempre foi um grande questionamento até os 10, 11 anos, quando comecei a descobrir coisas diferentes, pois até então a gente não tinha informação nenhuma: era aquilo que estava ali, a gente que se conformasse, e assim nossa cabeça continuava daquele jeito...

Em casa, minha infância não foi muito boa, não sei... acho que é um problema de muitas famílias. Meu pai e minha mãe não se davam muito bem, mas até hoje estão juntos. Só que tinha muita briga em casa. Muita briga mesmo! Meu pai bebia, fumava... chegava em casa bêbado... Era horrível, e nunca me conformei com isso... Algumas das minhas irmãs compravam briga com meu pai, mas não muita.

Fui crescendo e lembro que, com 6 anos, tomei a primeira tunda do meu pai, porque questionei ele. Acho que foi a criação que ele teve. Até já tentei entender por que meu pai é assim. Ele é muito revoltado e acaba descarregando em cima dos outros, né? Tento entender... Na infância dele, os parentes estavam na Segunda Guerra Mundial. Ele veio para o Brasil naquela época e deve ter sofrido muito.... Era imigrante polonês. E essa situação difícil talvez seja a raiz do comportamento dele.

Assim, a vida lá em casa era muito sofrida. Todo dia a gente acordava de manhã, com o pai xingando... Já da minha mãe só tenho lembrança boa, porque ela é uma pessoa muito humilde, que não tem boca para nada, aceita tudo! Por causa do jeito que a mulher foi criada e de como a sociedade quer que ela seja... Meu pai deixou de beber e fumar depois que ficou doente e teve que ir ao médico. A gente não tinha dinheiro para tratar ele, que estava ficando meio doido... A gente trabalhava dia e noite para conseguir pagar o hospital. Hoje, ele não bebe nem fuma faz tempo, uns dez anos...

Mas ele tem uma característica bastante difícil... Nunca suportei quando brigava com a minha mãe. Comprei todas as brigas do meu pai com a minha mãe... Por isso, o clima em casa foi horrível... Passei dois anos sem conversar com meu pai, saí de casa por sua causa, apanhei muito, e a gente nunca se entendeu... Faz um ano que fui para casa visitar meus pais e ainda é difícil o relacionamento com ele... Meu pai... o jeito dele é muito racista, muito... Acho que vem da cultura, e é difícil lidar com ele. Era uma parte muito triste. Eu me desesperava quando via meus pais brigarem. Para mim tudo estava perdido: não conseguia comer, nem fazer nada. Ia na escola e não conseguia mais estudar... Aí até virava em choro. Era um desespero total... Eu não agüentava ver aquilo. Não pelo meu pai, mas pelo sentimento que sempre tive pela minha mãe... Essa foi a fase mais triste, que não gosto nem de lembrar...

Nessa época de criança, era muito emocionante quando todo mundo ainda morava em casa... Também não me dou muito bem com meu irmão. A gente não tem aquele relacionamento afetivo, até mesmo porque meu pai discriminava muito as filhas... Porque, naquela idéia de que a família é feita para trabalhar na roça, torciam para que nascessem dez homens que tivessem força para isso. Meu pai sempre condenou porque nós era em seis mulheres e não ia ter força para trabalhar na roça... Mas, mesmo assim, quem tocou tudo lá em casa, quem trabalhava direto, era a gente: seis gurias que iam pra roça das 6 da manhã às 7 da noite, como qualquer homem que tivesse na comunidade. Já meu irmão, como era o único homem, foi muito privilegiado. A gente tinha que dar tudo na mão dele e, quando não queria, apanhava dele porque se revoltava com isso!... Nós levava pau dele! Lembro uma vez que minha irmã levou um tapa no rosto porque questionou... São coisas bastante chatas de contar...

Mas, agora, o que fica de bom disso tudo é a amizade que tinha entre nós, as seis irmãs e a mãe... Isso sim! A gente fazia muita bagunça, aprontava muito! Fazia bagunça na comunidade, saía, tinha amizade com todo mundo... Essa que é a parte mais bonita! Desde que saí de casa nunca mais conseguimos reunir as seis irmãs, nunca mais! Quando vai uma, a outra não está... Mas tem um elo muito forte entre nós... E é uma alegria até quando a gente consegue se encontrar em três ou em quatro em casa! É muito bom! É o que guardo de melhor! E a minha mãe é muito amiga, muito simples... é uma pessoa que, se qualquer um chegar lá em casa, tenta fazer de tudo para agradar, tratar bem... Quando a gente chega em casa é uma choradeira! Posso estar em qualquer canto do mundo, trabalhando no Movimento, mas se tem uma pessoa em quem paro para pensar é minha mãe...

Quando tinha 8 anos, briguei com meu pai... Nós discutimos e não dava certo, não tinha mais jeito de viver em casa... Meu irmão já tinha casado e foi acampar, e eu me dava muito bem com a minha cunhada. Eles tinham uma menina, a Sandra, minha segunda sobrinha, e me convidaram para ir junto no acampamento. Fazia um ano que eles estavam na fazenda Anoni. Fui morar com eles e fiquei três anos no acampamento da fazenda Anoni, com meu irmão. Estudava lá dentro porque tinha escola, tinha tudo. Foi o primeiro e mais famoso acampamento do Movimento Sem Terra no Rio Grande do Sul. Era muito grande, com duas mil famílias, se não me engano...

Não lembro muito de como meu irmão foi para o Movimento Sem Terra. Lá em casa a gente sempre participava da Igreja, e tinha um padre na cidade, o padre Antônio, que articulava o pessoal para ir pro acampamento.

Ele conversou com meu irmão que começou a participar das reuniões. Eu lembro do dia da ocupação, porque eles saíram de noite, passou o caminhão lá em casa para pegar ele, e foi o maior desespero da mãe, do pai... Porque ele estava indo não sabia onde... Nem ele próprio sabia em que lugar ia! É normal porque ninguém sabe disso, quando a gente faz uma ocupação... Mas ele continuou no acampamento e hoje é assentado. Assim, minha vida, dos 8 aos 11, foi no acampamento da fazenda Anoni. Uma parte muito bonita da minha vida, porque lá tinha um monte de amigas, as meninas do acampamento... A gente ia e voltava da escola junto... a vida no acampamento era assim!

Tomava conta da minha sobrinha. Ela tinha 1 ou 2 anos... Praticamente, não tinha muito para fazer. Minha cunhada ajudava a organizar as reuniões de base nos núcleos, e meu irmão quase não parava no acampamento, estava sempre fora em reunião, ajudando a arrumar serviço para o pessoal conseguir comprar comida... Ficava eu com minha sobrinha no barraco. Mas a gente tinha muita amizade, conhecia todo mundo... era uma família! Não tinha do que se queixar... Ia para casa uma vez por ano, no máximo! Quando fui para o acampamento com meu irmão e minha cunhada, fiquei dois anos sem voltar para casa. Sou meia birrenta... disse que, até que meu pai não me pedisse para voltar, não voltaria. E minha mãe ficava chorando e ele não agüentou: depois de dois anos pediu e voltei. Fiquei três dias em casa só para ficar com eles e depois continuei mais um ano com meu irmão e a minha cunhada. No acampamento, consegui fazer o 1º grau até a 7ª série,

porque depois saí de lá. A vida era muito boa e fui muito feliz.

O ruim era morar na casa da cunhada e do irmão. Não é a mesma coisa que estar em casa, ter uma irmã por perto... Me criei de uma maneira muito fechada, porque, se tinha algum problema, não conseguia me abrir com minha cunhada, nem com os meninos do acampamento... Sempre tinha que resolver meus próprios problemas... Ainda por cima, meu irmão e a minha cunhada não tinham dinheiro... As dificuldades eram assim. Quando estava começando a adolescência, não tinha dinheiro nem para comprar uma muda de roupa, não tinha nenhum calçado fechado, e a gente ia pro colégio, naquele lugar muito frio! Ia no colégio, embaixo de neve, de chinelo de dedo! Essas partes da minha vida são sofridas mas, por outro lado, guardo lembranças boas porque a gente tinha coragem de enfrentar o frio e ir na escola... Tinha que se virar, né?

Lá tinha plantação, mas era pouca porque ainda era acampamento. Só melhorou depois, quando o pessoal foi para cima da terra, ser assentado. Só que ainda no acampamento todo mundo morava perto... Cada um tinha um pedacinho de terra, uma horta onde plantava, mas não era uma plantação de verdade... O pessoal foi assentado depois que saí da fazenda Anoni.

Saí porque estava difícil, já não tinha mais como me virar com dinheiro... O pai e a mãe também não tinha e eu não pedia para eles. Nisso, uma professora minha — de história, inclusive — trabalhava num sindicato em Sarandi, uma cidade que fica pertinho de lá. Ela vinha dar aula pra gente e arrumou um lugar para eu ficar em Passo Fundo, na casa de uns amigos dela que eram do PT. Lá eu trabalhava durante o dia — limpava a casa e cuidava duma criança pequena — e à noite estudava. Desse jeito fiz a 7ª e a 8ª série, porque antes disso fiz na fazenda Anoni. Foi difícil! Começava às 6 da manhã, que era a hora que eles saíam para o trabalho, e ia até as 7 da noite, passando roupa, limpando casa, lavando fralda, tomando conta do menino... Chegava às 7 horas da noite, eu já estava esbagaçada, não tinha vontade de ir na escola, nem de fazer nada! Ganhava meio salário... Dava apenas para pagar os vale-transporte do ônibus. Eu nem tinha clareza do que era dinheiro, do que era meio ou um salário, porque a gente se criava no mato. Não sabia se tinha que ganhar um salário para fazer aquilo ou se só meio já chegava, né? Mas os outros diziam que tinha que ser daquele jeito, não sabia que era diferente e aceitava... Mas me criei muito sozinha! Muito sozinha mesmo...

Quando fui para Passo Fundo, que é uma cidade grande, eu saía de dentro de casa apenas para ir pra escola. Minha vida era dentro de casa e na escola. Então, não fiz muitas amizades... Fiz amizades na escola, mas foi muito limitado porque eu não tinha tempo durante o dia de andar com as meninas, como elas costumavam, porque não trabalhavam e tal. E até existia uma discriminação porque eu era empregada doméstica... Existia todo um preconceito na escola, que era pública, mas mesmo assim... Tinha uma ou duas amigas lá, mas nada muito forte. Era tudo muito fechado. Eu me privei de tudo. Não tinha namorado, não tinha conhecido... e foi a parte que mais senti dificuldade na minha vida... Acho que sempre tive problema pessoal lá em casa... Foi muito difícil o relacionamento com a minha família... Parece que nessa fase dos 13, 14 anos, onde a gente mais tem problema, foi quando vivi mais sozinha!... Tinha dias que chorava o dia inteiro! Eu me desesperava! Dava saudades de casa, mas não tinha dinheiro para ir... Não conseguia ir para casa mais que uma vez por ano, porque não tinha como pagar a passagem. Então, ficava economizando, contando centavo por centavo, para juntar dinheiro e, no Natal ou num feriado, conseguir ir para casa e ficar só três dias! E a minha vida era aquela: trabalhar e estudar... Graças a Deus, consegui trabalhar. Fiquei um ano e meio naquela cidade, então saí de novo... Depois de tudo que passei, até não gosto mais de Passo Fundo porque, para mim, foi uma cadeia... Foi um sofrimento!...

Em 89, as minhas duas irmãs, que eram mais velhas, foram acampar. Foram até a fazenda Bacaraí, em Cruz Alta, numa ocupação. E passou 91, 92... Aí minha irmã me escreveu dizendo que queria que eu fosse conhecer o acampamento e que, se quisesse ficar uma semana lá com elas, poderia ir... Ela esteve num curso, que ficava num centro de formação do Movimento, perto de Passo Fundo. Peguei o ônibus, fui me encontrar com ela nesse curso, e depois iria conhecer o assentamento, que ficava em Porto Alegre. Fiquei três dias nesse curso de formação... Eu não sabia o que era o Movimento Sem Terra. Quando era acampada na fazenda Anoni, ainda era criança, não tinha conhecimento do que era exatamente. Foi lá que escutei as primeiras músicas do MST e me apaixonei pelo hino do Movimento... A música que mais me tocou foi aquela que diz:

América Latina de sangue e suor,
eu quero pra ti um dia melhor.
Este povo que sofre, pela mesma razão,
grita por liberdade numa
nova canção.
América, América, sou teu
filho e digo:
Um dia quero ser livre contigo!
América morena do velho e do novo
construindo a história
na luta do povo,
numa guerra de força contra
o imperialismo
que dos povos da América
é o grande inimigo.
América minha quero te ver um dia
teu povo nas ruas com
a mesma alegria
Gritar a vitória no campo e cidade
e empunhar a bandeira da liberdade[1].

Foi uma música que nunca mais me esqueci!

Lá tinha companheiros não só do Rio Grande do Sul, mas de outros estados, e eu ficava imaginando o que podia ser aquilo! Era uma juventude, um pessoal, que acordava às 6 da manhã, estudava o dia inteiro, trabalhava à tarde, à noite era festa, estudo, filme... Comecei a me apaixonar por aquilo! Fiz amizade com todo mundo... Fiquei três dias junto com eles, e num domingo à noite nós viajamos até Porto Alegre. Lá, conheci o assentamento da minha irmã. Eles eram em 62 famílias que já estavam em cima da terra para trabalhar. Era só para ficar

uma semana lá e fiquei duas. Não voltei mais para Passo Fundo! Era começo de ano... Minha irmã arrumou uma vaga na escola de Eldorado do Sul, que era a cidade mais próxima. Comecei a estudar, e o pessoal do assentamento não queria mais deixar que eu saísse de lá... Comecei a trabalhar junto com eles na roça...

Eles tinham setores divididos: o setor de horta, de lavoura... Vários deles cuidavam da produção, porque era um coletivo, uma cooperativa. As 62 famílias trabalhavam como coletivo. Entrei num setor e comecei a me destacar nele. Eu tinha muita amizade, fazia muita bagunça com o pessoal!... A gente brincava muito! Dentro de menos de um mês passei a coordenar o setor de trabalho que fazia parte, o de horta. E assim, praticamente todo o tempo que passei lá, sempre estava nessa coordenação e também participava da coordenação do assentamento...

Era legal trabalhar no setor de horta! A maioria era de mulheres. Tinha um grupo. A gente — eu e outra menina — tomava conta de seis estufas e ainda coordenava o restante do trabalho, em apenas duas pessoas. Era muito interessante! Mas eu tinha 15 anos... porque fui para lá com 14... Então, era uma... "pentelha"! Eu me via como uma "pentelha"! Uma "menininha" na coordenação, no meio de um monte de gente velha, de mais idade, que já tinha ido pro acampamento... Lembro que pedi várias vezes para que eles não me botassem na coordenação, porque era muito nova. Mas o pessoal dizia:

— Não... Você tem que ir para a coordenação porque consegue ajudar

---

1. "América livre", Milico.

a gente a discutir, levar a discussão lá e ajudar...

Aí não tinha explicação ou desculpa! Até lembro uma vez que a gente foi reestruturar a cooperativa e veio um companheiro de fora fazer a discussão lá dentro. Ele achou muito esquisito que eu, com 15 anos, estivesse na coordenação! Então perguntou o porquê disso. O pessoal disse que não era porque era bonitinha, uma menina, por nada disso. Mas sim porque eles gostavam, pois eu conseguia levar a discussão e eles confiavam em mim, né? Com essas atitudes, eu ficava sem saber o que fazer!

Depois do assentamento de Eldorado, onde fiquei um ano, eu ia acampar. Mas tinha 16 anos. Se fosse acampar com 16 anos, não poderia fazer cadastro. Só poderia aos 17 e com emancipação. Era um domingo, minha irmã veio me buscar para o acampamento. Estava entre ir e não ir. Tinha a 7ª série, não tinha completado a 8ª. E, naquele domingo, tinha chegado o assessor do deputado Adão Preto, que sempre ia no assentamento, o Severiano, com a mulher dele. Eles têm dois filhos e estavam procurando uma menina que tomasse conta das crianças. Não me conheciam, mas ficaram sabendo que tinha uma menina que queria ir pro acampamento — era eu — e vieram falar comigo. Foi a maior briga com a minha irmã, porque ela queria que fosse pro acampamento, mas eu queria continuar estudando. Então, aceitei ir com eles naquele mesmo dia. Fui pra casa deles, tomar conta dos dois meninos: um tinha 6 e o outro tinha 8 anos. Assim consegui estudar... Foi aí que fiz a 8ª série. Morei um ano com eles e fiz uma amizade muito forte... Até hoje quando os meninos vêm me ver é a maior alegria, a gente tem uma amizade muito grande ainda... Foi mais uma família na minha vida, porque tive um monte! Foram uma família para mim...

Fiquei um ano com eles. Saía pouco também, mais para visitar minha irmã no assentamento, que ficava perto. Estudava de noite e durante o dia tomava conta dos meninos. Era mais fácil porque eu, o Severiano e a Sônia — o casal com quem morava — fizemos uma amizade muito forte, principalmente eu com a Sônia. Eles tiveram vários problemas no casamento e consegui ajudar... Foi uma parte muito boa da minha vida, apesar de trabalhar o dia todo! Os meninos, no começo, eram "ruins"! Depois, fiz amizade com eles e a gente conseguiu se dar superbem... Foi assim...

Quando saí de lá, ainda não tinha 17 anos. Fui pro acampamento. Já tinha ido morar com eles com a consciência de que quando completasse 17 anos iria acampar: ninguém conseguia me tirar aquilo da cabeça. Terminei a 8ª série no final do ano, e fui pro acampamento, que tinha saído em Água Vermelha. Como era muito nova, todo mundo me chamava de louca, né? Porque conhecia pouca gente do acampamento, afinal estava na cidade e não me relacionava com o pessoal. Mas, logo no primeiro dia que cheguei, entrei num núcleo do acampamento... O esquisito era que uma menina de 17 anos ia acampar sozinha! Todo mundo dizia assim:

— Bah! Mas ninguém da família junto??!! Só você? Sozinha? Como é que vai se virar?

Então já comecei a fazer amizade com o pessoal... Conheci uma outra menina que tinha ido... Menina, não! Já era uma mulher de mais idade, 30 anos, solteira, que tinha ido acampar também... A gente se achou, fez barraco junto. Nós duas morava junto, com mais um outro menino, que era parente dela. E dali para frente começou a minha vida dentro do acampamento, dentro do Movimento Sem Terra.

O que a gente fez primeiro, na verdade, não foi uma ocupação. Foi uma concentração por reforma agrária, e no final dela decidimos que começaria um acampamento. O povão todo votou, e na votação deu que a maioria queria continuar acampada, e nós continuamos. Era numa área de um cara que apoiava o Movimento Sem Terra, lá de Lagoa Vermelha. O nome dele era Sasser Arquimedes, e a gente ficou ali, por seis meses, em cima daquela área, se organizando. No início do acampamento, comecei dando aula. Montamos o setor de educação, eu e mais essa outra menina. A gente coordenava o setor, dava aula durante todo o dia e fazia parte da coordenação do acampamento.

Ah! Dar aula era muito legal! Muito bom mesmo! Acho que a melhor fase do acampamento foi essa que a gente dava aula, né? Tinha muita criança, umas 200... E a gente pegou uma amizade tão grande... As crianças, como geralmente eram filho de pobre, tinham pouco carinho, muitos irmãos... Então, eles encontravam na gente o que eles não tinham nos pais deles. Por outro lado, nós não tinha mais sossego no acampamento! Onde a gente saía, era 30, 40 crianças ao redor. E toda hora pedindo:

— Quando é que vai ser a aula?...

As crianças do acampamento me apelidaram de Polaca... Era muito bom mesmo! O trabalho com as crianças foi feito com a proposta do Movimento. A gente começou dando aula e não tinha caderno nem lápis. Então, varria o chão, arredava o cisco, sentava com as turmas e começava a escrever, desenhar no chão... Cada um fazia um quadrinho no chão com um pauzinho e aí riscava um desenho: começamos a letra A, a letra E... tudo no chão! A gente fazia aquilo sem se dar conta da importância que tinha!... Aí, o pessoal do Ceperg, de Lagoa Vermelha, o município que nós estava, vieram visitar o acampamento por acaso, e viram nosso trabalho. Eles ficaram apaixonados, admirados, porque várias crianças já estavam sabendo o A, E, I, O, U, e mais um monte de coisas, que a gente estava ensinando no chão! O chão já estava batido assim de tanto varrer... Varria e escrevia de novo! Eles fizeram arrecadação na cidade, doaram material pra gente, caderno, caneta, tudo... Com a lona doada, a gente fez um barraco que funcionava como uma escola dentro do acampamento, e conseguimos organizar tudo... Conseguimos organizar um grupo maior de professores, uma média de 50, 60 alunos para cada dois professores. Foi, assim, a parte mais bonita que vivi lá... Eu me senti contribuindo mais com o acampamento!

Depois, no final do ano, conseguimos fazer uma prova, e vários alunos daqueles que a gente estava alfabetizando passaram para a 1ª e 2ª séries, né? E a amizade que a gente fazia com os pais... Quando os alunos passaram, foi uma festa no acampamento! Foi um "gritê" no dia em que veio o resultado! Fizeram uma prova, que a gente conseguiu na Delegacia de Ensino. A gente se sentia completo, realizado... Porque, imagina, dali pra diante, o que podia ser feito!... Eu não era professora! Nunca tinha ensinado, mas a gente aprendeu a ser professora porque não tinha quem fosse...

Mas havia as partes ruins do acampamento... Eu diria que... o fato de ser mulher, sabe? É muito sofrido. Dentro da sociedade brasileira, a gente sofre muito por ser mulher, é muito discriminado... Lá em casa, fui discriminada porque era mulher... Quando fui pra cidade, também aconteceu a mesma coisa... e, no acampamento, apesar da gente lutar muito, a discriminação da mulher continua, a gente não pode negar!

No dia-a-dia, por exemplo, era assim. Nós duas passamos a fazer parte da direção do acampamento. A gente sofria dois tipos de discriminação da mulher: uma, é a dos homens. Porque eles não reconhecem o trabalho das mulheres... Pode fazer qualquer coisa, a mais bem-feita possível, mas se foi uma mulher eles acham erro! Agora, se foi um homem:

— Ah! Errou, errou! Tudo bem!

Um homem errou, passam a mão por cima. Mas se for uma mulher:

— Queima na hora!

Por isso, briguei muito no acampamento!

Ah! Tem vários casos que aconteceram! Sempre fui muito "enfiada", né? Então, quando a gente ia fazer vistoria para ocupar, eu sempre estive junto. Mas só estive porque mostrei que sabia ou que tinha interesse em fazer. Porque era assim: só éramos nós duas as mulheres na direção, e mais dez homens. Ao todo, eram 12. Eles se articulavam e escolhiam entre eles quem iria fazer vistoria! Era sempre daquele jeito! Porque a gente saía de noite, à meia-noite, e voltava às 4, 5 da manhã. Escolhia uma fazenda, entrava lá escondido, olhava se tinha água, onde é que ia ser o acampamento, como é que a gente ia fazer, de quem era a fazenda, essas coisas... Aí, eu disse:

— Não! Hoje vou junto!

Eles começaram de rir!

— É capaz que você vai conseguir ir junto! Porque não pode, tem banhado, tem isso e aquilo...

— Não me interessa! Eu vou junto igual a vocês!

Banquei e fui. E naquele dia a gente levou um corridão do segurança da fazenda! Três ficaram perdidos, mas eu não fui um desses! Não fiquei perdida! A partir dali, o pessoal conseguiu começar a enxergar que não era assim do jeito que eles estavam pensando, de que a gente não tinha força para fazer as coisas, de que só porque era de noite, ou coisa parecida, a mulher não podia ir junto. E acho que mais por birra minha mesmo, fazia de propósito: todas as vistorias que tinha, ia junto. Eles querendo ou não. E eles tiveram que aceitar na marra, não por vontade. Porque não tinham vontade de ver a gente diferente do que eles eram acostumados. Mas tiveram que aceitar, porque o pessoal do acampamento começou a reconhecer isso, e aí eles não tinham mais como esconder. Talvez agiram assim não por culpa deles, porque a cabeça deles já foi moldada para isso... Mas de alguns companheiros da direção, guardei mágoa por muito tempo por causa dessa situação... Hoje consigo superar porque entendo que eles não tinham culpa de fazer o que faziam, até mesmo porque foram criados daquele jeito...

Falei que eram duas formas de discriminação, né? A outra é a que a gente sofre das próprias mulheres de dentro do acampamento. Como nós era só duas da direção, tinha amizade com muita gente mas, mesmo assim, elas diziam:

— Ah! São elas duas que moram sozinhas...

— Ficam de reunião até meia-noite...

— São mulheres...

— São solteiras...

E isso e aquilo... Nunca tive namorado no acampamento, então era mais um ponto para pegar:

— Porque nem namorado não têm!

Sempre tinha aquela que ficava dizendo:

— Não têm namorado às claras, mas fica namorando escondido com todo mundo!

Eram coisas assim... que chateiam, que deixam a gente com raiva. Mas isso também existe no acampamento porque ocorre dentro da sociedade brasileira. Então, é difícil a gente controlar! Mas conseguia fazer um trabalho no acampamento para que isso fosse diferente. Hoje e desde aquela época, sempre existiu um trabalho muito forte sobre a questão da participação da mulher dentro do Movimento. A gente consegue ter muitos avanços em relação à participação da mulher. Era eu e a Maria Estela, essa minha amiga, que reuníamos as mulheres para conversar, debater problemas de saúde, das crianças... A gente tinha muito respeito das mães por causa das crianças que iam na aula. Conseguia ter esse diálogo e um elo de ligação com as mulheres do acampamento. Procurando abrir os olhos delas, falando que não deviam ficar no barraco lavando panela enquanto o companheiro ia na assembléia. Devia ir todo mundo... Dizendo que tinha que dividir tarefas no barraco também: elas não deviam ficar lavando a roupa dos maridos enquanto eles ficavam jogando baralho... E por isso a gente enfrentava muito ódio dos homens! Porque eles não conseguiam admitir! Mas muita coisa mudou... Muita coisa mudou no comportamento das mulheres. Hoje, quando chego nos assentamentos onde está aquele pessoal que era do meu acampamento... nossa! É a maior festa! Principalmente das mulheres, porque a gente teve uma ligação muito forte...

No acampamento, participei de quatro ocupações. Quase esqueço de falar de outra parte bem mais sofrida de nosso acampamento: o frio! Porque a região onde a gente ficou — Lagoa Vermelha, Vacaria — é a região mais fria do estado!... A gente perdeu praticamente metade das pessoas do acampamento porque o povo não agüentava o frio... Nevou! Nevava três dias seguidos e ninguém agüentava... A gente tentava segurar o pessoal, mas não adiantava. Teve até crianças que morreram de frio... É a pior imagem que tenho do acampamento... Era uma sexta-feira, começou a nevasca às 3 horas da tarde e não parou durante toda a noite.... No sábado de manhã, a gente já não agüentava mais. Nós estava acampado na beira de uma estrada e ninguém mais podia com o frio! Às 9 da manhã, nós, da direção, nos reunimos. Decidimos que a gente ia sair marchando até a cidade de Vacaria, que dava 22 quilômetros... porque, se a gente ficasse ali, não tinha mais alternativa! Foi muito triste a marcha. Era criança, velho, todo mundo na estrada... Tinha umas 600 pessoas... Até que a comunidade começou a ver... Estava marchando, ia chegar em torno das 4 da tarde, e então o prefeito, que mesmo sendo da oposição a nós, quer dizer, do governo, mandou um caminhão da prefeitura recolher as mulheres e as crianças... O restante do pessoal continuou marchando. Chegou à tarde. Levaram para o ginásio da cidade e a gente ficou uma semana lá. Trocamos o acampamento de lugar porque onde estava o frio era demais! A gente não tinha mais condição de ficar... Foi muito sofrido o frio. Era horrível! Por isso que odeio o frio! Detesto! Odeio o inverno, porque acho que a gente passou muita fome, muita necessidade! A gente não tinha mais condições de ficar lá, e o frio foi o pior de tudo, não tinha nem explicação...

Nessa época, tinha uma pressão muito grande da minha família, porque lá em casa eles sabiam que eu estava passando fome no acampamento, que a gente estava passando frio... Era uma pressão muito grande para que eu deixasse o acampamento, voltasse pra casa... A mãe chorava direto... De vez em quando eu ligava para minha irmã da cidade, e era sempre aquela conversa difícil: queriam que voltasse, porque não agüentavam mais conviver com o fato de que eu ficava no acampamento, passando fome... Mas, mesmo assim, nunca tive vontade de sair de lá.

Eu não fui assentada... Foi assim... Tive que fazer a emancipação e, mesmo com ela, não podia ser assentada porque era menor de idade. Deu um monte de "rolo" na minha emancipação, não saía da justiça, e o meu acampamento foi terminando, as pessoas foram sendo assentadas e fui ficando, porque não podia, né? Umas três vezes entrei no sorteio das áreas, nos grupos. Mas não podia ir... Acabei quase me decepcionando por causa disso... Então, passei para outro acampamento.

Era o acampamento de Cruz Alta. Daí já trabalhava dentro do Movimento, quase nem ficava no acampamento, porque fui fazer curso de formação, em Caçador, SC. Fiz um curso de formação, que foi o primeiro. Ah! Foi o melhor curso de formação que fiz no Movimento! O primeiro, mas foi o melhor. Fiz amizade com um monte de gente: nós era em 110 pessoas, de 22 estados. Já sabia bastante coisa do Movimento e consegui aprender mais! E assim fiz amizade.... Foi um curso muito bom mesmo! No final foram escolhidas cinco pessoas de destaque, e uma delas fui eu. Nunca esperava aquilo!... E dali para diante comecei a atuar no setor de formação, no estado do Rio Grande do Sul. Praticamente não parava mais num lugar, ia seguido nos acampamentos ajudar nos cursos de formação, estava sempre girando em volta... Então, meu cadastro ficou nesse acampamento de Cruz Alta, que era outro que saiu. Quase não fiquei muito tempo nele. Participei de uma ocupação que teve.

Uma vez, na época do governo Collor, o frei Sérgio, que é lá de Porto Alegre e apóia o Movimento Sem

Terra, fez uma greve de fome junto com os nossos companheiros. Foram 22 dias de greve de fome para que o Collor parasse de prender as lideranças do Movimento. Como não tinha solução, nós aderimos em 16 companheiros, junto com ele, nos últimos seis dias da greve... Eu tinha 17 anos e era a única mulher do grupo. Aí ganhei esta aliança preta e nunca mais tirei do dedo, porque com ela assumi um compromisso de que continuaria sempre lutando dentro do Movimento ou em qualquer outro que fosse contra a injustiça, a desigualdade. Esse anel tem quase quatro anos. A gente fez um pacto... A maioria das pessoas do Movimento Sem Terra usa esta aliança, se for observar. Existia uma época em que havia muito esta história de que quem usava a aliança preta era do Movimento Sem Terra... E isso era perigoso, mas mesmo assim a gente não deixava de usar. Várias vezes, era barrado nas rodoviárias, os policiais ficavam fazendo perguntas, e a gente ficava dizendo que não era do Movimento, mas eles diziam:

— Por que então tu usa esta aliança?

Tinha que dizer que era da PJ, a Pastoral da Juventude, que pertencia a essa organização juvenil católica, ou era conhecido de um padre... porque eles também usam a aliança...

O episódio da greve de fome praticamente não resolveu grande coisa... Os companheiros começaram a passar muito mal, e os médicos aconselharam que a greve parasse. A gente ficou seis dias junto com eles. Foi a primeira vez que participei de um jejum, depois participei de outros. Enfim, não se resolveu quase nada, porque naquela época o Movimento Sem Terra era muito fechado para a sociedade. Mesmo assim, grande parte dela passou a enxergar o Movimento a partir desses protestos...

Foi passando o tempo... Continuei no Movimento. Comecei a estudar em Veranópolis, onde é a escola do Movimento Sem Terra. O curso é de Técnico em Administração de Cooperativa — TAC. Já tinha 18 para 19 anos quando comecei a estudar lá. Foi uma definição, porque não queria ir. Não queria estudar, mas sim ir pro acampamento e depois ser assentada, continuar a organização dos grupos dentro dos assentamentos... Era isso que eu queria. Mas dentro do Movimento a gente não decide as coisas sozinho: quem decide é o coletivo. Decidiram, então, que eu deveria ir para esta escola, onde estudaria o 2º grau e faria parte da coordenação do curso. Bati o pé, não queria ir! Queria ir para uma escola de magistério, porque o Movimento também tem esse curso. Mas o pessoal disse que não, que poderia fazer o curso de magistério mais tarde, e que agora precisavam de um técnico em administração de cooperativas. Não era bem isso que queria... Queria ser professora, mas ficou assim... Fui contra minha vontade, mas fui. Era decisão coletiva, não tinha como decidir sozinha, não ia me negar a ir. Praticamente lá que fiquei conhecendo a proposta do curso.

A gente começou em 60 alunos. Éramos oito pessoas que coordenavam o curso. E a proposta do TAC, o princípio básico, era prática-teoria-prática. A gente não inicia pela teoria e sim pela prática. Na escola, a gente forma uma cooperativa dos alunos, que é um coletivo, com setores. Trabalha durante uma parte do dia e estuda na outra.

O trabalho serve para pagar a alimentação, os professores, as despesas do curso. A gente monta essa cooperativa, e quem tem que administrar financeiramente todo o curso são os alunos, que se dividem em setores: uma direção, uma coordenação, os setores de núcleo e tal... Ou seja, praticamente são os alunos que fazem toda a proposta da escola.

Eu participava da coordenação, que se chama EAP, Empresa de Assessoria Pedagógica. É algumas vezes mais sofrido do que ser só aluno! Porque a gente tem a responsabilidade pela condução do curso. E sem experiência nenhuma. Foi muito sofrido no começo! É bastante puxado... É uma cooperativa, e no início a Concrab — que é uma instituição do Movimento Sem Terra — financia este curso através de projetos que vêm do estrangeiro, de outros países. No começo, então, tem uma verba que cobre 90% dos custos da primeira etapa. O curso é dividido em seis etapas com mais uma de conclusão. Intercalamos uma etapa de 75 dias na escola com outros 75 dias na comunidade — no assentamento ou no acampamento — onde a gente vai colocar em prática o que aprendeu na escola, discutindo com os companheiros e trazendo propostas para discutir na escola também.

O curso era legal! A gente tem todas as disciplinas: Português, Matemática... Tem outras que dizem respeito à questão mais interna do Movimento: Educação Cooperativista, Ética, Moral, Mística do Movimento Sem Terra, História do Movimento Sem Terra... E também aquelas que a gente precisa nas cooperativas, que é Administração, Contabilidade... Tem um monte de coisas que a gente estuda lá... Aí vai uma relação grande de disciplinas. Então, é muito puxado, né? Como disse, na primeira etapa, a Concrab cobre 90% dos custos; na segunda, 80%; na terceira, 70%; na quarta, 40%... e vai diminuindo! Até que chega na última etapa, onde a gente tem que gerar quase toda a renda que paga professor, alimentação... Cada vez, o processo fica mais apertado! E nós, da EAP, temos que fazer com que os alunos consigam montar a cooperativa deles. Se eles não estiverem andando bem, a cobrança vem pra gente! Na primeira etapa, somos em oito, mas depois diminui, passa a ser só três. Os outros saíram e eu, a Maria Inez — que está aqui no Acampamento Nacional — e um outro menino — que não veio pra cá — ficamos.

Tenho um namorado, o Marcos, que também contou a história de vida dele. Ele estudava lá na escola, onde a gente se conheceu. É no Rio Grande do Sul, mas vai gente de todo Brasil. Ele era da turma antes da minha. Teve a turma um, a dois — que é a turma do Marcos — e a minha turma, que é a três. E, como disse, lá é muito puxado: começa às 6 da manhã, e quem vai dormir mais cedo vai à meia-noite, uma hora, porque é muito trabalho. É muita coisa para fazer! Tem que estudar... Então, praticamente, a gente não tinha tempo nem de pensar... Comecei a fazer amizade com um monte de gente e também fiz com o Marcos, que namorava com uma amiga minha, que trabalhava junto comigo. Depois, eles brigaram. Eu e o Marcos fizemos uma amizade muito forte...

Foi passando o tempo e, depois de uns seis meses, a gente começou a namorar, mas era muito sofrido porque não tinha tempo! Não tinha tempo nenhum! Às vezes, a gente conversava 15 minutos, meia hora, da uma e meia até as 2 horas da madrugada, que era o tempo que estava trabalhando no computador. Aprendi na escola e fazia todos os trabalhos de computação lá. Enquanto trabalhava, a gente conversava, mas isto uma vez a cada três, quatro dias. Duas vezes por semana, quando dava tempo. A gente vivia morrendo de sono, cansado, tinha que estudar... sabia que não dava tempo! Começou a namorar... O Marcos terminou o curso, se formou, foi para o Espírito Santo. Ele tem 22, 23 anos.

Ele conheceu um pessoal do Movimento Sem Terra no Espírito Santo. Não é acampado. Nunca foi acampado, mas foi para a escola. Acho que ele se apaixonou pelo Movimento Sem Terra. Era um menino até quieto — mais no sentido de discussão —, mas sempre era uma pessoa participante... O Marcos tem amizade com todo mundo. Ele toca violão e é um dos meninos que estão gravando o CD do Movimento. Assim, ele saiu de lá, se formou, começou a ajudar na organização do estado do Espírito Santo, e o pessoal do Movimento, em nível nacional, não larga mais dele! Agora, todo curso que tem, ele está tocando violão... Acompanhou toda a Marcha, já escreveu várias músicas do Movimento, e hoje não tem sossego, por causa disso... Ele toca muito bem! Acho que foi um outro ponto que fez a gente se aproximar, porque gosto muito de violão. E há também nossa amizade, né? Faz dois anos que a gente namora...

Na escola, estamos fazendo o *Tempo-Comunidade* da quinta etapa. Quando voltar, entramos na sexta etapa, e no final do ano a gente se forma.

A condição para se formar, mesmo que a gente tenha nota boa em todas as disciplinas, é apresentar uma tese de conclusão de curso. Tem de ser no mínimo com 25 páginas digitadas, com um monte de normas, sobre um tema das cooperativas ou do Movimento Sem Terra. Agora a gente está fazendo o trabalho de pesquisa de campo, onde vai recolher dados e depois escrever essa tese.

O meu tema tem muito a ver com o que passei na minha vida, que é a participação da mulher no MST. Decidi escrever sobre isso, porque acho que existe muita coisa que ainda tem que mudar no Movimento Sem Terra, e se nós, as mulheres, não começarmos a descrever, a registrar as mudanças, os avanços e os erros, isso vai se perdendo. Então, quero, na minha tese, conseguir registrar e também propor várias mudanças no Movimento. E a gente consegue fazer essas mudanças! Basta propor e bater o pé! A participação da mulher dentro do Movimento Sem Terra é fundamental. Além dela ser uma coisa muito bonita. O Movimento Sem Terra não existiria se não fosse a força da mulher. Na minha vida de acampamento, sempre presenciei que a mulher é quem sempre segura as barras mais difíceis... Depois de uma ocupação, de uma tunda, de ter apanhado da polícia ou dos capangas dos fazendeiros, é a mulher que anima, que coloca esperança, e que diz:

— Olha, companheiro, vamos embora, não dá pra desanimar! Vamos para outra ocupação, montar o acampamento de novo...

Então, para mim, isso marcou muito! Lembro, depois de vários despejos... Acho que a pior coisa que tem é um despejo, porque, além da violência, é uma situação muito triste... Parece que tudo foi por água abaixo! O sonho de ficar em cima da fazenda que ocupou, de começar o assentamento ali, de repente acaba... Temos que sair!... Às vezes, principalmente as mulheres de mais idade, as mais velhas, eram as que falavam:

— Não, não é por aí. Vamos fazer acampamento na beira da estrada, fazer uma caminhada até Porto Alegre, se for o caso!

Mesmo com um monte de filho, acho que a mulher consegue levantar a mística do Movimento Sem Terra. Ela consegue reanimar o Movimento! Acho que sem a mulher o Movimento Sem Terra não era nada... nada mesmo!

Quando saiu a Marcha, lá na escola tive um problema. Eu era assentada em Cruz Alta, e no meu grupo pediram que eu voltasse para dentro do assentamento para ajudar. Só que o pessoal da Concrab, que financia e coordena o curso que a gente faz, disse:

— Não, você não pode voltar.

E o pessoal do assentamento disse para mim:

— Se você não voltar, nós vamos cortar seu cadastro e botar outro no lugar, porque precisamos de alguém aqui, ajudando a organizar!

Aí tive que escolher continuar na escola, apesar de que preferia ir para o assentamento. Mas o pessoal da direção definiu que não, que eles iam no assentamento discutir com o pessoal para que eu continuasse na escola, né? Então, acabei tomando uma decisão própria. Não vou ficar mais no estado. Provavelmente, no final do ano, estou saindo porque meu companheiro é do Espírito Santo e a gente decidiu que vai morar junto, a partir do ano que vem. Então, não teria sentido ficar num lote no Rio Grande do Sul por um ano e depois sair e ir até outro estado. Dei meu lote para uma família do acampamento: são cinco filhos que o casal tem. Ainda não tenho certeza de onde a gente ficará. Vai ser definido pelo Movimento Sem Terra: talvez seja o estado dele ou um outro, em que vamos trabalhar durante alguns anos.

A vinda na Marcha foi assim... Meu assentamento me fez uma proposta:

— Ou você vai pra escola ou vem pro assentamento.

Aí eu disse:

— Se for pro assentamento, vocês me deixam ir pra Marcha?

Eles disseram que sim. A gente começava no dia 12 de fevereiro de 1997. Mandei a proposta para a Coordenação Nacional, porque estava louca para vir pra Marcha! O pessoal da Nacional não aceitou. Desisti do meu assentamento e fui para a escola. Mas, desde o dia que começou a Marcha, eu não saía da frente do jornal! O tempinho que tinha, estava na frente dele, procurando notícias. Passou o tempo e tinha me desanimado... Sabia que não ia vir mais na Marcha e que ia ter que ficar lá na escola. Foi então que, uma semana antes de terminar nossa etapa, o companheiro Edgar esteve lá e disse:

— Você não tem vontade de ir pra Marcha?

Ele sabia que eu era doida pra vir! Eu vivia perguntando pra eles como é que estava a situação... O Marcos estava na Marcha e sempre me ligava, pra dizer onde é que eles estavam. A vontade de vir era muito grande! E o Edgar me perguntou se tinha vontade.

Imagina, a vontade sobrava! Então, ele disse pra mim:

— Olha, se você articular a turma e todo mundo tiver vontade, nós arrumamos um ônibus que leve vocês pra lá.

Dia 6 de abril a gente saiu. Articulamos tudo!... Tinha um monte de dívida para pagar, mas a gente trabalhou sábado, domingo e feriado — trabalhamos o dia de Páscoa todinho! Só roçando para conseguir pagar as dívidas lá na cidade. Aí, num sábado à noite, a gente veio pra Marcha. Chegamos aqui em Brasília, e o pessoal ia ser dividido: uma metade ia pra Marcha do Oeste e a outra pra Marcha do Sul. A gente se juntaria em Cristalina. Então, foram escolhidos 12 que iam pra Oeste e fui com eles. A gente veio marchando junto com o pessoal.

Acho que, dentro do Movimento, o fato que mais me marcou foi a Marcha. Foi uma experiência muito boa! Muito... Apenas sinto não ter acompanhado toda a Marcha, porque queria estar desde o começo. Mas, mesmo assim, a gente conseguiu pegar uma parte. E nós fomos no outro extremo, que não tinha gente do Rio Grande do Sul. Entramos no núcleo do Mato Grosso, e fizemos amizade com todo mundo, mas principalmente com o núcleo. E, Nossa Senhora! Hoje, no último dia, a gente teve reunião lá no núcleo e todo mundo quer lembrança, endereço... Meu boné já está todo escrito, não tem mais onde assinar! A gente conseguiu se integrar com o pessoal de lá do Norte, do Oeste, e a lição que tirei é que a animação e a solidariedade que tinha na Marcha dava de dez a zero!

Quando nós chegamos na Marcha, o primeiro dia foi difícil, viu? Primeiro, porque nós estava chegando da escola. Todo mundo disse assim:

— Ah! São os estudantes!

Parece que já vinha com aquela cara de que somos mais fracos, porque somos estudantes! Então, a gente ficava meio assim, com vergonha, né? Eles disseram:

— Nós não queremos amedrontar... Não é por mal, mas amanhã temos que caminhar 42 quilômetros...

A gente estava em Anápolis e tinha que chegar em Abadiânia: 42 quilômetros. Todo mundo ria! Eles contaram para nós que, no primeiro dia, tinham caminhado 13 quilômetros e tinham inchado os pés, os joelhos... e nós, conversando:

— 42 quilômetros! Se eles incharam os pé caminhando 13, imagina nós, com 42?!

Todo mundo já estava com dó da gente... Mas dissemos:

— Não, vamos embora!

Amanheceu o dia, eram 6 horas da manhã, e a gente saiu. Nosso acampamento, o do pessoal do Oeste, sempre saía cedinho. Caminhamos 42 quilômetros. Eram 3 horas da tarde e a gente estava chegando no lugar onde ia fazer o acampamento. Foi assim: a maioria ficou com os pés esbagaçados e o joelho inchado! Sobrou três inteiros! Eu e mais dois meninos que não inchou os pé, não fez bolha d'água, não fez nada! A gente ainda estava inteiro: chegamos lá e ainda fomos jogar futebol! Só para dizer que não estava cansado!... Foi o que mais marcou na Marcha... A gente nunca caminhou menos que 35, 40 quilômetros. E foi se acostumando, fazendo amizade, assumindo equipe, ajudando no núcleo... O que mais marcava era a solidariedade do pessoal! Quando a gente não agüentava mais, os meninos diziam:

— Nós vamos buscar água pra ti! Nós vamos fazer isso...

A gente se revezava para carregar as faixas, as bandeiras. Então, foi enorme a solidariedade que teve na Marcha! Quando um ficava doente, era todo mundo querendo ajudar. São as coisas que a gente não esquece. Não esquece mesmo! E acho que ninguém ensina mais que o povo. Quando a gente caminhava e se cansava, os companheiros diziam:

— Olha, gente, não dá pra cansar, não! Tem tantos quilômetros pela frente, não adianta desanimar!

É uma lição de vida que a gente não pode esquecer nunca...

Por mais que em algumas cidades que a Marcha passou o prefeito fosse contra, a gente não deu bola... O que arrepiava mesmo é que, às vezes, a gente caminhava 20 quilômetros, mas a animação nunca diminuiu! No meio do mato... Quando estava chegando perto da cidade, o povo começava a correr de dentro das casas e vinha tudo na beirada da estrada!... A gente passava e o povo não se controlava: começava a aplaudir! Muitos não sabiam nem o que era! Era naqueles "interiorzão", naqueles "fundão", mas começava a aplaudir... Dava um arrepio, a gente não sabia o que fazer para retribuir!... Não chorava, mas era muito emocionante! É, assim, o que mais marcou mesmo: o apoio. O pessoal dizendo:

— É isso aí! Vocês estão certos! Vamos lá!

Podia estar cansado, morrendo! Mas nessa hora encontrava força para caminhar mais 30 quilômetros. Acho que o maior apoio que a gente teve foi da população. E foi uma coisa muito bonita mesmo!

A chegada em Brasília foi no dia 17 de abril de 1997... Para começar, deixa falar do dia 16, à noite, que não tinha mais sossego! A gente estava ali, no ginásio do Guará, e a vontade era de que não tivesse noite, para chegar logo o dia 17! Todo mundo estava esperando há tanto tempo: ninguém conseguia mais se controlar! À noite, tinha gente que nem dormiu, esperando que o dia seguinte chegasse... A gente não sabia o que a sociedade estava pensando de nós. Mas a única coisa que sabia — porque estava esquisito — era que no dia 16, à noite, os repórteres nem sequer saíram de perto, dormiram tudo lá, no ginásio, com a gente. Eles ficaram dizendo:

— Olha! Em Brasília tá uma loucura!

E a gente ficava imaginando o que podia ser... Mas nunca consegui imaginar que podia ser tanto! Quando a gente saiu a caminhar... Nós saímos às 7 horas da manhã: atrasamos uma hora, saímos mais tarde. Mas o trajeto que era para fazer em três horas, a gente fez em duas, porque o passo cada vez acelerava mais! Quando estava chegando próximo, a gente começou a ver a outra Marcha, que estava descendo também. Tinha uma visão muito fraca, ainda não conseguia ver muita coisa... Era uma loucura! A sociedade, todo mundo aplaudindo, repórter, aquela loucura toda... Quando a gente começou a ver o pessoal da outra Marcha, ninguém mais se controlava na fila! Todo mundo começou a chorar... Era um monte de gente chorando! A emoção era muito grande... Era o encontro de pessoas que a gente não conhecia, nunca tinha visto, eram dois extremos. Era aquela emoção, de quem está marchando por um mesmo objetivo... Então, a gente se sentia mais que irmão naquele momento!

No dia 17 de abril, para mim, o que mais emocionou foi quando a gente estava chegando e... quando, ao redor da bandeira do Movimento, a gente se encontrou... Tinha aquela bandeira grande... uma Marcha ficou de um lado e a outra ficou do outro. A gente não agüentava mais de vontade de correr, de abraçar os companheiros!... Era muito tempo esperando por aquele momento! Aí, quando ergueu a bandeira, eu já tinha visto um monte de gente conhecida! Nós ficava se olhando para ver quem era que ia abraçar primeiro, naquele momento! E o momento mais emocionante da Marcha foi o abraço embaixo da bandeira... Porque parecia que não tinha mais fim! Parecia até que conhecia todo mundo, que todos tinham caminhado junto com a gente! E na verdade a gente nunca tinha se visto! E, assim, eu chorei... Chorei, chorei... Nossa!

A gente saiu de lá marchando. E por onde passava tinha todo mundo aplaudindo, dando flor... Eu ficava lembrando da minha vida: quando entrei dentro do Movimento, a gente não podia nem usar uma camiseta, porque várias vezes tinha até apanhado! Os policiais encontravam a gente na rodoviária, com essa aliancinha preta no dedo, e dizia que tu era do Movimento e tinha que sair corrido! E, agora, a sociedade toda estava aplaudindo! A gente passando na rua e o povo gritando... Era muito emocionante! Apesar da correria, do cansaço, e da gente não gostar muito de ficar na cidade, foi um momento muito bonito, maravilhoso! E toda aquela multidão... A gente não esperava que tivesse todo aquele povo! Foi uma surpresa para nós. Pra gente, que caminhou, foi uma surpresa muito bonita ter encontrado toda aquela multidão esperando, aplaudindo! Olhava para cima e via cair papel picado do prédio... A recepção, o apoio que a gente teve foi muito bonito, muito importante! Sentia que a sociedade parecia que só via o Movimento Sem Terra! Então, foi uma coisa muito marcante! Eu acho que o dia 17 de abril de 1997, por nada vou esquecer. Principalmente o abraço embaixo da bandeira.... A gente não agüentava mais ao redor da bandeira, esperando. O João Pedro falando, e nós estava com raiva dele:

— Poxa! Vamos logo com isso!
— Mas que droga! Que droga!

É brincadeira! Nós, loucos para abraçar, terminar com aquela agonia!

Então, a gente vai seguir caminhando junto...

Acho que nossa luta não vai ser tão fácil... Ela não vai parar por aqui, porque o Movimento Sem Terra conseguiu mostrar pra sociedade brasileira que a gente não é nenhum criminoso, que nós estamos lutando por justiça, por igualdade, e a sociedade brasileira entendeu isso. Acho que foi o maior avanço que a gente teve. O Movimento Sem Terra, de agora em diante, deve continuar lutando, junto com a sociedade. A gente consegue ter uma organização, uma união muito grande dentro do Movimento. Devemos começar a ajudar os outros movimentos sociais a se organizar também. Não copiar da gente, mas fazer com que eles consigam forjar uma organização própria, porque nosso objetivo é o mesmo: transformar o país, conseguir construir um Brasil diferente... No Movimento Sem Terra, a gente sabe que sozinho não vai conseguir isso.

Quando fui acampar, nunca fui por um pedaço de chão para mim, mas sim porque eu acreditava no Movimento Sem Terra. Porque queria e me sentia vazia... Dentro do Movimento Sem Terra, aprendi a ser gente, a viver, a pensar nos outros e não só para mim... O Movimento Sem Terra hoje é minha família, minha vida: faço qualquer coisa e largo tudo por ele! Gosto muito da minha família, mas, se tivesse que sair para qualquer outro canto do mundo pelo Movimento Sem Terra, eu sairia. Eu acredito no Movimento. Dentro dele, tem problemas também, como em qualquer lugar. Mas é encarando os problemas que a gente consegue unificar ainda mais a luta. Consegue resolver os problemas e ficar mais forte ainda! Acho que a tarefa do Movimento é ajudar a organizar os outros movimentos sociais, e espero que eu consiga contribuir nessa organização. Acho que a minha vida não vai ter sentido se parar de lutar, se me acomodar... porque sempre tem coisa pra gente lutar, né? Vou continuar lutando, e o Movimento Sem Terra vai crescer e se integrar com os outros movimentos da cidade... O meu sonho é que eu ainda consiga ajudar a transformar o país. É a gente conseguir construir um país diferente, seja numa revolução armada ou pacífica. Alguma coisa vai ter que ser feita... Sei que estou contribuindo agora, mas parece que vai ter um momento mais forte, e espero ainda alcançar ele, um dia... e também fazer parte desse momento... A gente tem que triunfar enquanto povo brasileiro!

Entrevista: ANDREA PAULA DOS SANTOS,
30 de abril de 1997.

Textualização: ANDREA PAULA DOS SANTOS, SUZANA RIBEIRO, ISABEL REGINA FELIX e FABIO DE BRITO.

> Na nossa conta um mais um tem que crescer,
> a liberdade vai além do ABC,
> um conteúdo dentro da realidade
> vai despertando o interesse de saber.
>
> Zé Pinto, "Sempre é tempo de aprender".

ANTÔNIO
Pernambuco

PERNAMBUCANO, *Antônio surgiu inesperadamente em uma conversa informal, ao lado de uma barraca. Calmo, falou da expulsão de sua família do campo, das dificuldades da "cidade grande" com a vida na favela, que o impediram de terminar a faculdade. Muito reservado, não falou da sua vida privada. Mas fez questão de frisar a importância do estudo para ele e para o MST. Sua história de vida exemplifica como a falta de perspectivas na cidade o impulsionou a participar desse movimento social.*

... uma coisa que sempre valorizei e gostei, e que sempre sonhei, foi uma escola diferente.

MEU nome é Antônio, sou do estado de Pernambuco, assentado em Vargem Grande, onde estamos formando uma cooperativa. Faço parte do setor de assentamento do Movimento dos Trabalhadores Rurais Sem Terra.

Meus pais eram camponeses. Mas, já naquele tempo, o campo não estava mais dando condições para eles viverem. Devido aos muitos problemas sociais, eles resolveram vender tudo e ir para uma cidade chamada Belo Jardim, a uma hora de Caruaru. Morei lá... Mas nesse lugar também não tinha muito desenvolvimento. Não tinha uma garantia de vida para nossa família... Por isso, meus pais resolveram ir até a capital, Recife, desenrolar a vida deles, com o sonho de garantir a família e construir uma vida digna.

Acontece que muitos migrantes também estavam indo para as cidades grandes, por causa do êxodo rural, e a gente passou muitas dificuldades... Quando a gente chegou em Recife, os meus pais não conseguiram logo um emprego e nossa família passou um tempo morando numa favela, em uma comunidade pobre. Não que eu tenha nada contra isso, claro que não! Mas, morando dentro de uma favela, a gente vê coisas que realmente deixam você de boca aberta e também coisas que me tem medo, como a marginalização, a própria fome, brigas por causa de bebida, ou entre marido e mulher. Se não tem uma força maior na sua mente, a gente acaba se perdendo... Nem todo mundo consegue se desenvolver bem na favela, porque existe muito tráfico, muita coisa ruim. As pessoas boas não estão naquele meio porque desejam!

Eu quase entrei na marginalização também... Mas acho que foi uma coisa dentro de mim, uma questão mística, não sei... que me impediu. Não vamos falar da minha mente e nem do meu esforço, acho que veio de Deus a força de vontade para não participar daquelas coisas chocantes que presenciava e que marcam a vida. E o pior é que elas continuam acontecendo em todas as capitais e grandes cidades hoje em dia!

Meus pais conseguiram sair da favela, porque eram bastante trabalhadores, lutadores. Minha mãe é muito esforçada, se formou professora e foi levando a vida dela. Quando meu pai faleceu, ela começou a sustentar a família. Tenho bastante orgulho dela, porque o salário de professora não dava realmente para manter a gente e ela buscava outros meios... e assim, graças a Deus, conseguiu criar dois filhos.

Acredito que trago no sangue a questão do trabalho. Também me interessava pelos estudos, mas desde pequeno tive que catar papelão e trabalhar de biscate. Poderia até ir lavar carro em um sinaleiro, mas não cheguei a fazer isso. Passei por várias! As dificuldades que menino de rua enfrenta... não é uma coisa "vergonhosa": é a realidade do Brasil!

Mas, com interesse de estudar, de comprar livro, consegui fazer o 2º grau. Entrei na escola técnica e me formei em eletrotécnica. Depois, ingressei na Universidade do Recife para fazer matemática. Porém, com os problemas familiares, de saúde, amoroso e financeiro... só consegui terminar um período e tranquei minha matrícula, com a intenção de voltar depois.

Nessa época, minha mãe se aposentou com o desejo de voltar para o campo, numa cidade do interior... pois Recife, apesar de oferecer trabalho, tem diversos problemas... Para se viver bem e descansado é realmente muito difícil, principalmente para uma pessoa aposentada. Também fui com ela para o interior, com a esperança de conseguir um trabalho com o pouco de conhecimento que tinha adquirido em Recife, porque o interior sempre busca pessoal formado na cidade grande.

No começo, voltamos para Belo Jardim, no Agreste. Depois, mudamos para a cidade de Gravatá, porque ela fica mais perto do litoral e o clima é bastante bom e vêm até muitos turistas passar o fim de semana, por causa do clima de cidade de serra...

Foi em Gravatá que me deparei com o Movimento Sem Terra. Conheci alguns meninos, que também tinham enfrentado o êxodo rural, e a gente passou a se interessar pela questão política e social... mas mesmo assim a gente não participou da União Nacional dos Estudantes e nem do PT. Primeiro a gente deu apoio aos sem-teto.

Hoje já faz uns quatro anos, mais ou menos, que sou do Movimento e uns três anos que estou assentado. Depois de assentado, além de ajudar os companheiros a organizarem o assentamento, também dava apoio se tinha um outro lugar para ser ocupado, e com o tempo fui me interessando em participar da organização do Movimento.

Primeiro entrei no setor de formação e depois no de comunicação do Movimento. Passei a discutir com o pessoal do meu assentamento a questão da cooperativa, para nossa produção entrar no mercado e garantir uma renda mínima para nossas famílias. Nessa época, como meu trabalho era administrativo, me indicaram para fazer um curso de técnico em administração de cooperativa, no Rio Grande do Sul, no Instituto Técnico de Capacitação e Pesquisa da Reforma Agrária (Iterra). O curso é dado por professores do próprio Movimento, que ensinam história, português, economia de mercado, política e uma série de outras disciplinas específicas.

Hoje, além de fazer o curso, participo da Cooperativa Central de Assentamento — CCA —, no estado de Pernambuco, e neste setor organizo os assentamentos, discuto o planejamento da área e toda a questão administrativa de produção. Depois que entrei no Movimento, comecei a pensar a questão da coletividade. Porque quem teve uma vida pressionada pela injustiça social e por uma série de acontecimentos fica se sentindo muito sozinho e se acha apenas mais um trabalhador. E o Movimento resgata o valor do coletivo. Ele abre sua mente e faz você ver que cada pessoa, cada ser humano, cada cidadão tem uma dignidade e merece respeito. E isso é uma das coisas que mais me incentivou a ficar dentro do Movimento, e sinto muito orgulho disso... como naquela vez que ganhei um concurso com minha história.

No Rio Grande do Sul, a cada ano a Secretaria da Educação edita um livro chamado *História do trabalhador*. E sempre alguém escrevia um conto, sobre algum companheiro, de alguma coisa que aprendeu na própria vida, uma historinha, uma fábula, qualquer coisa... e durante três anos foram trabalhadores da cidade que fizeram. No ano passado, a secretaria queria pessoas do campo escrevendo, de preferência gente do Movimento Sem Terra. Então o Movimento indicou uma escola nossa, em Veranópolis, para quem quisesse escrever. E, como queria participar, fui para lá. Na oficina de redação, me deparei com toda a minha vida, e com meu sonho de uma escola diferente, e escrevi sobre isso. E ganhei o prêmio, e isso também foi uma coisa marcante. Coloquei no papel o meu próprio sonho para que o pessoal avaliasse. E, como estava em Pernambuco, outros companheiros foram receber o prêmio na escola. E fiquei sabendo que tinha sido julgado por vários intelectuais, autores, autoras... e que foram mais de quinze minutos de aplausos, não só porque era uma escola do Movimento, mas por causa da história mesmo. E nem sei se eles editaram ainda, porque escrevi todo o texto e esqueci de colocar o meu nome, e quando fui premiado eles colocaram como se fosse do Iterra. Mas para mim foi gratificante, porque compartilhei o prêmio com todo mundo que faz parte tanto do setor administrativo como da própria empresa do aluno, como se fosse todo mundo que tivesse escrito. Não me desanimei por causa disso. Pelo menos a história foi contada, e não sei se eles publicaram, mas tenho uma cópia comigo.

No curso do Iterra, a gente já viajou até vários estados, para fazer estágio nas comunidades. Para cada etapa de dois meses na escola, a gente trabalha dois meses no coletivo. Já estou terminando o curso, falta uma etapazinha só: são seis, e terminei a quinta agora. Logo que terminei essa etapa, em 26 de março de 1997, o Movimento fez uma proposta da gente vir contribuir na Marcha para Brasília, porque os companheiros já estavam cansados depois de passar quase dois meses marchando. Nosso coletivo resolveu contribuir com a Marcha, porque era uma coisa que, além de repercutir muito, estava no nosso sangue.

A gente dividiu os 30 alunos da escola: 15 foi na Marcha Oeste e 15 foi na Marcha Sul. Acho que a gente se desafiou na questão da organização, porque passar dois meses caminhando 25, 30 e até 40 quilômetros é um desgaste físico, psicológico e mental, por mais que a pessoa esteja animada e motivada. Mas na questão da organização dos companheiros teve um certo controle, e no geral a gente percebeu que o ânimo, a vontade e o próprio controle fizeram com que a Marcha chegasse até Brasília.

Também havia o pessoal, os marchadores... Acho que em cada mente, em cada olhar, estava aquela vontade de chegar em Brasília... não só para dizer que chegamos em Brasília por causa de um pedaço de terra, mas sim para mostrar à sociedade que os sem-terra de hoje não são apenas as pessoas que estão dentro da organização, mas que existem 4,5 milhões de sem-terra no Brasil. Sem-terra é o assalariado rural, é o posseiro, o miniposseiro, os que trabalham de alugado, e todo o pessoal do êxodo rural... Eles também devem ser chamados de sem-terra. Ficou claro que cada um que estava na Marcha queria dizer ao governo e à sociedade que repudia o sistema atual e que tem um ideal: ver um governo que realmente trabalhe na questão social do povo, que viaje no interior do Brasil.

A gente também queria mostrar que o negócio de Primeiro Mundo é para quem inventou, porque os países de Primeiro Mundo já fizeram reforma agrária e que, se temos condições de fazer o Primeiro Mundo, devemos fazer da nossa forma, com base nas nossas origens. Porque 70% da população do Brasil, antes do Getúlio Vargas, vivia do meio rural. Só depois da questão do capital estrangeiro e de toda a questão fundiária foi que o pessoal migrou para São Paulo, Brasília, e foram construindo o próprio Brasil de hoje. E aconteceu que as cidades ficaram superlotadas de gente e por isso elas não têm mais emprego, nem oferecem uma vida digna. E o Brasil está assim muito ruim... e por isso acho que a gente luta erguendo não só a bandeira da reforma agrária, da justiça no campo ou na cidade, nem somente a bandeira do desempregado... A gente luta erguendo realmente a bandeira do Brasil!...

Eu participei de várias ocupações feitas pelo Movimento, a maior parte delas no estado de Pernambuco. A gente fez ocupação também em Gravatá, a cidade onde minha mãe mora. Eu moro no assentamento Perseverança, que era uma usina de cana que faliu e a gente ocupou com 200 famílias. Hoje, tem 50 famílias assentadas e o restante já foi para outras áreas que a gente também ocupou. Uma dessas áreas é chamada de Vargem Grande, outra é a fazenda Mundo Novo, numa cidade próxima. A gente sempre organiza mobilizações e marchas também. A gente já fez uma caminhada de Gravatá a Recife, de 67 quilômetros, que durou três dias. A marcha é uma atividade já ativa dentro do movimento.

Em todas as ocupações, a gente vai pegando experiência, vendo os erros e os acertos e aprendendo a lidar com o povo, que nós chamamos de massa. Trabalhamos muito a questão da mística, que nos anima mais para luta, para manter a ocupação, que não deixa de ser tensa todas as vezes.

Na ocupação de uma terra, a gente primeiro organiza as brigadas de guarda, de vigilância, e depois todas as outras brigadas: de alimentação, de higiene... Mas a primeira é sempre a brigada de guarda. A gente precisa conscientizar o pessoal para ficar na resistência, porque às vezes acontece da polícia ir até o acampamento só para ver como é que estão as coisas e saber se tem arma, e quando aparece um carro da polícia o pessoal todo se espalha.

A gente também não pode confiar em pistoleiro. Numa cidade chamada Bonito, fazia três dias que a gente estava ocupando uma área da fazenda Riachão, quando apareceu só um pistoleiro a cavalo e a gente falou para ele que só saía pacificamente daquele lugar se a integração de posse fosse decretada pelo juiz. Aí ele foi embora e o pessoal ficou cantando na assembléia... quando a gente viu mais de cem pistoleiros, tudo a cavalo, tinham cercado o acampamento. Daí eles falaram para a gente sair logo, senão iam tacar fogo. Queriam ver as lideranças, queriam isso, queriam aquilo... Então a gente foi negociar, fazer um acordo e disse:

— Se vocês realmente querem que a gente saia, a gente sai. Agora não vamos para longe, vamos ficar na frente da fazenda acampados, porque, se não tiver integração de posse, a qualquer momento a gente volta de novo e vai ter conflito!

Então um pistoleiro disse:

— O problema é que vocês devem sair agora da fazenda, depois vocês podem ficar onde for!

A gente resolveu sair, porque estava com medo que acontecesse algum conflito mais violento. Mas, quando o pessoal estava desmontando as barracas e arrumando as coisas, eles começaram a atirar. Atiraram para cima assustando o povo e a gente também. Um colega do Movimento, que também estava participando da ocupação, correu, correu, correu tanto que as pernas não agüentavam mais, e a sorte dele foi que caiu numa barreira, acho que de uns 8 a 10 metros, e os pistoleiros que foram atrás passaram direto pelo nosso companheiro. E ele ficou lá, nas grotas, nos matos, sem força nas pernas, mais de sete horas. Então a gente telefonou para secretaria do Movimento, veio advogado, várias outras entidades e até a polícia veio para retirada do companheiro.

Depois disso, o pessoal do acampamento se espalhou e a gente passou quase seis meses sem ir até Bonito. E, quando a gente voltou para organizar o povo mais uma vez, já tinha pistoleiro, com carro e tudo, esperando a gente no centro da cidade... Por isso precisamos ir embora. Mas depois de um ano e seis meses a gente começou a conquistar de novo o pessoal, e hoje a área do Riachão já foi desapropriada e o povo está lá há mais de três meses.

Nos primeiros dias de qualquer acampamento, a gente começa organizando os grupos: grupo de alimentação, grupo de limpeza e outros. Isto vai fazendo com que o pessoal se acostume a trabalhar coletivamente no dia-a-dia. Claro que, quando o pessoal já está assentado, depois da desapropriação da área, sempre tem um espertinho, um oportunista que não quer participar do coletivo, mas a gente consegue envolver a maioria. E o coletivo faz uma avaliação daquele companheiro "escorão", meio preguiçoso. Mas isso também já melhorou muito. Os companheiros sabem que o assentamento é de todos e que todo mundo precisa trabalhar.

Quando a gente consegue algumas sementes, via prefeitura, todo mundo começa a plantar e o pessoal decide no coletivo a divisão do trabalho: quantos hectares vão ser plantados e quantas pessoas vão trabalhar em cada área ou fazer outras atividades. A colheita é também discutida no coletivo, para não ter nenhum problema do tipo: "plantei mais, vou ganhar mais; fulano não trabalhou, vai ganhar menos". Cada um está plantando para todos! E essa conscientização os assentados já estão pegando, porque a gente busca resgatar a questão do trabalho coletivo. E assim a gente vê uma forma realmente diferente de trabalho no assentamento, porque a gente diminui os custos, sem diminuir a produtividade da força de trabalho, e isso faz com que a gente consiga ter uma boa renda dentro do mercado. O próprio Zumbi dos Palmares passou quase um século sem precisar circular moeda. Trabalhou no coletivo em Palmares, que é vizinho a Pernambuco.

No assentamento que moro, muitas pessoas que nunca tiveram nenhuma formação e conhecimento e que, devido à injustiça social, só trabalhavam para matar a fome já estudaram e agora sabem ler, sabem escrever... Outros ainda não conseguiram, mas há a preocupação com a educação, com o estudo que se completa com a questão de formação. Claro que tem alguns companheiros que já discutem mesmo sem saber. Não tem esse negócio de dizer que só os dirigentes organizam, e que só eles podem ser da direção da cooperativa, do próprio assentamento e do acampamento. Hoje já tem uma visão que tudo que conquistamos é de todos, e a assembléia é a instância maior para todo tipo de decisão. No começo do acampamento foi mais difícil, mas hoje a gente já tem esse conhecimento e não posso sair de lá, nem fazer um trabalho dentro do Movimento, sem isso ser discutido pelo coletivo... por todos.

Precisei ser liberado até para ir na escola do Movimento. Primeiro o Movimento me indicou para aquele curso, mas como faço parte do coletivo, que é o meu assentamento, tive que discutir com eles e, como viram que realmente era um curso que podia desenvolver o assentamento, eles decretaram que eu podia ser liberado por um tempo e que, se tivessem condições, bancavam alguma coisa para mim.

A organicidade do assentamento também é discutida coletivamente. Acho que agora o pessoal já está bastante evoluído na questão do coletivo. E como a gente está numa circunferência de população de quase 4 milhões de pessoas entre Caruaru e Recife, a 16 quilômetros de uma cidade que fica a uma hora de Recife e a 40 minutos de uma grande cidade, que é Caruaru, a gente tem todo potencial, água e tudo o mais, e por isso há a tendência do pessoal dizer que o nosso vai ser um dos assentamentos modelo do Movimento. E eu tenho muita esperança nisso, pelo trabalho que a gente está fazendo.

No assentamento, a gente tem a proposta de colocar todas as crianças na escola. É nosso lema! Em nível nacional, é também a proposta do Movimento, que já ganhou até prêmio do Unicef. A gente tem um grupo no assentamento que já conseguiu tijolos e material de construção para fazer um galpão na escola. Mas não saiu nenhum crédito do Incra. A gente está brigando, mas o Incra é sempre devagarinho, que nem tartaruga. Por isso, a gente conseguiu, via entidades e sindicatos, fazer o galpão para a escola e também para as reuniões. E a gente indica, a cada professora, os cursos dentro do movimento. Onde estudo também tem um curso de magistério, porque a gente consegue, via governo do estado, fazer um curso de 15 dias, um mês, para as professoras trabalharem nossa metodologia, que é trabalhar a teoria a partir da prática e para a prática.

A gente vai adquirindo os conhecimentos na escola, no grupo, e vai trabalhando para que a criança tenha uma visão da atualidade e também de desenvolvimento do seu trabalho. Por exemplo, em qualquer escola a professora pode dizer que a cenoura tem uma vitamina, só que no assentamento as crianças vêem isso na horta. Isso vai resgatando os valores, o coletivo, desde pequeno, e vai educando a criança mais perto do campo, mais consciente de suas tarefas. Porque os mais jovens não querem mais saber do campo. Querem ir para a cidade. E a criança ficando no campo tem uma visão mais concreta da realidade, o significado do que já aconteceu na vida dos pais e o porquê desta questão toda que acontece hoje no país.

A proposta do movimento é valorizar a educação, porque a gente sabe que a educação está lá embaixo. Os alunos vão na escola e saem de lá com a mesma mentalidade. As professoras não trabalham uma metodologia, uma forma de fazer com que aquele aluno se capacite, que vá se valorizando ou se desenvolvendo. E hoje o movimento tem a preocupação de fazer com que o aluno aprenda e se valorize.

São muitas as diferenças entre as escolas tradicionais e as escolas do MST. Eu já fui da escola tradicional e sei como é a realidade do ensino. Primeiro, é a desmotivação dos professores, devido às questões sociais, devido ao salário e também ao próprio governo, que não faz uma capacitação com os professores de seis em seis meses ou de ano em ano, para que eles busquem outras formas, outras metodologias. E outra questão também é o próprio aluno, que passa necessidade em casa e não tem um rendimento melhor. Por isso, acho que não é problema só da educação, mas também da questão social.

Não gostei do começo da minha vida, que foi bastante chocante. Principalmente quando morei na cidade grande e a gente passou tantas dificuldades. É uma coisa que me abalou um pouco e não deixa de mexer com qualquer pessoa que passe por essa situação. Mas o momento mais triste da minha vida, que senti bastante, foi o massacre de Eldorado dos Carajás. A gente fica indignado, mas por outra parte também dá mais força para continuar na luta. E uma coisa que sempre valorizei e gostei, e que sempre sonhei, foi uma escola diferente.

Quando era pequeno, sempre pensava: "Poxa! se o governo fizesse uma escola diferente..." Porque minha mãe falava que no tempo dela, depois da 4ª série, tinha um tipo de vestibular, que a pessoa tinha que passar ou não. Por isso, acho que antigamente a escola puxava um pouco mais e era melhor para os alunos. E pensava que a educação no Brasil tinha que ser assim, porque ia mudar o país. Achei que, quando entrei na escola do Movimento, meu sonho estava sendo realizado...

Era como se eu tivesse planejado a escola, porque lá a gente trabalha a questão da organicidade, da administração, da política ideológica... e o pessoal é dividido em setores e tem uma renda per capita, que vem do próprio Movimento, para a gente se manter. Mas a outra parte a gente tem que se virar. A gente contrata professores e nós mesmos pagamos eles. A gente compra e vende alimentação e trabalha toda a questão da gestão de uma cooperativa de alunos, que precisa funcionar com uma assembléia e com reuniões de direção.

A gente vê hoje como nossos companheiros mudaram. No começo eram uma coisa, e hoje são um coletivo, onde cada um é valorizado. O objetivo do curso é cada um buscar seu próprio desafio. Hoje todos têm sua habilidade, cada um tem seu conhecimento, e a gente está dia a dia procurando aprender mais e vendo que o pessoal está se desenvolvendo. E, quando entrei na escola, tudo isso bateu bastante em mim. Foi uma coisa de confirmar o que eu sabia, que o Movimento é útil e está pensando em tudo, principalmente na educação. Sempre sonhei com um Brasil diferente, e agora estou vendo muitas coisas acontecerem... Não sei se vou ficar até o fim, mas já gostei do que vi. Isso é uma coisa bastante interessante na minha vida.

Era isso...

Entrevista: SUZANA LOPES SALGADO RIBEIRO, 30 de abril de 1997.
Textualização: SUZANA RIBEIRO, MARCO ANTONIO LA FEMINA e FÁBIO DE BRITO.

> Em busca de terra
> nós vamos caminhar.
> Queremos paz, não queremos guerra,
> só queremos terra pra poder plantar!
>
> Marcos e Adilson Monteiro, "Rock da reforma".

MARQUINHOS
Espírito Santo

MARQUINHOS, *compositor e cantor de várias músicas do MST, como representante do Espírito Santo, narrou sua história de vida. Com características muito diferentes da maioria — que poderiam defini-lo como dono de "um jeito de artista" —, seu ingresso no Movimento deveu-se não só à trajetória de trabalhador rural, mas especialmente ao curso para Técnico em Administração de Cooperativas, em que se formou. Já como militante do MST, encontrou espaço para a atividade musical numa área muito prezada pela organização: a animação nacional de acampamentos, assentamentos e encontros feita através das chamadas Místicas. Nelas, membros do próprio Movimento realizam apresentações artísticas, que envolvem teatro, poesia e música, sempre com conteúdo relacionado à luta pela terra e à transformação da sociedade. Marquinhos atestou a importância mobilizadora da animação quando cantou suas músicas — conhecidas de todos na Marcha — durante a entrevista. A ascensão do MST entrelaçada à sua própria — ao ser alçado pelo movimento social como músico, com uma de suas canções considerada o verdadeiro "hino" da Marcha — é expressa no orgulho e na felicidade em falar sobre os planos de gravação de um CD com outros artistas. E também no modo de não largar o violão, que esteve presente em toda a narrativa...*

Estou aqui por quê?
É pelo MST!
O povo grita: justiça no país!
Não sou eu que falo,
é o povão quem diz....

O meu nome é Marcos Monteiro dos Santos, mais conhecido como Marquinhos Monteiro. Como faço e canto músicas no Movimento, o pessoal acabou dando esse nome agora, na Marcha Nacional. E acabei ficando conhecido por todo mundo! Nasci em Rio do Sul, no Espírito Santo, numa cidade de nome Pinheiros... A minha infância foi até legal... Mas a minha família sempre foi pobre, sempre trabalhou pros outros...

O meu avô tinha bastante terra, era um dos homens mais ricos de Montanha, um lugar que faz quase divisa com a Bahia. Um dos homens mais ricos! Mas, depois que meu avô morreu, meu tio mais velho conseguiu vender tudo o que ele tinha. Então ficou na miséria, basicamente...

O meu pai era peão boiadeiro... trabalhou na questão de gado muito tempo. Quando eu tinha 7 anos de idade, nós saímos dessa região de Pinheiros e viemos morar na de Jaguaré — uma cidade que trabalha com a cultura do café, da pimenta-do-reino e com o gado. Aí, meu pai fez a experiência de trabalho como meeiro: trabalhava lá com a lavoura de café de um fazendeiro...

E nós crescemos, desde pequenos, trabalhando, puxando enxada, eu e meu irmão. Meu irmão mais velho foi para a cidade, estudar. Tinha privilégio porque era mais velho... E eu fiquei na roça, trabalhando. Mas também se estudava no interior. Como a questão da lavoura foi crescendo, meu irmão precisou abandonar os estudos e vir nos ajudar porque era muito serviço. Nesse período, passamos muita dificuldade porque quem trabalha à meia...

Na verdade, não existe essa questão de à meia! Porque trabalhar à meia é o seguinte: o cara tem a terra, tu mora na terra dele, planta, faz todo o trabalho — carpina, limpa, desbrota, colhe, seca, e divide o lucro com o indivíduo! E ele diz que isso é meia, mas eu não concordo. Mas meu pai trabalhava assim...

Nós sempre trabalhamos muito. Nossa infância era mais trabalho do que qualquer outra coisa, porque com 8 anos de idade já puxava enxada para sobreviver... Tinha que trabalhar MUITO!

Tinha suas partes boas... que era matar passarinho! Até dou risada quando lembro disso!!! Era a única coisa melhor que tínhamos para fazer! O restante mesmo era a gente trabalhar muito... Desde pequeno, sempre trabalhei na terra. O meu maior sonho era ser agrônomo.

Naquela época, eu estudava. Sempre mexia com terra e ouvia falar de sem-terra... Mas eu até nem concordava com a idéia de sem-terra!... Por quê? Porque não tinha conhecimento, e os meios de comunicação não passam o que realmente são as coisas. Pelo contrário, eles passam de um jeito que a gente acaba ficando contra! Resumindo: antes de entrar no Movimento Sem Terra eu era contra!... Por não conhecer a realidade...

Uma vez, teve um conflito, em que morreu um fazendeiro, lá no Espírito Santo... Fiquei "puto da cara":

— Pô! Mas como é que os caras vão entrar na terra dos outros e ainda matam o dono dela!?!

Pensava assim por não ter uma consciência política... Os meios de comunicação não passam realmente o que é isso, por que acontece, e nas escolas também ninguém trabalha essa questão social! Por que tem pobre? Por que tem rico? Aí, os caras vêm com a mania:

— Porque Deus quer que seja assim... Quando você morrer, tu vai pro céu porque é pobre aqui na Terra...

E assim acaba sendo ignorante no conhecimento das coisas, né? É o que acontece com a maioria da sociedade: ninguém tem conhecimento... Como você vai falar:

— Pô, mas o cara não entende o que é reforma agrária!

Mas quem já explicou ao indivíduo?! Eu era um desses! Um analfabeto nessa linha dos conflitos sociais, basicamente de terra... Quando fui entendendo o processo, comecei realmente a trabalhar essa questão... E, como senti que conseguiria me expressar MELHOR no campo da música, foi lá que comecei a investir mais!

A primeira música que fiz e que realmente comecei a trabalhar nessas questões dos temas sociais, nem conhecia o Movimento Sem Terra! Foi a época que o Chico Mendes morreu... E aquilo me sensibilizou... Fiz até uma música que era assim:

Terra mal dividida,
toda na mão do patrão.
Tanta gente explorada,
pois nas nossas mesas
ainda falta o pão...
Em busca de terra
nós vamos caminhar.
Queremos paz, não queremos guerra,
só queremos terra pra poder plantar...

Lá no estado do Espírito Santo tem uma escola com o nome "Escola Família Agrícola" — EFA — e, com uns 13 anos de idade, comecei a estudar nesse colégio. Fiz o 1º grau tudinho, até a 8ª série. Quando estava terminando a 8ª série, entrou um menino de um assentamento, o de Vale da Vitória... O nome dele é Marquinhos também! E nós fizemos bastante amizade. Eu sempre falava com ele:

— Ô cara, quando terminar meu curso — me formar técnico agrícola —, vou trabalhar no assentamento porque não vou trabalhar de "meia" como meu pai...

O colégio é um colégio internato. Funcionava assim: estudava numa semana no colégio e na outra voltava pra casa, para trabalhar com meu pai, e estar sempre em contato com a terra... Lá tinha vários cursos, eram 17 matérias, e entre elas as que mais gostava eram zootecnia, criações, cultura e agricultura. Porque as outras — física, matemática... — eu não era muito "chegado", não! Porque eu gostava muito da terra, né?

Quando já estava com 15 anos, terminando o 1ª grau..., nesse período, em abril, meu pai foi assassinado. Ele... foi assassinado por um ladrão... Estava vindo da cidade... O cara tentou roubá-lo... eu acho que foi assim... e acabou matando-o... Ele ficou três dias sumido! Eu estava no colégio, nessa semana... Cheguei em casa, no final de semana — porque a gente voltava para casa todo sábado —, e ele não estava... Nós pensamos que ele tinha ido na casa dos parentes dele, que moravam na cidade... Aí, eu fui na cidade, procurei... também não consegui encontrar... Voltei... Na segunda-feira, nós saímos num mutirão de gente procurando, porque nunca tinha acontecido aquilo! E, por incrível que pareça, consegui... encontrar... Eu e minha mãe... encontramos ele morto... Já tinha três dias que ele havia sido assassinado!

Olha... Para mim, aquele foi um dos momentos mais tristes da minha vida... Meu pai era uma pessoa super... legal... comigo... Fico emocionado... e até gaguejo muito quando falo disso... Ele nunca me deu um tapa e era uma figura... um verdadeiro pai! Realmente lutava pelo objetivo dos filhos... O que a gente queria estava na mão! Eu tinha muito dengo com meu pai, por ser o caçula da família! Engraçado! Era o caçula porque, nesse período, pouco antes dele morrer, veio um irmãozinho! Meu irmãozinho ia completar um ano... Meu pai foi assassinado no mesmo mês... Para nós foi um "puta" choque!

Era época de colheita do café... E o meu irmão mais velho estava morando no Rio de Janeiro, trabalhando... Ele tocava lá, meu irmão também é músico... Foi uma época difícil, porque eu também estava estudando, terminando... Era meu último ano e não podia desistir porque, imagine: terminava a 8ª série! Mas tive que voltar pra casa, porque era a colheita do café... Minha mãe ficou sozinha com minhas quatro irmãs... Somos três homens e quatro meninas. Tinha uma irmã mais velha que trabalhava nessa cidade de Pinheiros... E as outras também estudavam numa escola comunitária, que é a mesma linha da Escola Família Agrícola, que eu freqüentava.

Tive que voltar pra casa... Comecei a trabalhar... Foi o ano que mais trabalhei em toda minha vida, porque a gente tocava 15 mil pés de café!... E tinha que colher tudo aquilo na peneira, na mão! Aí, meus colegas do colégio fizeram mutirão, vieram me ajudar para não desistir! E foi tudo assim... O pessoal da comunidade nos ajudou... Meu irmão, no final da colha, da colheita, largou tudo que ele tinha lá no Rio — emprego, tudo! — e retornou para casa...

Quando tinha o meu pai, eu trabalhava, mas a responsabilidade em si, de tocar realmente as coisas, não era minha. Contribuía, mas não com a responsabilidade de um chefe de família... Mas, depois que meu pai morreu, sobrou tudo pra mim, porque meu outro irmão não estava em casa e minhas irmãs eram todas novas... Basicamente, sobrou pra mim... Tinha que administrar o dinheiro, contratar pessoas para ajudar a gente a trabalhar... À tarde, tinha mais ou menos 50 sacas de café para eu carregar sozinho! A distância era enorme, e cada saca pesa até 120 quilos!... Na época, tinha só 15 anos... Foi uma época muito dolorida...

Depois que meu pai morreu, apareceu tanta dívida pra gente pagar que não sobrou nada! Não sei por quê... Nós terminamos de pagar nossas dívidas o ano passado! Comecei a quitar tudo aquilo.

E assim foi... Como não tinha sobrado dinheiro, eu e meu irmão tínhamos que fazer a tal da empreitada, na qual a gente trabalha pros outros... Como a gente tinha montado um conjuntinho de música — por influência do pessoal da comunidade —, trabalhávamos todo o dia e ensaiávamos das 8 até as 4 horas da manhã! Tinha que andar seis quilômetros a pé: chegávamos no local do ensaio podre de cansado! Tínhamos que descer lá para ensaiar... Voltávamos mais 6 quilômetros a pé! Chegava em casa, dormia mais ou menos meia hora, e andava mais uns 6 ou 7 quilômetros até o local de trabalhar! E trabalhava o dia todo puxando enxada...

Nessa vida, sempre se desdobrava para conseguir se alimentar, porque, como não tinha sobrado dinheiro nenhum das safras, tínhamos que nos manter através de diárias, vendendo serviço pros outros! Mas, com o tempo, nós começamos a tocar e isso começou a render mais... nossa situação financeira foi melhorando... Pelo menos o trabalho pros outros foi evitado. Nós trabalhávamos basicamente dentro da roça desse cara que minha mãe mora: gosta tanto desse indivíduo que não sai de lá!... Minha mãe mora lá até hoje!...

Assim, terminei a 8ª série e comecei o 1º ano... Esse colégio já passou para o 2º grau e, como eu queria fazer agronomia — tinha que ter o 2º grau —, continuei no mesmo colégio. Continuei fazendo o curso técnico de agropecuária... Mas estudei um ano e saí... Quando ia para o 2º ano, esse meu amigo que vinha de um assentamento, o Marquinhos, desistiu do colégio porque ia surgir um curso no Rio Grande do Sul, que era Técnico em Administração de Cooperativas, na cidade do Braga... Ele falou comigo que ia e eu fiquei empolgado, porque, através dele, passei a gostar do trabalho do Movimento Sem Terra, mas não tinha contato, porque não conhecia a realidade deles...

Continuei estudando no colégio técnico, até que saiu esse curso e ele foi... E eu fiquei, falando para ele:

— Puta merda, Marquinho, eu também queria ir!

Queria ir na primeira turma, que eram as "cobaias"... Fiquei todo empolgado, querendo ir! Mas, como era do Movimento Sem Terra, tem as prioridades para os filhos dos assentados. E eu não fazia parte da organização e nem conhecia, por isso não me deram oportunidade... Ele foi nesse curso, mas meu nome ficou lá com os do assentamento através do Aguilar e o Kilau, que são uns caras lá das cooperativas. Inclusive, esse Aguilar é até vereador do PT e é um assentado também. Eu fiquei na minha... Mas, como esse curso de Administração tem que ter seqüência, surgiu outra turma. Nos dois meses seguintes, tinha que ter outra turma para dar continuidade ao curso... Foi onde eles me procuraram! Estavam faltando duas semanas para eu terminar o 2º ano desse curso de técnico agrícola, que é de quatro anos... Aí, chegaram e comunicaram:

— Olha, você está a fim de ir pro curso? Se você estiver, a semana que vem o pessoal está saindo.

Pô, não pensei duas vezes!... Todo empolgado, querendo trabalhar no Movimento Sem Terra! Tudo bem... Eu larguei tudo! Nessa época, também já tocava num conjunto, porque meu irmão voltou. Como nós já vínhamos tocando... ele me ensinou a tocar contrabaixo... Numa semana tive que aprender a tocar! Engraçado! Para poder tocar no conjunto... Então, falei:

— Olha, vou sair desse conjunto e não vai dar para continuar porque vou estudar no Rio Grande do Sul.

A princípio, minha família foi totalmente contra... Ainda mais porque eu era o mais querido da casa... Minha mãe só faltava me colocar no céu! Mas decidi que ia e não teve como segurar.

Fui para esse curso, abandonei tudo, a carreira de músico... Tudo para seguir esse curso no Rio Grande do Sul! Foi o ano que comecei os primeiros contatos com o Movimento Sem Terra...

Cheguei nesse curso, que até o nome é TAC — Técnico de Administração de Cooperativas —, e nós iniciamos no Braga, numa época de inverno... Imagine só! Sair lá do norte do Espírito Santo, lugar quente, e chegar numa realidade, o povo, totalmente diferente! E enfrentar o curso!

Esse curso funciona com autonomia dos alunos: é de autogestão, que se dá o nome, com teoria e prática. Tu leva a prática — a tua vivência —, chega, pega a teoria e volta à prática de novo... Esse curso, quando comecei, eram dois meses no colégio e outros dois voltaria pro assentamento. Como eu não tinha assentamento, tinha que achar algum lugar para ficar, né?

Quando nós chegamos, teve a abertura... Nós encontramos um tal de padre Ceriolli, que era o animador desse curso. Ele trouxe toda uma proposta metodológica, os contratos que a gente teria que assinar... Engraçado! Imagine só, eu todo perdido lá no meio! Não conhecia nada nem ninguém, ninguém... Estava perdidinho mesmo! E na hora da abertura solene o Ceriolli falou bem assim para nós — e essas palavras nunca saem da minha mente:

— Prezados companheiros: a rigor está aqui o contrato do curso, toda a proposta metodológica, e vocês têm até a meia-noite para dar isso tudo pronto. Senão, amanhã, não terá café, almoço, aula e nem lugar para vocês dormirem. Então, só me procurem quando vocês tiverem uma comissão organizada, dividida em grupos e em setores. E as únicas palavras que eu tenho para lhes dizer é: organizem-se. E só me procurem depois disso.

E virou as costas e saiu! Para nós, foi uma loucura... Uma loucura! Mas já tinha gente que tinha passado em alguns laboratórios, com experiência, com muito tempo de Movimento Sem Terra, que deu uma luz!... Começou a dividir em setores... Eu fui para um tal de setor chamado Sefor, que era de comunicação e informação. Ao mesmo tempo, nem sabia o que era!... Mas entrei e fiquei...

Retornei pra casa de novo no final dos dois meses. Cheguei e falei assim para minha mãe:

— Mãe, eu não volto mais nesse curso, não. Porque lá é lugar de maluco!...

Sabe o que me falaram em casa?!

— Não! Agora você vai ter que voltar! E vai ter que terminar!!

Engraçado! Então, fui me desafiando, falei que não voltava, mas fiquei pensando... No último dia, o pessoal chegou, me procurou para saber se eu voltava... Fiquei sem jeito de falar que não e retornei... me acostumei no curso!

No setor de comunicação, a gente fazia propaganda de rádio. Eu me dei bem, porque entrei mais no lado que gostava, da música... Esse tipo de coisa... Já comecei a me sentir mais em casa... Trabalhei nesse setor umas duas, três semanas. Depois, ficou muito enfocado numa coisa que eu detestava, que era ficar atrás de mesa, fazendo chamada, diário... Detestei!

Então, me mandaram para o setor de agroindústria, que também era uma coisa que realmente gostava, devido à realidade do curso que fazia antes. Trabalhava com embutidos: fazia doces, esse tipo de coisa... e nós conseguíamos manter nossa empresa. Como era autogestão, era um trabalho independente. Eu me senti mais à vontade... Comecei a fazer bastante amizade com o pessoal, contribuir... E já comecei a fazer até algumas músicas para o Movimento Sem Terra, lá nesse curso... Fui me entrosando!

Naquela época, fiz minhas primeiras músicas, ainda no colégio, usando melodias prontas... Tirava algumas coisas que já existiam de algumas músicas e colocava só as letras em cima! Depois, fui analisando: "Pô, vou ter que realmente criar alguma coisa! Fazer letra e pôr ritmo!..." Daí que comecei a maquinar essa questão da música em si, do Movimento...

Lá, sempre recebi muito carinho! Não sei se porque tocava ou porque eu era mesmo querido do pessoal do colégio... Assim, me incentivavam muito! Um colega que eu tinha, que trabalhava na EAP, o Zequinha, que também é do Espírito Santo, me incentivava muito esse lado. Foi aí que começou... Passei a ouvir outros tipos de música, porque eu ouvia muito sertanejo, "breganês", esse tipo de coisa... Não gostava de Zé Geraldo, Zé Ramalho, Belchior... Desses cantores bons, não gostava de nenhum! E o Zeca começou a trabalhar essas questões comigo!

Foi quando comecei a ouvir e realmente passei a enxergar mais longe no campo da música... Foi o que me dava inspiração para trabalhar nessa área!

Uma música que também fiz lá é essa, "Novo amanhecer":
Mais um dia vai amanhecer, logo o
sol já vai nascer;
se prepara pra poder trabalhar:
"somos pobres, temos que lutar";
se é roceiro, carpina a roça;
se é pedreiro, a casa constrói;
se é vaqueiro, toma conta do gado;
com sacrifício fazem tudo calados...
Assim que sobrevive trabalhador rural
que trabalha
de sol a sol para ganhar o pão:
tudo o que eles fazem não tem valor,
é explorado pobre trabalhador pelos
"marajás"
Pobre pros ricos não vale nada
que eles não sabem o que é o peso de
uma enxada:
do bom e do melhor os ricos bebem
e comem;
com um salário, o pobre passa fome,
Brasil você tem tantas riquezas
mas os homens
que governam não pensam
em ninguém...
tudo já virou mais que um pesadelo,
nosso país nas mãos dos estrangeiros,
"ninguém vive bem"!

Nessa última parte, até entrei um pouco nas privatizações, sem entender muito o contexto! Fiz há muito tempo atrás, sem saber que ia acontecer isso!

No colégio, eu era assim, bem danado, né? É engraçado! Não é bem assim! É brincadeira... Eu vim conhecer a Dirce, que também contou sua história de vida, praticamente nas últimas etapas do meu curso: acho que foi na sexta ou quinta etapa... Na verdade, já conhecia... Ela namorava com outro colega meu — um namorico bobo! E eu namorava com uma colega dela, uma loirinha, a Márcia. Então, era assim: a Dirce levava recado da Márcia para mim e eu levava do meu colega para ela... Porque lá era proibido o namoro... Existem uns critérios, que eu, particularmente, acho bobos. Enfim, não devíamos namorar!

Mas foi acontecendo... Eu e a Márcia terminamos... Depois, a Dirce também terminou com esse cara. Mas nunca tinha pensado... Jamais ia imaginar que a gente namoraria um dia... Tinha ela como uma amiga, até assim meio distante...

Eu tocava violão na escada, ela sempre vinha e conversava comigo, mas nada assim, de amor. Aí, um dia, fui convidado para tocar num barzinho lá na cidade. Em Veranópolis, uma cidade do Sul de "puro gringo", tudo italiano... Imagine: só eu negro!... O pessoal todo cheio de preconceito!... Mas o dono de uma sorveteria me convidou para ir tocar lá. Convidei o Juarez, um colega meu, que tenho como um irmão. Ele mora em Júlio de Castilho, vai casar final desse mês e eu vou ser o padrinho de casamento dele! Nós fomos e a Dirce chegou perto e começou a conversar. Mas ela nunca tinha feito aquilo: pô, achei estranho!... Pensei:

— Ela está a fim desse meu colega...

Porque o cara é bem gente fina, né?... Aí, nós convidamos ela para ir. Ela foi...

À noite, eu falei:
— Ô Dirce! Vamos lá junto?
— Ah, não vou não!

Fiz uma cara de denguinho:
— Ah, vamos?...
— Só se você falar de novo...

Aí, brinquei e falei de novo... E ela foi! Desse dia para cá, a gente começou a namorar... Só que tinha que ser escondido, ficava até altas horas da madrugada estudando... E tinha vezes que a gente começava a namorar às 4 da manhã. Imagine!? Aquele colégio...

No último ano que íamos ficar na cidade de Braga, aconteceu um incêndio no colégio! Queimou todas as minhas roupas, todos os meus materiais! Não só meus, mas de mais de 23 colegas! Aconteceu esse incêndio e queimou todas as nossas coisas... Fiquei sem nada, basicamente — roupa, material —, nada, nada, nada!...

Retornei para casa... Fui comprando minhas coisas de novo, devagarinho, mas não desisti mais do curso. Continuei o processo: nós mudamos de local, fomos até Veranópolis, que é a cidade que o colégio, o Iterra, está atualmente. Trabalhei todo o período do curso. Terminei... Tem um ano que eu me formei! Voltei para o estado do Espírito Santo...

Aí, comecei a contribuir com o pessoal na área do cooperativismo, que a minha formação foi para isso, né...? Fui trabalhar fazendo projetos, planejamento e organização da produção, a questão da comercialização em si. Ajudei o pessoal a organizar um supermercado lá na região, que era até para eu atuar na parte administrativa, ser o gerente desse supermercado. Mas, como não gosto muito da burocracia — não é muito o meu campo, sou mais sapeca, prefiro estar mais em contato com o povo —, eu não quis... Mas, mesmo assim, continuei atuando nas contabilidades das cooperativas e tudo mais...

Trabalhei diretamente em dois assentamentos. O assentamento "13 de Maio", que fica na região de São Gabriel da Palha, mais ao sul... E trabalhei no assentamento "Pipenuque". Foi um dos primeiros, é até assentamento-modelo do Movimento Sem Terra... Na cooperativa de lá fiquei só uns dois meses. Eu doei meu trabalho: nunca recebi dinheiro para trabalhar... Sobrevivia nos assentamentos, mas o meu trabalho era doado para o Movimento Sem Terra. Um ano todinho trabalhei assim...

O dia-a-dia nesses assentamentos era muito puxado, porque fazia muita coisa! Além de administrar projetos, fazer planos de produção, eu ainda tentava trabalhar a organização do assentamento. Nos últimos dias, estava organizando uma cooperativa regional. Trabalhei na organização e fundação de duas delas. Então, era muito puxado mesmo, porque tinha que se deslocar, fazer trabalhos, assentamentos, conscientização do pessoal sobre qual era a importância deles terem organizado uma cooperativa regional...

A cooperativa regional é diferente de uma CPA, que é a cooperativa de base. A regional tem a capacidade de absorver trabalho de outros assentamentos em volta, pegando toda a região, enquanto que a CPA só pega um assentamento e é fechada. A cooperativa regional dá abertura para as mulheres, os jovens e mesmo o pai de família — como se diz, "chefe" de família, mas detesto essa palavra — e todo mundo pode se filiar a essa cooperativa... Trabalhei muito essa questão...

Nas cooperativas, os sócios, que são os assentados, têm ligação direta com ela porque produzem, conforme a região. Por exemplo, no Espírito Santo se trabalha muito a questão do café, que é o que mais predomina. Depois vem a pimenta e alguns produtos de subsistência. Também tem algumas cooperativas que trabalham com gado de leite, pequenas criações, horta, fruticultura...

Trabalhei basicamente um ano nessa área de cooperativa. Então, o pessoal sentiu que eu não estava mais me sentindo bem trabalhando naquilo, que não era muito o meu forte... Mesmo fazendo as coisas direito, eu não gostava. Depois que terminei o curso, esqueci um pouco a questão da música... Como fui trabalhar com administração, deixei um pouco esse lado: nem tocava mais violão, para ser sincero... Parei, larguei tudo!

Então, surgiu um curso de músico do Movimento Sem Terra, aqui em Brasília — promovido pelo MST com a ajuda da Secretaria da Cultura, e feito no Facincra, uma sede dos funcionários do Incra. Foi quando o pessoal me mandou vir para cá. Eu vim, participei desse curso aqui...

Até o próprio pessoal da oficina de música já tinha conversado com aquele meu amigo, o Zequinha, aquele que sempre me incentivou na parte musical... Sempre conversava com ele e falei que preferia trabalhar no Movimento, mas na área cultural. Eu me sentiria melhor... Acho que conseguiria até contribuir mais no Movimento Sem Terra! Foi quando eles me mandaram para essa oficina... Lá, conheci o Zé Pinto, que já tem dez anos de Movimento Sem Terra e sempre atuou mais na área de música. Comecei a fazer amizade com esse pessoal e logo eles me colocaram na coordenação.

A oficina de música reuniu vários cantadores do Movimento Sem Terra! Várias pessoas que se dedicam a escrever letras de músicas no Movimento... Reunimos esse povo e fizemos uma oficina, acho que de mais ou menos dez dias... Então apresentei as minhas músicas, e por sinal o pessoal gostou muito! Comecei realmente a atuar e senti que poderia contribuir nessa parte. Foi quando passei a escrever algumas letras de músicas... Tem muito pessoal que escreve música boa, tem vários cantadores do Movimento, todos muito bons!! A questão da cultura no Movimento é muito rica...

Assim, teve uma discussão com todo mundo, em nível estadual e nacional. O pessoal decidiu que, depois dessa oficina, eu teria como acrescentar na parte de musical. E que tinha provado isso para eles! Teve toda uma conversa entre eles e, como gostava disso, fizeram o convite e aceitei! Em seguida, o pessoal já me colocou na Brigada Nacional dos Músicos do Movimento Sem Terra, para atuar na coordenação. Tem eu, do Espírito Santo, o José Pinto, de Minas Gerais, a Ires e o Graciano, do Rio Grande do Sul.

Atuei... Voltei para o meu estado e, desse dia para cá, me mandaram num curso de jovens na Bahia: lá trabalhei uma semana. De lá, fiquei mais 14 dias no Sergipe. Vim até o Rio Grande do Sul... Nunca mais parei! Agora, estou atuando mesmo mais na área de música do Movimento Sem Terra.

Comecei a atuar realmente na área musical tem uns sete meses. Vou nos assentamentos, acampamentos, faço trabalho com o pessoal da parte cultural... O pessoal sem-terra tem uma garra muito grande! Parece que aprende a cantar muito fácil! Logo, mostro a eles que pegam e cantam as músicas. É um pessoal muito animado, apesar das dificuldades que passam: esse dia-a-dia debaixo da lona preta, com o sol, a fome, a miséria... Mas a animação, a mística, nunca deixou de existir dentro dos acampamentos e assentamentos! A mística de animação é MUITO forte mesmo! Muito forte... E isso contribui, porque a gente realmente dá ânimo ao trabalho!

Fiz um trabalho assim que gostei muito! Foi em Sergipe, onde nós trabalhamos acho que uns 11 acampamentos. Foi muito boa a recepção do pessoal!!! Aprenderam as músicas... Foi uma coisa muito marcante!...

A gente marca, chega lá e faz a formação com o pessoal: explica um pouquinho da cultura, do porquê dos meios de comunicação botarem determinado tipo de música para ouvir, e não outro, a questão da alienação... Por isso o pessoal acaba preferindo cantar as músicas do Movimento! Elas pegam! Porque o que a gente canta é tudo o que o pessoal realmente sente na pele! É o dia-a-dia do povo!!! E não tem coisa melhor do que falar do cotidiano cantando, acompanhado por um violão ou qualquer outro tipo de instrumento...

Outro trabalho que gostei muito foi no Rio Grande do Sul. Fiquei uma semana lá e trabalhei numa Jornada — que é como o pessoal fala — no assentamento... Para mim, foi muito bom! A experiência foi muito boa!!! Sinceramente, estou gostando do trabalho que estou fazendo... E não estou parando mais!

Como é cantar numa área de conflito?... Vou contar o caso mais recente: nós fomos agora em Eldorado dos Carajás. Lá estava até o pessoal que participou daquela chacina!... Alguns policiais, inclusive... Mas, quando se está no meio do povo com um objetivo, a gente se sente muito encorajado! Até somos capazes de gritar assim:

— Pô, você quem matou um companheiro nosso!

O calor do povo faz com que a gente realmente se sinta à vontade...

Perca o medo de tudo! Pois está fazendo alguma coisa vendo que tem objetivo! Se morrer, morreu por uma causa justa! Não posso confirmar que fomos ameaçados lá... Mas, logo que chegamos na cidade, a televisão local veio e fez uma entrevista com a gente. Logo, eu cantei uma música, que é um *reggae* que fiz. A música falava assim:

> *Companheiros que nessa luta*
> *já tombou*
> *Corumbiara e Carajás*
> *a chacina que marcou*
> *Ó...*
> *a polícia participou...*
> *Ó...*
> *e até hoje não revelou*
> *os criminosos que mataram*
> *o pobre trabalhador*
> *Ó...*
> *porque a polícia participou.*

E isso saiu na televisão local! Aí, fomos almoçar num restaurantezinho e, logo que sentei, chegaram dois caras e falaram:

— Vocês são os cantores?

Respondi:

— Não... Eu canto, mas não sou cantor...

Depois que os caras saíram, outros falaram para mim:

— Esses caras são dois federais...

Os caras já estavam procurando a gente! Depois que vimos que o lugar era perigoso, nós mudamos: por exemplo, fomos de ônibus e voltamos de trem! Essa situação dificulta, né? Contando, é engraçado, mas na hora não dá!

Mas onde tem um sem-terra a animação é muito grande! Os caras da cidade cortaram a energia e ficou assim até as 8 horas! Como tinha um carro de som, eu mais o Zé Pinto esquentávamos o povo! Não teve tempo ruim... Xingava os caras! Claro, como tinha cinco mil pessoas, dá muita coragem!!! A gente fica muito corajoso, né? Foi muito bom o ato... O Zé Geraldo participou também... Não esperavam que o pessoal fosse ficar lá até o final.

Já conhecia o Zé Geraldo de outros carnavais, de outras festas... Todas as festas dos sem-terra no Espírito Santo, ele está junto! O Zé Geraldo é considerado um sem-terra! Ele, o Nil Bernardes e a Leci Brandão são artistas que já dá para considerar como "sem-terras"! É um pessoal fantástico... muito gente boa mesmo!

Fomos fazer um ato também no Pontal do Paranapanema, que foi muito bom porque teve a participação do pessoal da cidade! Tinha acontecido recentemente um confronto, onde um rapaz tomou um tiro... No dia do ato não teve problema nenhum. Os jagunços estavam lá, armados, mas não amedrontaram mais ninguém, apesar das armas... A força e a vontade do povo fala mais alto, né?

Ultimamente, retornei pra casa... Meu irmão mais velho me fez outra proposta: sair do Movimento e tocar com ele. Atuar na área de música junto com ele. A proposta que ele me fez era que voltasse para ser só vocalista, não precisava tocar instrumento nenhum, e ganhar 400 reais por noite! A proposta é até tentadora, se olhar pelo lado financeiro... Mas eu disse:

— Claro que não!

Porque tenho todo um projeto de vida e não me sentiria bem se pensasse simplesmente em mim... Tem mais coisas além do financeiro para fazer, e contribuir com o povo... Ele ficou até meio "puto da cara" comigo! Mas ele não se importa muito... Já acostumou!...

Naquela época, ia sair a Marcha, no dia 17. Fui em casa rapidinho, passei um dia só, já fazia uns dois meses que não ia! Minha mãe ficou meio brava, porque não estava indo mais em casa! Mesmo depois que meu pai morreu, minha mãe continuou morando nesse local onde sempre morou. Tem treze anos que ela mora nesse dito lugar. Acho que hoje o dono treme de medo se ela quiser sair!... Porque nosso tempo de trabalho é muito grande, dentro da fazenda dele: são treze anos de trabalho sem carteira assinada, sem nada!... E ele fica tremendo de medo, pois, se um dia minha mãe sair, ele tem que dar todos os direitos, né?

Estou esperando ela se manifestar a esse respeito, porque fica até meio difícil chegar para ela e falar:

— Sai!

Eu não paro em nenhum lugar... Como o meu trabalho é na área de música, em nível nacional, fica complicado tirar ela de lá e não dar acompanhamento. Mas, pelo que pude sentir da última vez que estive em casa, ela está querendo sair. Ela já enjoou de trabalhar na roça! Minha mãe sempre trabalhou lá... Sempre lutou, desde pequena, trabalhando... Ela já está cansada! E eu falei com ela:

— Não adianta querer ir pros grandes centros urbanos, porque é besteira! Se tiver que sair, compra um sitiozinho pequeno perto de uma cidade, onde as minhas irmãs possam estudar... e permanece lá na terra mesmo.

Porque não adianta! Ela não vai se acostumar em cidade porque nós viemos da terra. É besteira ir pra cidade! E hoje ela não tem mais idade para trabalhar, se empregar... Todo problema que ela vai enfrentar! É uma mudança de hábito muito radical, né?...

Antes de retornar de casa até São Paulo, para participar da Marcha, fiz duas músicas... Uma música é "O povo grita", e a outra é "Até quando?", que tem um pedaço assim:

Estou aqui por quê?
É pelo MST!
Estou aqui por quê?
É pelo MST!
O povo grita: JUSTIÇA NO PAÍS!
Não sou eu quem falo, é o povão quem diz...

O pessoal fala que essa música se tornou o hino da Marcha! Eu fiz assim... em 20 minutos! Fiz as duas músicas, porque meu irmão até me ajudou nesse dia. Quando chegava nas Marchas, parecia que era um filho de cada uma delas. Não dava conta de atender todo o pessoal! O carinho que eles tiveram por minha pessoa... Não é que quero dizer que sou o grande... Mas o pessoal dá muito carinho pra gente! Se retribuir, aí parece que é da família! Assim, me senti muito bem de ter conhecido esse povo. Precisa ver o afeto que eles têm por mim!... É uma preocupação... Não posso ficar meia hora triste, que já começa a chegar gente:

— Que é que você tem?...

É assim onde chego... Ah!.. É até difícil de explicar!... É muito bom!

Vim iniciar essa caminhada na Praça da Sé, em São Paulo. Caminhei com o pessoal até Campinas; de lá, retornei de novo para São Paulo. Tinha que fazer uma gravação, um CDR... Eu tinha umas músicas — essa que estou falando e o *reggae* que fiz. Nós tínhamos que gravar e orquestrar, por isso voltei... O Nil Bernardes, da Orquestra da Terra..., ele que está nos ajudando a fazer essa produção. Nós ficamos uma semana em São Paulo, gravamos...

Deram estúdio e orquestra, tudo de graça para nós. Nós orquestramos e cantamos essas músicas lá...

A gravação foi assim: tem um colega meu, o Mineirinho, que mexe com tudo quanto é coisa... Ele descobriu o Nil Bernardes, o Juarez Soares, comentarista do SBT, e a Alzira, que é produtora do Nil Bernardes. Nesse show de Campinas, eles foram observar quem do Movimento poderia gravar algumas músicas... E, por incrível que pareça, cantei lá!... Ele tinha levado, mas eu não sabia... Cantei aquela música, "O povo grita"... Aí todo pessoal cantou comigo!... Eles já ficaram impressionados!

Em seguida, cantei aquele *reggae* de Eldorado de Carajás, que fala do massacre... Estou tentando trabalhar uma coisa diferente, outro campo, que ainda não foi feito no Movimento Sem Terra, que é a questão da juventude em si... Envolver a juventude como a gente!... Por isso, essa música tem uma parte mais dançante, porque você sabe como é a adrenalina do jovem!

Tem as músicas populares que são muito boas! Aqueles músicos que, por sinal, escrevem muito bem! Demoro a escrever letras, mas quando faço parece que pega! É engraçado! Agora estou até "enjoado" das músicas que fiz porque o pessoal canta demais! Já estou enjoado mesmo! São vinte e quatro horas com o pessoal cantando na Marcha! Mas tem o Danilo e Daniel, que trabalham mais o estilo sertanejo, tipo Tonico e Tinoco... E ainda não tinha ninguém que trabalhasse mais esse lado *reggae*, a música baiana. Então, estou entrando mais nisso. Até estou com uma idéia de voltar para casa e montar uma fita só de *reggae* pro Movimento Sem Terra: já tenho as músicas!... Vou pedir pro meu irmão só para orquestrar para mim. Aí, vou até São Paulo e cavo um espaço para fazer a gravação.

Como estava contando, eles me viram e a Alzira falou:

— O Marquinhos e o Zé Pinto vão gravar.

Passei as minhas músicas numa fita com um colega meu, o Paulo, um percussionista que tem um estudiozinho lá... Mandei só no violão! Ela mandou para o Caxote, que é um maestro muito bom e que faz arranjos para a Fafá de Belém, para o Djavan... Ele fez de graça para nós! Orquestrou essas duas músicas! Fomos num estúdio do produtor das irmãs Galvão, que deu um pouco do tempo ali. Conseguimos gravar uma música com o Juarez Soares, que fez uma poesia e o Nil Bernardes musicou. Nós gravamos essa música junto com ele, a Bete Carvalho, as irmãs Galvão, o Douglas e Edson, Beto e Betinho, Mariano Maia, Adalto Santos, eu e o Zé Pinto... Nós gravamos e no outro dia fomos a um outro estúdio para gravar essas três músicas que faltavam, duas minhas e uma do Zé Pinto. Fomos colocar voz na música, e o Nil Bernardes me ajudou a fazer a segunda voz nas minhas músicas. E assim foi muito legal mesmo!

Aqui no acampamento, o pessoal cobrou muito as fitas das músicas do Movimento. Se tivesse fitas, tinha vendido todas! Foi até uma falha... Creio que teria vendido mais que o CD do Chico Buarque. O pessoal realmente gostou de nosso trabalho! Fiquei muito satisfeito com isso!... E, por isso, vou ampliar principalmente a questão do *reggae*, que foi muito bem aceita pela juventude, não só a do Movimento Sem Terra, mas a das universidades, dos colégios, onde nós fizemos palestras, durante a Marcha. Precisa ver a aceitação que teve!... Já tem um público que realmente gosta desse tipo de música! Quando se faz uma música crítica, que realmente mexe com o povo, fica bem mais fácil de conseguir trabalhar! Está previsto que o Movimento Sem Terra vai fazer um CD, depois dessa Marcha...

Depois, retornei até a Marcha Oeste, porque estava precisando de animação, e comecei a caminhar com o pessoal dali. Fiquei dois dias... Aí, já me chamaram de volta para São Paulo: fui tocar no Pontal — na área de conflito — onde teve um ato com mais ou menos cinco mil pessoas... Depois, fiquei na capital, participei do Encontro da Coordenação Estadual de São Paulo. Toquei também no Pacaembu, na praça Charles Müller, à noite... E de lá fui para Uberlândia, tocar na outra Marcha, em que estava antes. Vim para essa Marcha Oeste. Acompanhei até Anápolis. De Anápolis, tive que ir até São Paulo de novo, para a abertura da exposição do Sebastião Salgado, numa Faculdade... De lá, tornei a retornar na Marcha Oeste e acompanhei até o final...

Toda caminhada, acompanhei o pessoal e, dentro dessas Marchas, consegui desenvolver um trabalho com as crianças. Trabalhar a música no Movimento Sem Terra com as crianças... Precisava conhecer o trabalho! As crianças cantam as músicas, é bem animado!...

Na chegada aqui em Brasília, foi uma surpresa muito grande porque não tínhamos a perspectiva daquele número tão grande de pessoas! Os jornais dizem que havia 30 mil pessoas, mas quem estava aqui viu que havia mais, umas 70 mil aproximadamente...

Assim, para nós, foi uma emoção muito grande! Poder realmente sentir o calor do povo... E quando cantava:

— **ESTOU AQUI POR QUÊ?**

O pessoal respondia:

— *É PELO MST!!!*

Uma coisa MUITO BONITA, que foi muito marcante para mim... Para mim, vai ficar na história! Se um dia casar e tiver meus filhos, vou ter muito orgulho de contar. Esse desafio que fiz de caminhar 60 dias... Como não sou acampado, nunca fui assentado, vim de uma realidade totalmente diferente... não nasci em berço de ouro. A dificuldade que tinha... Depois de conhecer o Movimento Sem Terra, vi que minha vida era bem "melhor" do que a do pessoal dos acampamentos! Senti também o entrosamento com a simplicidade do POVO do Movimento Sem Terra. Esse POVO que realmente tem uma GARRA que... olha! Não sei nem como explicar!... A simplicidade desse povo... E consegui me dar bem com todos, com o meu jeitão assim... Pode ver que o meu jeito é totalmente diferente, né? Tu olha assim:

— Mas esse cara não é sem-terra!

Meu jeito de vestir é mais descontraído, usava brinco, jeito de artista... O pessoal até diz que pareço com o Djavan!!! Sou meio diferente, mas consigo me entrosar muito bem com o povo do Movimento Sem Terra, porque uma coisa sempre gosto de falar: que sou muito simples... Não é porque sei tocar ou porque canto — sempre em lugares diferentes — que estou acima de algum militante que está no acampamento. Para mim, não! Sou a mesma coisa que qualquer pessoa. Respeito qualquer criança como se fosse um adulto. O direito tem que estar acima de tudo, a simplicidade, a vontade do povo. Tenho isso muito presente.

A maior dificuldade da Marcha era a água, porque tinha lugar que a gente passava e não tinha! Mas isso não desanimava ninguém... O carinho da sociedade foi fantástico: nas escolas, nas igrejas... Olha só!... Cheguei a cantar música do Movimento Sem Terra dentro da Câmara Municipal, em Goiânia!! Estavam os estudantes, os parlamentares, todo mundo cantava comigo! A aceitação da sociedade foi muito boa, principalmente nas escolas, que era um campo que nós sempre tínhamos vontade de trabalhar. Já chegando em Brasília, estive num colégio com a presença de 600 alunos. Foi muito bom! Muito bom mesmo!

Quando cheguei aqui, estava com a Marcha Oeste. Para mim, foi muito emocionante, porque estava tomando conta das crianças!... É engraçado! Elas não me largam!... É um milagre elas não estarem aqui nessa entrevista... O pessoal diz:

— É, rapaz, realmente você arrumou seus filhos na Marcha!

Naquele dia, todos estavam segurados em mim e, graças a Deus, chegamos. Puxa!... Na hora que falaram:

— Chegamos em Brasília!

Para mim foi uma coisa fantástica!!! Ver o sofrimento que as crianças passaram na estrada e a garra delas! Foi muito bonito... Demais da conta!... O apoio da sociedade, no dia 17 de abril... Foi uma surpresa ver aquela IMENSIDÃO de gente, todo mundo gritando:

— VIVA O MST!
SAI FERNANDO HENRIQUE!

Todo mundo contra esse projeto neoliberal, todo mundo a favor da reforma agrária, contra a injustiça no país! Para nós isso foi o objetivo alcançado! Claro que tem coisas que precisam ser feitas, mas é o processo, que é lento... Acreditamos que com o apoio da sociedade o Movimento Sem Terra se fortaleceu. Porque nós somos cidadãos! Fazemos parte do Movimento Sem Terra porque é uma organização que está lutando...

O que estamos lutando não é somente para nós, do Movimento Sem Terra, mas é para o bem da sociedade. É a questão da produção, contra o desemprego, a prostituição... Lutas que são para o bem da humanidade em geral!...

No decorrer do tempo, fui me sentindo numa família dentro do Movimento Sem Terra. Hoje, vou em casa, mas não consigo mais ficar... Não consigo ficar na minha CASA. Tenho que estar no meio de muita gente... O contato com o povo faz bem e me dá inspiração!... Eu me sinto muito bem mesmo, dentro desse Movimento Sem Terra!

Eu estou voltando para o Espírito Santo. Estava sendo liberado para ir morar em São Paulo, mas o pessoal do meu estado não me deixou ir! É porque tem toda uma coordenação: o Movimento Sem Terra é formado por coordenações... E a do meu estado não me libera para sair para nenhum outro! Eu tenho que morar dentro do Espírito Santo, mesmo que preste serviço em todo o Brasil. Meu lugar de morada vai ser lá... Assim, fica mais fácil até acompanhar minha mãe, minha família: vou ficar bem mais próximo...

A Dirce fez um estágio na Bahia, ficou uma semana lá no Espírito Santo... Agora sempre mantemos contato direto. Quando estou viajando por aí, passo lá no Rio Grande do Sul, onde ela está. Por exemplo, depois da Marcha, estou indo lá, no colégio dela. Estou indo fazer animação no curso de cooperativismo. Depois, tenho que estar em São Paulo. Em seguida, volto de novo para o Rio Grande do Sul e, posteriormente, para o meu estado. Tenho milhares de lugares que me chamaram para tocar porque o pessoal não me conhecia!... O pessoal começou a me conhecer mesmo a partir dessa Marcha...

Atualmente estou pensando em, no final do ano que vem, casar com a Dirce. Ela vai morar no Espírito Santo. Nós já conversamos, e tudo indica que isso vai acontecer. Além disso, meu futuro é cada vez mais tentar melhorar o meu trabalho!... Realmente, me dedicar ao Movimento Sem Terra! Porque agora sinto que só através da persistência, da luta, do povo na rua, é que as coisas saem! Não adianta querermos esperar por governantes ou parlamentares, porque jamais vão sair!... Eles não sabem o que é sofrer! Só reivindica alguma coisa aquele que está sentindo na pele, e quando o povo sente tem que sair pra rua!... Espero que o apoio da sociedade continue. Nós, do Movimento Sem Terra, continuamos a ampliar outros campos: trabalhar com o pessoal sem-teto, de outros partidos, que realmente se identificam com a gente e que querem mudança no país!... O Movimento Sem Terra tem que ter relação com todo esse pessoal. Assim, o CAMPO DE LUTA cresce cada vez mais!...

Sinceramente, cada vez mais eu me sinto realizado! Esse povo simples, que é ignorado, que chamam de marginal, de baderneiro, é quem realmente TEM o que ensinar pra gente! Esses 60 dias que passei com eles, para mim, foi uma das maiores escolas, das melhores aulas, que já tive em toda a minha vida! Conhecer a simplicidade desse povo e o que é realmente sofrer... Porque eu não conhecia ainda esse sofrimento de ACAMPADO, de ter que levantar de madrugada, andar debaixo de chuva, passar fome! Isso não conhecia! Foi uma das maiores lições que JAMAIS esquecerei... Devo muito a esse povo que dizem que é ignorante, analfabeto. Tenho que estar direto com ele e aprender muita coisa!... Nunca sairei do Movimento Sem Terra! Enquanto estiver correndo sangue nas minhas veias, e tiver força para lutar, vou estar junto com eles!

Entrevista: ANDREA PAULA DOS SANTOS, 30 de abril de 1997.
Textualização: ISABEL REGINA FELIX, ANDREA PAULA DOS SANTOS, SUZANA RIBEIRO e LUÍS FILIPE SILVÉRIO LIMA.

> Mas é nas CEBs que os pobres se organizam
> acreditando uns nos outros e na união,
> é com os pobres que a Igreja vai se mudando
> e reencontrando o Deus da libertação.
>
> A. Bogus, "Libertação".

BENEDITO
Rio de Janeiro

*S*EU *Benedito, um senhor de aparência frágil, residente no interior do Rio de Janeiro, foi um dos mais idosos participantes da Marcha Nacional e é com orgulho que relata a proeza. O envolvimento com o MST por meio da atuação das Comunidades Eclesiais de Base da Igreja Católica em sua comunidade mostra um pouco a dimensão e o significado de como os católicos têm se empenhado nas lutas por reforma agrária em nosso país. Mais do que a organização católica dos movimentos sociais, o que transparece com vigor na fala pausada de Benedito é a presença da religiosidade por meio de um certo messianismo. É o que parecem indicar os grandes acontecimentos religiosos, vistos como parte da história da humanidade, que são evocados em comparação com a Marcha de 1997, reflexão que dá o tom de sua narrativa...*

Penso que as coisas mais importantes que aconteceram no mundo, e que ouvi falar, foi a saída de Moisés do Egito com o pessoal hebreu, a peregrinação de Jesus Cristo até a Cruz e essa Marcha... que eu pude participar!

MEU nome é Benedito Ernesto da Silva, e... nasci na cidade de Andrelândia, Minas Gerais em 12 de junho de 1924... O nome do meu pai era Ernesto Coelho da Silva, e da minha mãe Maria Anastácia de Jesus... Sou de família muito pobre, de lugar muito pobre... A gente foi nascido e foi criado em fazenda, de colono... Nosso patrão não era bom, era muito ruim, carrasco!...

Eu não tive praticamente infância. Vivi mais trabalhando... e quando ficava em casa tinha que me esconder, porque o patrão não gostava... Trabalhava na roça com meu pai e meus irmãos desde, mais ou menos, 8 anos de idade. A gente plantava milho, arroz, feijão, abóbora, mandioca, essas coisas...

Quando tinha folga, eu gostava muito de andar pro mato, tirar mel, pau de machado, caçar tatu... Muitas vezes sozinho! Não fui muito amarrado em companheiro!... A gente era em sete irmãos... Tinha três homens e quatro mulheres... E a gente gostava muito de brincar de fazer carrinho de caco de cuia... Cuia é cabaça... Tem umas que são doces, dá pra comer folgado, e outras são amargas... Depois serve como vasilha para carregar água, porque era muito difícil ter uma de plástico. Não existia! A gente fazia aquelas vasilhas para carregar água e levar pra roça... E, quando quebrava, cortava as rodinhas, redondinhas, e fazia carrinho... A gente amava muito aquilo, estimava demais!

O que me lembro de mais emocionante na minha infância é o futebol... Tinha os campos, às vezes num lugar muito difícil, assim no alto do morro, porque embaixo o fazendeiro não deixava fazer! Então, a gente fazia um campo e era um dia de festa para nós, porque, de vez em quando, um time lá de fora vinha jogar no nosso campo, e depois a gente ia lá, pagar aquele jogo que tinha ficado devendo... E eles cobravam! Tinha que ir naquele dia certo, porque ficavam esperando! Faziam despesa, ali vendiam as coisinhas... Café, faziam broa e, quando era época, vendiam laranja... Era animado, uma festa!

A lembrança mais emocionante, de quando era mocinho, é da primeira namoradinha que consegui arrumar... Fiquei muito emocionado... Parece que o nome dela era... Marieta... Foi num baile, e naquela noite... tudo bem. Mas quando procurei a moça, no outro dia de manhã cedo, foi uma dificuldade! Engraçado!... Foi a maior vergonha do mundo... Ah, eu perdi até a maneira de falar! Pedia desculpa... Ela me ouviu e também ficou com muita dificuldade, mas a minha foi maior! Quando encarei ela assim... Nem lembro mais o que falei pra ela...

Outra coisa que não esqueço é que eu gostava muito de sair para o mato assim... com um cachorro... e tirar mel... Para mim era uma distração, e parece que me deu muita saúde, graças a Deus! Com 71 anos, fiz essa Marcha, e não perco nada do que acontece!... Onde está o Movimento eu vou... Gosto até hoje de mel...

Fui à escola, mas só que não aprendi nada! Lá na roça tinha uma muito longe... De onde eu morava até lá era longe pra caramba! Tinha que estar na aula às 7 horas e era mais ou menos uns... 6 quilômetros de caminhada!... Então, tinha que levar comida, como se fosse um trabalhador, chegar e estudar até 4 horas da tarde! Aqueles que eram mais pobres, igual eu, levavam numa latinha. Às vezes azedava, e a gente comia assim mesmo... Nessa época, devia estar com uns 12 anos...

E o professor não dava trégua, não escutava mesmo! Batia! Tinha umas palmatórias — uma coisa assim com uma porção de furinho... Dia de sábado, tinha tabuada. Era ler aquilo o dia inteiro:

— 1 e 1, 2; 2 e 1, 3...

O dia inteirinho! Era uma banda de música! Só parava para almoçar e, quando chegava de tarde, tinha uma... prova! Quem aprendeu e quem não aprendeu... Então, se tivesse disputando com alguém da mesma série, o professor fazia pergunta para mim e para o outro. Se ele não respondia e eu sabia... PÁ!... ia dar o bolo, bater nele... E se não gostasse dele, aí caprichava!... Um dia, o professor chamou a atenção de um menino que quase me quebrou a mão, porque bateu meio de quina! Era um tal de Zé Carlos, ele não gostava de mim...

Era o dia inteiro na escola. Mas no sábado a gente parava mais cedo — parece que 2 horas da tarde ia embora... Tinha que andar num lugar que a gente achava que era muito perigoso! Tinha medo, porque era cava. Cava eram dois barrancos — um de um lado e um de outro — dentro do mato. Então, quando ia sozinho tinha medo. Às vezes, um primo meu ia, mas falhava muito... A gente nem estudava só de pensar na volta! Por isso, não tinha possibilidade de aprender... Aprendi a ler um pouquinho, depois mais ou menos de 40 anos, quando comecei a forçar para ler a Bíblia, porque sou católico... Já escrever, tenho muita dificuldade! Mas estou na escola de alfabetização, estudei quase dois anos, e agora em janeiro saímos de férias. Fomos ocupar uma fazenda e quando as férias estavam vencendo vim para a caminhada, a Marcha. Mas eu vou continuar estudando...

Quando eu tinha 26 anos de idade mudemos pra cidade de Andrelândia, porque antes a gente morava no município, não na cidade. Mudemos e lá arrumei uma namorada — eu não era muito namorador — e casei dentro de três meses... com uma moça, de um lugar chamado Serrano, Minas Gerais também. Aí, depois de casado voltei pra roça outra vez, mas só eu e a minha família... Morei lá no município de Andrelândia três anos! Também não era boa a situação, não!... Então, fui pra Barra Mansa — no interior do Rio de Janeiro — e morei aqui e ali... Sei que tenho 42 anos de Barra Mansa! Pelo meu bom procedimento, ganhei em 96 o título de Cidadão Barramansense!...

O nome da minha esposa era Aparecida Cassiano da Silva. Ela era MUITO boa!... Muito boa mesmo!... Tanto é que fiquei muito triste com o falecimento dela, porque tinha nossas horas de alegria e de prazer... Mas passamos MUITA dificuldade... Pai de dez filhos, sem emprego fixo... Naquela época, a gente não tinha instrução de nada, não sabia como evitar... E mais ou menos de ano em ano a minha mulher tinha um filho... Antigamente, ter muito filho era uma honra! É!... E quando a pessoa ia arrumar um serviço numa fábrica, numa prefeitura, preferiam aquelas que tivessem bastante filho. Na roça também era assim... O patrão dava preferência, porque... não pagava nada!... Ele achava que o chefe de família, desde que fosse trabalhador — e eu era trabalhador —, o número de familiares não tinha importância...

Então, sou pai de dez filhos!... Tenho nove vivos, 14 netos e já tenho um bisneto!... E faz dez anos que fiquei viúvo... Tenho uma filha solteira, que zela por mim, e mais dois filhos, também solteiros. Inclusive, um deles está numa fazenda que ocupamos, acho que desde o dia... 24 de janeiro de 97... Eles foram até expulsos esses dias... Estão na beira da estrada Presidente Dutra.

Criei meus filhos com muita dificuldade também... Não tenho profissão, porque fiquei assim: trabalhava um pouco na roça, depois um pouco de servente na cidade. Na roça, a gente acordava, às vezes fazia o café e chamava os filhos que já tinham condições de ajudar. Eles tomavam café também, e a gente saía pra trabalhar... Depois a esposa levava o almoço, quando não era muito longe. Quando era longe, ela tinha que levantar de madrugada e fazer a comida pra gente já levar duma vez... Lá, requentava e comia. E era mais ou menos por aí... Era o dia todo trabalhando...

Onde eu morava, tinha bastante trabalhador. Às vezes a gente trocava dia de serviço... Isso acontecia quando um companheiro estava com a roça dele muito cheia de mato, muito suja e a minha estava mais limpa. Então, a gente ia lá, ajudava, e depois ele fazia o mesmo...

Nessa época, festa mesmo quase não tinha!... Muito difícil! Eram mais assim, baile na roça e futebol... Na cidade, tinha a festa da Semana Santa, mas nem sempre a gente podia ir... Quando ia, tinha parente que morava lá e, então, ficava com eles porque não tinha casa na cidade.

Na roça, nossa casa era de sapé, de pau a pique e barreada e, quando não tinha sapé, era de capim, porque é tudo de uma descendência só... O forte da nossa alimentação era arroz, feijão, abóbora... A gente engordava porco, mas não era assim, diariamente. Só que, quando engordava, tinha uma vantagem: a gente matava e dava uma parte para o vizinho, que fazia o mesmo... Também a gente criava muita galinha, frango... isso tinha diariamente... O patrão deixava fazer criação, desde que não lhe prejudicasse. Os porcos tinham que ficar fechados no chiqueiro. Galinha não: podia criar solta, mas o porco ele não gostava...

Já em Barra Mansa, a vida melhorou um pouco, porque pagava aluguel, mas tinha um salário melhor... Não lembro quanto era... Sei que dava para comprar o que era principal — arroz, feijão. E em Minas não. Lá faltava comida, faltava... e a gente tinha que se virar!... Pegava emprestado com um vizinho... pedia dinheiro emprestado ao patrão e se virava... Não tinha outra saída!...

Em Barra Mansa, trabalhei numa metalúrgica — fábrica de carbureto — ganhando um salário mínimo! Sou pai de seis mulheres e quatro homens... Os dois primeiros filhos são homens, e nessa época o mais velho estava, mais ou menos, com 15 anos. Mas não trabalhavam ainda. Eles estudavam um pouco, mas também não aprenderam muito... até a 3ª ou 4ª série. Acho que as últimas meninas têm até a 6ª série... Tinham que ajudar a mãe a olhar as crianças. Só que nessa época eu não tinha dez filhos, não!...

O trabalho na fábrica era terrível! Lá, era um forno de queimar carvão e derreter cal. Então, a gente jogava aquelas pazadas, que eles chamavam de combustível, no forno. Jogava por cima assim ó... e tinha três máquinas: uma subia e a outra descia, para empurrar a carga... com três bocas, uma assim por sobre a outra... De 11 horas em diante, com o sol quente, aquilo virava um fogo!... Não podia esbarrar em nada!... Aquilo tudo era ferro e onde encostava, marcava! Saía aquele fogo branco!... Na hora de carregar o forno, era mais ou menos uns dez minutos que a gente juntava pra abafar um pouco o fogo... Quase morria assado. Não trabalhei lá muito tempo, porque senão morria! Trabalhei mais ou menos 12 meses. As pessoas ficavam doentes... e os meus companheiros morreram quase tudo!... Não sei o tipo de doença, mas era aquele calor que provocava.

Saí de lá e fui pra fazenda outra vez. E esse patrão foi bom pra mim! Me ajudou bastante a criar meus filhos! Dava um salário melhor... A gente tinha leite em abundância, horta grande em casa, tinha muito esterco, plantava, colhia muita abóbora... Era uma beleza!... Foi bom pra mim... Trabalhava bastante, mas tinha fartura... Criava muito frango, muita galinha, e nessa fazenda completei os dez filhos. Depois de lá — minha vida é um remanso — voltei para a cidade.

Não era bem cidade, era um povoado onde até hoje vivo... Nesse lugar tem muita hortaliça!... E lá comprei uma chácara. O fazendeiro me ajudou um pouco, pude criar porco, criar galinha... A chácara tem 3.200 metros. Ela é meio morro, mas tem uma partezinha que construí. Tenho quatro casas lá — a minha e mais três que meus filhos construíram e moram.

Quando fui para essa chácara, minha mulher já estava muito esgotada, coitada! Ficou doente e teve... anemia profunda, que depois passou a ser leucemia... Acabou morrendo... Mas lá construí uma casa que tenho até hoje. Além de trabalhar para ganhar a vida por fora, eu também plantava na minha chácara... Ela é bem plantadinha!...

Depois, com os direitos que tinha, encostei no INPS e contribuí para minha esposa... como autônoma... Paguei o ano todo. Depois ela ficou MUITO doente e morreu... Hoje vivo com esses dois salários mínimos. Moro com uma filha e tem um rapaz que trabalha pouco, porque tem um problema... Mas o outro é muito trabalhador. Estabilizei...

Depois que fui para Barra Mansa, comecei a trabalhar na comunidade, na Igreja. Foi muito emocionante! Formei outra família! Muita amizade com jovens, com velhos, com as moças... Esse trabalho é religioso, católico. A gente assume, por exemplo, um grupo. Eu sou ministro de eucaristia... Sabe o que é celebração? Celebro, sou ministro do batismo... Temos um bispo muito bom que é o D. Valdir Calheiros... Ele dá muito valor ao Movimento Sem Terra, ao grupo de jovens... aos movimentos populares! Dá todo apoio! Então, lá a gente trabalha nas duas regionais, em Barra Mansa, onde moro, e em Volta Redonda — a diocese é uma só e comanda dez municípios. Então, convivi muito bem nesses dois lugares. Lá nós somos uma família! Onde a gente reúne, o pessoal é sempre conhecido. Chega lá no encontro e, quando menos espera, vê cinco, seis pessoas que conhece... todos vêm, abraçam com todo carinho... E eu gosto muito de respeitar as pessoas... Estou feliz! Minha esposa morreu, mas não quis arrumar mulher, nem nada. Tenho duas famílias boas: a minha — que deve estar morrendo por causa de mim aqui (e eu também por causa deles) — e tenho a comunidade...

Antes de entrar na comunidade, eu tinha uma vida assim meia torta, gostava muito de beber cachaça. Não me impedia de trabalhar, nem meu relacionamento com as pessoas... Eu não tinha um vício... Bebia só sábado e domingo. Se não tivesse o que beber, não bebia... mas me prejudicava muito!... Minha cabeça ficava ruim!.... E a cachaça me fazia muito mal! De sábado até terça, quarta-feira, eu não era gente! Tudo para mim estava ruim! Ia melhorar de quinta-feira em diante. O que acontecia? Quando chegava no sábado, bebia mais! Aí ficava naquela alegria boba... passageira... Quando comecei a trabalhar na comunidade, ninguém proibiu de beber, não. Mas achei que aquilo não dava certo. Eu fumava, aí resolvi largar. Pensava: "Se largar de beber, largo de fumar". E Deus, nosso Senhor, me liberou das duas coisas... Então, o que mais ganhei na comunidade foi essa libertação... Porque o viciado é escravo. No meio de tanta escravidão que a gente tem, ainda tem mais essa!... Isso para mim foi importante!...

Conheci o Movimento Sem Terra através desse bispo — D. Valdir Calheiras —, que é popular em todo movimento dos pobres, dos trabalhadores... Mas o início de tudo foi o padre Quiquita. O padre Quiquita era um baixinho — esqueci o nome dele — da cidade do Espírito Santo... Esse padre é muito popular e da cabeça aberta, e me indicou para o frei Fernando — que tinha ido para a diocese, justamente em Volta Redonda — como pessoa que trabalhava na comunidade. O frei Fernando dava preferência para essas pessoas e, assim, foi me procurar nesse lugar que moro, na comunidade com nome de Santa Rita de Cássia:

— Seu Bené...

Lá todo mundo me trata de Bené, daqui e dali... Ele me procurou com essa informação e fez a minha cabeça. E comecei, porque ele trabalhava na CPT... na Pastoral da Terra... Aí, houve umas ocupações e a gente foi dar apoio... dormimos lá. Depois houve uns estudos da CPT, no Rio de Janeiro, e a gente ficou dois dias lá. Fui pegando essa simpatia pela questão da terra... Além de eu ser da terra, né? Não teve mais jeito! Só que a CPT está sendo extinta...

Um dia a gente vinha da Presidente Dutra para casa, depois dessa ocupação, e dois companheiros falaram assim:

— Vai ter uma caminhada de dois mês...

E entrei no assunto deles:

— Ah, eu vou!...

E eles duvidaram! Porque tenho um problema aqui ó... no pé. Até fiz um curativo agora. Tenho esse machucado, porque uma vez fui jogar bola e arrebentou o tendão de Aquiles... O médico fez a cirurgia, mas diz ele que houve rejeição de ponto, então ficou assim... Agora está sarando. Falei para eles:

— Vai dar para ir, porque isso não atrapalha, não dói nem nada...

Algumas pessoas conservadoras achavam que era errado fazer ocupações, mas eu toda vida achei certo! Porque nós viemos da terra... Como que vai viver se a gente não tiver terra? Ela é tudo na nossa vida! Não tem por onde o ser humano viver sem ela! Tanto faz o que mora na roça ou o que mora na cidade, né? Da terra vem a água, a alimentação, tudo!... Então, não tem por onde! Se a pessoa gosta, se precisa plantar e não tem terra, ela tem o direito de ocupar! Não é certo falar invadir. A gente vai ocupar uma terra vadia que não está produzindo nada!

Eu conhecia lá na região muitas famílias, que precisavam de terra e passaram muita dificuldade porque tinham que trabalhar ou à meia ou à terça, com o patrão. Outra hora, tinham que sair procurando emprego... Trabalhar à meia é assim: por exemplo, planto uma roça de milho; na colheita, faço dois montes: um monte de milho para cá e outro para lá. Cada jacá de milho que ponho — um cesto que serve como medida —, tiro uma espiga e ponho aqui, e outra ali. Depois que acabar de fazer a colheita, vou lá e confiro: aqui tem 30 balaios de milho, 30 medidas, e ali também... Então, não tem erro. Eu vou e aviso o patrão:

— A roça tá colhida.

Ele vai lá, ou manda um encarregado, e olha o tanto de milho. Eles têm tanta prática que se tiver um jacá a mais num desses montes eles conhecem, vão e tiram o que está maior... A gente não pode mexer mais e acabou! Tem que fazer na medida certa! Isso é meia. Primeiro ele vai lá e tira o dele ou então corta um galho e joga em cima do monte dele. E aí libera pra tirar o meu. Muitas vezes trabalhei desse jeito.

No sistema de terça, em vez de fazer dois montes, faço três. Aí favorece um bocadinho pra mim. Fico com dois e ele fica com um. Isso é terça.

Eu acho esse trabalho de meia e terça muito ruim! Porque a terra não é de ninguém. O fazendeiro tem muito modo de tirar renda nessa terra. Ele tira leite e tem várias coisas... naquela época tirava lenha... A plantação é feita duas vezes, quando muito! Depois ele vai e semeia o capim, porque a terra estava cultivada... Então, não tem nada que cobrar, porque ele não gastou nada ali não! Eu que gastei energia, comprei semente... porque, se for à meia, ele dá a semente. Agora, se for à terça, ele não dá nada. E o pessoal tinha que trabalhar assim ou para outra pessoa, arrumando um trabalho na cidade, de servente, e até de acordo com a profissão dele. Mas muitas vezes não encontrava, rodava a semana toda, até a pé, porque não tinha dinheiro para pagar a passagem e, se tinha, gastava. Ao invés de comprar para a família comer, gastava em passagem e, às vezes, não conseguia emprego! Era muito difícil! Difícil mesmo!... A saída era o pessoal se juntar e ocupar a terra!...

A primeira ocupação que fui dar apoio foi lá em Pinheiral. Foi malsucedida porque eles se organizaram para ocupar a terra, mas não tinham experiência. Levaram muita gente que era aposentado da Companhia Siderúrgica Nacional, porque os pobrezinhos não entram nesse negócio, ficam com medo de perder dia, ou a própria família fala que vai perder tempo. E os aposentados, que não estavam fazendo nada, acabaram entrando... Assim, levaram muita gente com situação boa para poder reunir um número grande de pessoas, porque a fazenda era muito grande... e também não sabiam do regulamento do Incra.

Pelo regulamento do Incra, quem ganha mais de um salário mínimo e meio não pode ser assentado, e quem tem propriedade também não. É mais ou menos por aí... E os aposentados da Companhia tinham um salário muito bom! Muito bom mesmo o salário deles... Então, alguns estão lá e outros já passaram a terra para outra pessoa. Isso faz mais de dez anos, vai fazer 12, mas ainda não legalizou. Lá não vai ter jeito nunca! Aqueles que desanimaram, que viram que não tinha jeito mesmo de legalizar, passaram a terra para outro. E aqueles que ficaram estão lá até hoje, mas não têm nada legalizado.

O dia que fui nessa ocupação — foi até mês de junho —, estava uma noite muito fria, e nós ficamos lá de vigília até... mais ou menos 2 horas da madrugada, esquentando no fogo. Fizemos um fogo grande assim, uma roda de gente em reunião, uma em cima da outra. Mais tarde, como eu era uma pessoa que estava dando apoio, um companheiro me cedeu o barraquinho dele — muito fraquinho, pobrezinho — para passar a noite, dormir um pouquinho... Porque lá também tinha bastante gente que necessitava. Tinha pessoas que precisavam, só que no momento ali ninguém sabia quem era quem! Depois dessa noite, no dia seguinte, ia ter o julgamento para dar despejo, porque o homem, que era o arrendatário da fazenda, entrou com uma liminar. O julgamento era em Piraí, na cidade... A gente foi lá e no outro dia eles cozinharam umas mandiocas de manhã cedo e comemos com café... A mandioca até estava dura, mas a gente estava com fome... E fomos a pé até Piraí. Quando foi 10 horas chegamos lá. O julgamento estava marcado para 1 hora. Mas foi MUITA GENTE, gente das comunidades para apoiar, nós enchemos uma praça, que ficava longe do fórum, como daqui lá adiante... O pessoal cantava, cantava, cantava e falava!... E, quando deu a hora do julgamento — era uma juíza —, adiou, porque naquele dia ela não ia ter condição. Com isso o pessoal foi ganhando terreno, e está até hoje na fazenda... só que não está legalizado... Mas estão vivendo lá, plantam muito, a terra é muito boa... Produzem muito, de tudo!... Criam, têm granja de frango, trabalham muito. É gente trabalhadora!

Essa ocupação foi rural, que lá não acontece muito, não! Aconteceu essa agora onde a gente está. Mas ocupação urbana, que é para o pessoal morar, já apoiei muitas! Há uns oito meses atrás, uma filha minha ficou como líder. Eles ocuparam uma ilha em Volta Redonda, mais ou menos com umas 700 famílias... Fiquei lá uns dias, só não dormia, de noite vinha embora. Essa minha filha acabou saindo... deu esse negócio na cabeça dela, mas ela tem casa, mora num apartamento. O único filho que seguiu meu exemplo foi esse que ficou lá no acampamento, mas no começo não queria ir, não... Os outros lá na rua começam a falar que é perigoso, que é coisa... Aí, foi na última hora que ele resolveu:

— Pai, eu vou...
— Então, tá bom!...

Ele foi!... E está lá agora... Essa ocupação foi pacífica demais! Porque essa terra já estava em processo de desapropriação... a fazenda de Salto. Fazia dois anos que o Incra foi lá e mediu essa fazenda, que tinha 25 casas. E aí estava demorando muito, e o sindicato dos sem-terra — o sindicato rural — convidou o pessoal. Inclusive, fui um dos primeiros que eles convidaram para ocupar essa fazenda... Perguntaram se dava certo. Eu falei:

— Ah, não sei não! Porque assim de frente nunca ocupei: o que fiz foi dar apoio naquela ocupação...
— Ah, nós vamos, nós vamos, nós vamos...

E eles queriam que eu desse o apoio. Então apoiei. Depois não tinha gente suficiente para ocupar a fazenda, aí veio o pessoal do MST, dar um reforço para nós. Veio um tal de Ribamar, que é da direção nacional, um tal de Jacó... Eram poucas pessoas, mas... a gente tinha que arrumar pelo menos 60 famílias. Aí, um dia resolvemos ocupar:

— Vamos na sexta-feira?
— Vamos.
— Então, vamos reunir num salão...

Marcaram um salão para reunir o pessoal, e nessa sexta-feira, muito chuvosa, ficamos lá conversando até mais ou menos 10 horas... Quando foi 10 e pouco nós saímos. Chegamos nessa fazenda com MUITA chuva: viemos da Dutra, peguemos nossas mochilas no ombro e entremos. Quando chegamos dentro da fazenda... tivemos que ARRANCAR um cadeado, porque o fazendeiro morava lá. Cada "S" de corrente dessa grossura! Arrebentemos com uma cavadeira de ferro que um companheiro levou e entremos. Quando nós entremos numa escola velha que tem na fazenda, era uma e pouco da noite... Fiquemos lá, mas era uma chuva!... Sábado, domingo, segunda... Terça-feira que o fazendeiro apareceu, o grileiro, tiveram que tirar a barreira. Aí deram o sinal, ele passou assim pelo lado de baixo, chamou alguém e foram lá:

— Preciso conversar com vocês.

Foi lá pra frente, pro curral. Quando voltou, chegou, tomou café com a gente! Não se opôs em nada. Depois de algum tempo, ouvimos falar que ele ia requerer o despejo. E um dia o juiz chegou, com dois policiais... Chamou todo mundo e conversou. Conversou com nós igual um doido!... Falou que a gente tinha toda razão, que era isso, que era aquilo... No final ele abriu o livro e disse:

— Mas vocês estão errados porque a lei é essa!

A lei era que nós invadimos a propriedade dos outros... E esse juiz está dando nó cego em nós até hoje! Mas ele ainda não conseguiu despejar. Ficou de sobreaviso, deu um prazo:

— A gente vai dar um prazo para vocês: tal dia...

Só que, dentro desse prazo, como a gente tem muita amizade com o pessoal, conseguimos envolver as comunidades e naquele dia X... foi um dia de festa, uma porção de gente! A gente ficou lá o dia inteirinho! E ele não foi... Ficou quieto! Quando foi no dia que a gente vinha na Marcha, ele apareceu. Nem vi, porque tinha vindo em casa arrumar minhas malas.

Apareceu com os policiais, tirou o pessoal daquele local para um outro lá dentro mesmo, falou que a gente estava perturbando o homem, que não era para arrumar conflito... Não podia mexer em nada! O oficial de justiça foi fazer uma vistoria para ver o jeito que estava e falou:

— Eu quero isso do jeito que tá aí.

Então, no dia 16 de fevereiro, nós saímos, viemos pra Marcha. Ficou pouca gente — devem ter ficado umas 45 pessoas, porque viemos mais ou menos uns 15 lá de Salto... e o meu filho ficou acampado lá. Mas, quando foi agora no dia 17, o pessoal saiu e foi fazer manifestação no Incra do Rio e ficaram só cinco pessoas no acampamento. O juiz chegou altas horas da noite com os policiais, tirou o pessoal para fora e botou no meio da estrada! E não deixou o pessoal tirar nada! Mantimento que o Incra tinha levado, barraca... Não deixaram levar nada! Inclusive algumas pessoas já tinham levado até gado no acampamento! Agora a gente está aqui... Recebemos telegrama, telefonema... Já conversei com o pessoal aqui do MST. Eles disseram que têm que resolver lá, e eu falei:

— Mas a gente está aqui na cidade, em Brasília!...

E as coisas estão assim...

Quando resolvi fazer essa Marcha, essa caminhada, o pessoal não acreditou e meus filhos não queriam:

— Ah, pai, o senhor trabalha tanto na comunidade... Pra que o senhor vai?

— Mas eu quero ir...

E aí eles também não obrigaram, não... A gente começou a Marcha, saindo de Governador Valadares, para reunir os quatro estados — Bahia, Espírito Santo, Rio de Janeiro e Minas. Fiquei muito triste quando saí e falei:

— Deus, mas que coisa mais triste! Pra que a gente veio aqui?

Mas meu SONHO era chegar em Brasília!... Eu queria vir, mostrar... vir mesmo! Nem sei por quê... E aí teve MUITA dificuldade!... Todo mundo estranho... Mesmo o pessoal do Rio era estranho para mim. A gente viver com aquelas diferenças... Falei:

— Eu vou enfrentar esse desafio!

Tinha mais ou menos 400 pessoas. Saímos de Governador Valadares, e onde escurecia a gente ficava! Armava as barracas... Quando os prefeitos eram de esquerda, liberavam pra gente ficar em colégio, ginásio... ficava mais confortável... Mas onde descia armava as barracas, dormia... MUITA chuva no início da caminhada... Quando saía do acampamento, já estava molhado! Com a chuva batendo... e a gente caminhava! Teve dia de caminhar 45 quilômetros! O mínimo que nós caminhamos foi 12 quilômetros, mas isso aconteceu poucas vezes... Na maioria era 20, 20 e tanto, 30 quilômetros... e nós viemos! Viemos...

Os primeiros 15 dias foi uma coisa triste! A gente pensava em morrer!... Mas depois foi estabelecendo, acostumando. Agora está normal... foi ficando normal... Mas muita gente adoeceu... Eu, graças a Deus, não tomei UM comprimido! Agora é que estou tomando remédio por causa da minha perna. Não andei um dia de ambulância! Andei uns dias de caminhão, porque foi preciso para trazer as malas, né? Porque o pessoal que caminha vem sem as coisas. No acampamento fica tudo: colchão, mala, tudo... E tem que ficar duas pessoas de cada estado para regressar no outro dia, no caminhão. Então, andei uns dias de caminhão, mas poucos!... E foi uma experiência muito grande na minha vida. Só que não sei se os outros são iguais a mim... Não consegui fazer AMIZADE com as pessoas. Não consegui... A gente ficava muito cansado, chegava, deitava... Fiz amizade assim com o pessoal do estado. Ninguém ia visitar os outros nos acampamentos, porque o pessoal estava arrebentado mesmo! É muito difícil!... Difícil...

Mas fome não passamos, não... No início a gente tinha dificuldade de carne... depois o pessoal começou a dar coisas, matar vaca para nós... Até passava um pouco vontade de comer, porque a comida nunca saía na hora, era muita gente!... Mas sempre teve fartura, nunca faltou comida!

Nas cidades que passava, por incrível que pareça, a gente foi considerado SANTO! Uma coisa que nunca aconteceu no mundo... Teve uma dona lá em Sete Lagoas que falou:

— AI, MEU DEUS DO CÉU! A gente não esperava que esse pessoal passasse por aqui!

A gente tudo se emocionou com aquelas palavras das pessoas de lá!... O pessoal subiu no palanque, os sindicalistas, e falavam que já estavam com o pé atrás... Que o MST, os sem-terra, tiraram eles daquela dificuldade que estavam enfrentando... Então, o apoio foi muito grande! Só um lugar que me lembro que nem o prefeito, nem o padre quis receber a gente, e aí tivemos que caminhar uns 5 quilômetros na frente, já cansados... Não deixou acampar, não! Esqueci o nome da cidade... tenho que olhar no roteiro que a gente alembra... Outras pessoas podem lembrar... Essa foi uma das coisas que marcou, e até um padre disse que um outro — não lembro o nome dele — ia escrever para o bispo dessa diocese rever a posição daquele que não quis receber a gente, porque a opção de Jesus Cristo na Igreja é a preferencial pelos pobres! E aquele padre não quis receber. Qual era a posição dele?... Fiquei triste, mas não indignado, porque eu, como cristão, não posso... O padre também não é lá essas coisas, né? Mas também como cristão fiquei triste porque sacrificou nossa caminhada... Mas NUNCA houve violência no nosso acampamento! Muita discussão! Gente que não concorda, discute e tal... grita... Nem no nosso acampamento do Sudeste e nem nos outros a gente ouviu falar em coisa grave de violência!... Cheguei a falar, um dia, que a gente estava vestido de Deus, porque é normal a pessoa ficar agitada... Mas, graças a Deus, não morreu ninguém... Foi tranqüilo!

Quando cheguei aqui foi o fim da picada! Foi MAIS emocionante! Em geral, o apoio popular foi demais... Quando chegamos em Gama, já tinha unificado a Marcha Sudeste com essa Marcha que veio de São Paulo, não lembro o nome agora... Então foi uma festa muito grande porque, da nossa Marcha, eu era o mais velho. Depois apareceu um mais velho, que era da Marcha de São Paulo! Aquele senhor de 89 anos! Então, nos encontramos, abraçamos... A criança mais nova era da nossa Marcha — um menino com 10 meses — e não apareceu outro, não... E assim eles vieram de lá e nós de cá e a gente se encontrou no meio, os fotógrafos fotografando... Foi uma coisa MUITO bonita! Muito bonito mesmo!... A outra unificação foi aqui na chegada, não sei se foi em Gama... Foi uma coisa, que se a gente tivesse problema não agüentaria! A gente estava caminhando em duas carreiras, então, depois dessa última unificação das Marchas, fomos divididos em quatro grupos... Mas quando nós entramos na cidade, aí foi para cinco! Seis! Porque de cada lado tinha a turma de apoio... Não tem como explicar muito esse momento!... Eu não esperava tanta gente assim! Esperava mais ou menos... cheguei a pensar em 50 mil, mas sem confiança, sem certeza... Quando foi no dia, dizem que deu mais de 100 mil! Muita gente! Um mundo de gente que ainda não tinha visto! Olhava para trás e não via o fim! Olhava para frente e não via o início!...

Essa Marcha vai VALER, já está valendo e vai continuar valendo!... Valeu, porque reivindicamos aquilo que precisa no país, falamos sem medo, não temos mais isso! Não vamos conhecer mais o medo... Outro ponto positivo é que parece que essa Marcha valeu para a libertação daquele Zé Rainha! A gente queria também amedrontar o governo! Conseguimos amedrontar na venda da Vale do Rio Doce, senão saía ontem mesmo, não tinha por onde! Então, não tem como achar que essa Marcha não teve um grande valor, e ela vai ser uma coisa histórica! Penso que as coisas mais importantes que aconteceram no mundo, e que ouvi falar, foi a saída de Moisés do Egito com o pessoal hebreu, a peregrinação de Jesus Cristo até a Cruz e essa Marcha... que eu pude participar!...

Espero que essa Marcha seja uma coisa tão histórica, que nunca ninguém vai esquecer! Vamos continuar ocupando terra. Nesse governo não acredito, mas o próximo que entrar vai fazer a reforma agrária, se esse não fizer! Para minha família... dentro do local que moro, não se fala em reforma agrária, mas se ela for em nível federal vai servir para o mundo inteiro! Vai haver mais pão na mesa do pessoal! Mais saúde, educação, porque o povo vai ser mais civilizado!... Vai influenciar na minha família! Porque considero o povo como minha família! O Povo! Se o povo for beneficiado, a minha família toda vai ser também! Pelo menos a violência vai diminuir e tem até mesmo possibilidade de eliminar! Vai haver mais emprego, tudo! Acho que não tem coisa melhor do que sair a reforma agrária tão desejada por todo o povo, que une cidade e campo!

Eu estou com 71 anos... Se isso tivesse acontecido quando eu estava com 20 anos, hoje a gente estava vivendo outro Brasil!... Fica esse recado para toda a juventude desse país: que essa Marcha... seja uma semente... no coração de cada um deles, que eles não deixem essa semente morrer! Essa semente tem que ser regada, porque está na terra! Mas ela só brota... com a chuva, com o esforço de cada um... de cada brasileiro! Para ter essa Marcha Nacional pela Reforma Agrária... como uma semente que NUNCA pode secar na terra, ela tem que ser regada com esforço de cada um... desde o dia 17 até o FIM da vida de cada pessoa que participou, ou que ouvir falar dela!

Entrevista: ANDREA PAULA DOS SANTOS,
30 de abril de 1997.
Textualização: ANDREA PAULA DOS SANTOS
e ISABEL REGINA FELIX.

> Partindo da necessidade
> de ter um pedaço de chão
> pra dar sustento aos filhos,
> aos filhos da nossa Nação,
> cansado de pôr a enxada
> nas terras apenas do patrão.
>
> Zé Pinto, "Causa nobre".

JOÃO
São Paulo

POETA *e músico, João foi contando sua vida de forma animada e descontraída. Esse gaúcho já percorreu o Brasil todo, fazendo de tudo um pouco. Nasceu em uma fazenda, trabalhou no garimpo e, na cidade, foi pedreiro. Expressando-se com facilidade, boa voz e nada inibido com o gravador, ele se diferenciou dos outros colaboradores. No decorrer da entrevista, descobrimos que João fazia um programa de rádio do MST, o que explicou sua desenvoltura. Sua história de vida a todo instante evoca sua família, que foi eleita exemplo na Marcha, e acompanhada pela imprensa durante um dia todo. Mas as proezas de João não param por aí. Foi responsável por escrever um diário da Marcha. Esse dia-a-dia foi registrado em vários cadernos que, como as pessoas, enfrentaram chuva e sol.*

Nunca deixei descartada a possibilidade de voltar a trabalhar na terra, com lavoura, porque é uma coisa que sei fazer! E gosto! Me criei nela, em cima da terra, mexendo com isso...

MEU nome é João Francisco de Matos, natural de Erexim, Rio Grande do Sul. Estou com 42 anos de idade, sou pai de quatro filhos — três filhas mulheres e um filho homem. As duas filhas mulheres me acompanharam na Marcha que fizemos de São Paulo a Brasília...

Sou, como se diz... filho de gente pobre... Sou filho de mãe solteira... Até a idade de 5, 6 anos, vivi na cidade. A partir dos 6 anos, comecei a conhecer o que é o interior. Fui acabar de me criar com um pequeno fazendeiro, onde passei quatorze anos, aos cuidados dele. Naquele momento, ele era solteiro. Só veio a se casar com 40 anos e, então, fiquei como filho adotivo.

Essa fazenda era em torno de 96, em hectares não sei... em matemática, sou meio ruim!... A gente trabalhava, no início, mais com criação de gado e depois — dali uns dez anos, nem isso — foi mudando para lavoura. Nós plantávamos soja, trigo, arroz, feijão, enfim quase todos os tipos de produtos... Isso foi no Rio Grande do Sul.

Nessa época, desenvolvi o serviço de agricultura, que era feito mais manual, como se diz, na base da foice, da enxada e do machado... Também aprendi a lutar com a pecuária, a criação de gado... E os anos foram se passando... Logo após, mudou um pouco o sistema: a gente passou a trabalhar com lavouras mecanizadas, onde fui me aperfeiçoando... Assim, também trabalhei 16 anos na agricultura mecanizada, com maquinários, e tudo mais...

Com isso, passou 14 anos e eu não tinha visto mais a minha mãe. Tudo bem... Quando foi uma época, tive um contato com uma irmã minha, que é um ano mais velha que eu. Ela soube aonde eu estava — nessa fazenda — e foi me procurar. Ela mora atualmente no Rio Grande do Sul. Nem sabe onde estou hoje! Faz muito tempo que nós não temos comunicação... Desde 83 que não sei notícias da minha família e nem eles sabem de mim... Quero ver se esse ano, se Deus quiser, consigo mandar boas notícias. Mandar não! Eu quero ir lá no Rio Grande do Sul...

Mas naquela época, quando minha irmã chegou, conversamos e fiquei sabendo da maneira que a minha mãe estava vivendo, tendo problema de saúde, de moradia... Ela estava completamente na rua!... Aí achei uma necessidade de ir ajudá-la.

Eu não tenho ninguém da família por perto, porque a minha história é a seguinte: não conheço nenhuma pessoa da minha família a não ser a minha irmã mais velha e minha mãe. Ela tem mais três filhos, mas com outro pai. Hoje, se vê-los, não conheço, porque eram muito novos quando os vi pela última vez. Então, da minha família, não conheço ninguém mais...

Fui ao encontro dela e passei a trabalhar na cidade no ano de 1975. Comecei a trabalhar de ajudante de pedreiro, no município de Erexim — Rio Grande do Sul. Fui trabalhar um ano e pouco lá...

Tornei a regressar para agricultura, trabalhar com lavoura de novo, que era o que eu gostava. Trabalhei mais dois anos e meio assim. Voltei a trabalhar na cidade de novo, porque iniciei lá uma coisa que tinha vontade de aprender, que era a profissão de pedreiro. Aí, foi indo... Até que consegui trabalhar, desenvolver a função de pedreiro. Já fui mudando para carpinteiro e várias profissões na área de construção civil... Fui me aperfeiçoando, e com isso o tempo foi passando... Quando parei de trabalhar nessa área, no ano retrasado, estava como encarregado e mestre-de-obra. Para resumir, na área de construção civil trabalhei em torno de 15 anos. Mas nunca deixei descartada a possibilidade de voltar a trabalhar na terra, com lavoura, porque é uma coisa que sei fazer! E gosto! Me criei nela, em cima da terra, mexendo com isso...

Aí, surgiu o seguinte: saí do Sul, de Erexim, e fui até Santa Catarina. Trabalhei mais uns tempos na cidade de Abelardo Luz, como pedreiro, e também trabalhei um ano e meio na lavoura, de novo. Em 83, saí dessa cidade e vim para a de Itaúba, no Mato Grosso, do Norte. Ali, vim a trabalhar na construção também... Trabalhei mais um ano e pouco nisso. Mas o negócio esteve ruim, começou a aumentar cada vez mais o desemprego... e eu fiquei sem condições de trabalhar na área de construção civil... Fui trabalhar no garimpo, em Mato Grosso mesmo. Trabalhei como garimpeiro, me aperfeiçoei... Isso foi nas cidades de Matupá, Peixoto Azevedo, Guarandã, bem no Norte, quase na divisa do Pará.

A maior tristeza que tive foi quando saí do Mato Grosso... Eu gostava muito de mexer com garimpo. Mas tive, em 88, um problema de saúde. Me deu uma parada renal... Ali, a minha vida passou por um fio de linha! Fui desenganado por um médico lá do norte do Mato Grosso, e ele tinha razão mesmo de falar aquilo, porque não tinha recursos para tratamento no hospital. Então, ele falou a minha mulher que era para me levar para morrer em casa, que estava desenganado... Só que eu não sabia! Mas teve uma irmã, uma freira, que não acreditou nessa parte e na hora pagou um táxi do bolso dela e me tirou de Matupá, onde estava morando... mandou me levar na capital do estado, Cuiabá. Eu nem sabia como é que estavam correndo as coisas! Lá cheguei e logo me encaminharam para uma clínica, já fizeram operação em mim e me trataram... Sei que fiquei 30 dias no hospital... Tudo isso, graças a essa religiosa da Alemanha que me ajudou, senão tinha morrido mesmo... Essa irmã fez um ato de caridade para mim que não tenho como pagar!...

Fiquei uma base de quatro meses sem poder trabalhar. Então o médico falou:

— Olha, é bom você não voltar mais nessa região... pois, se você voltar lá, teu organismo não agüenta.

Porque enfrentei muita malária, tive muitos problemas de saúde...

Aí, comecei a trabalhar na construção civil de novo. Eu já tinha conhecimento na área. Então, continuei a trabalhar — depois que melhorei — na cidade de Várzea Grande, próximo de Cuiabá. Morei ali em torno de nove anos, trabalhando em construção civil e também, um pouco, em lavoura. O serviço estava muito ruim e fui trabalhar numa fazenda... E assim foram se passando os anos...

Outro momento triste da minha vida foi quando me separei... Tive uma convivência familiar de 16 anos. Depois, por problemas particulares, já faz oito anos que sou separado. A gente sente muito quando faz a separação... Uma família se separando é triste... É um momento triste... Mas separei. Ela mora no estado de Mato Grosso. Hoje o que me segura animado é a minha maneira de ser e os meus filhos, que me dão muito apoio, né? O único compromisso que tenho é com eles que moram comigo. Aqui, no momento, não tenho as fotografias, senão ia lhe mostrar. Tenho uma filha que vai completar 22 anos agora no final do ano; tenho um filho com 18 para 19 anos; e ainda tenho duas filhas: uma com 12 e uma com dez.

Logo, fiquei desempregado de novo! O problema do desemprego...

Foi quando surgiu uma proposta de trabalhar em Campinas, SP. Um pessoal de lá contratou funcionários, e nós viemos trabalhar em São Paulo. O alojamento era na firma mesmo. Fiquei mais ou menos 60 dias em alojamento e trabalhando...

Nesse momento, participei também do Movimento Sem Teto, sem casa, como se diz... Consegui um terreno ali em Campinas e logo fui morar lá. Morei nele em torno de oito, nove meses, até saírem as negociações, em que foi regularizada a venda desses terrenos... Eu estava com esse terreno, morando num barraco de madeira, meio simples, mas pelo menos não estava pagando aluguel...

Um dia, conversando com um amigo meu, ele falou se eu não queria ir pro Movimento Sem Terra. Eu nem sabia o que era Sem Terra!... Nunca tinha ouvido falar... O cara me explicou:

— O negócio é assim: a gente reúne um grupo de famílias, principalmente pessoas que já viveram na terra, sabem mexer com plantação, pessoas que querem, né? Porque existem áreas onde é feita a reforma agrária...

Até então eu nem sabia direito como que o processo estava andando. Já tinha ouvido falar em reforma agrária, mas não sabia...

Aí, eu e o companheiro marcamos um dia para gente se encontrar. Conversamos, foi mais uma reunião. E já decidi naquele dia mesmo... Pensei: "Quando for para irmos para terra, estou de acordo, porque, embora sendo um profissional da construção civil, não vejo a hora de ir na lavoura..." Porque sei que é vantagem mesmo! A gente consegue ter uma alimentação mais natural e bem abaixo do custo, né? Na cidade é o seguinte: a gente não sabe de onde veio a alimentação, como ela está, e aí, muitas vezes, tem até que comer alguma comida estragada, como já aconteceu... Então, sei que é vantagem trabalhar na terra e produzir!...

Então, aceitei e falei:

— A hora que for para ir, estou pronto!

Marcamos um dia e fomos fazer a primeira ocupação, que foi no município de Alambari, no estado de São Paulo. Era 18 quilômetros para cá de Itapetininga, onde nós se encontra hoje.

Nós ocupamos uma fazenda lá e só então comecei a entender, porque até aquela altura não entendia nada! Apesar de que a gente já tinha ouvido falar. Aí foi desenvolvendo... tivemos que fazer ocupações em outras fazendas perto, depois fomos para beira de uma pista. Ficamos em torno de uns 3 meses lá esperando que o Incra fizesse a vistoria e analisasse se de fato iríamos ser assentados ou não. Mas isso não aconteceu. Ficamos lá esperando, esperando, passando até dificuldades. A gente foi lá e não aconteceu nada...

Participei de algumas ocupações. Já nesses nove meses que nós estamos acampados, nós fizemos quatro ocupações e foram todas bem. Na primeira fazenda nós chegamos e não tivemos problema nenhum. Estávamos na beira da pista, esperando pelo governo, e ele não decidia. Fomos uma parte, e em torno de 50% ficou lá. Nós ficamos com o acampamento dividido, mas era próximo um do outro. Nessa segunda, tinha ido até a cidade e no momento não estava junto.

Ocupamos, e os pistoleiros receberam os companheiros a tiros. Aí o pessoal voltou e, logo em seguida, no outro dia, nós ocupamos uma fazenda próxima daquela. Nós não ficamos na que nos receberam com bala. Mas logo ocupamos outra fazenda. Depois, quando a gente saiu dela, voltamos para a pista de novo com o acampamento inteiro, em torno de 450 famílias, e esperamos mais um pouco... Nada de decidir.

Tomamos a posição de mudar do município de Alambari. Saímos de lá e fomos até Itapetininga, e ocupamos uma fazenda. Ficamos em torno de 30 dias, mas não conseguimos derrubar a reintegração de posse com que o fazendeiro entrou na justiça, porque lá é difícil a gente conseguir, os juízes sempre dão apoio aos fazendeiros. Então, mudamos de novo! Levantamos acampamento e saímos. Só que aí a coisa inverteu: fomos e ocupamos uma fazenda do estado, onde tinha várias casas construídas pelo governo e estava tudo lá jogado! Estava caindo aos pedaços! Mais de 20 casas e uma escola agrícola com três pavimentos muito grandes. Tinha condições de funcionar ali com uma base de 300 alunos, e era uma escola de formar técnicos em agricultura e pecuária... E não funcionava!... Nem um terço da escola estava funcionando!

Ocupamos uns dias a escola e a diretora entrou com a reintegração de posse do prédio. Para não armar confusão — porque nós nunca quisemos atrito —, saímos de dentro da escola, mas ocupamos a área ao lado, na fazenda mesmo. Tínhamos ocupado a escola, dando condição de todo mundo ficar dentro de uma "casa", né?

E lá a gente ficou esperando, esperando, e nada de acontecer... Nesse meio tempo, chegou o momento da Marcha Nacional por Reforma Agrária, Emprego e Justiça. Veio o convite para 60 pessoas no acampamento e nós aceitamos. A gente fez uma assembléia. Nós tínhamos no acampamento divisões de grupos também. Procuramos os grupos, os coordenadores, e foram tiradas as pessoas que de fato queriam vir! A gente conversou, mostrou qual seria o objetivo, como ia ser a Marcha, e todos vieram de livre e espontânea vontade. Eu mesmo decidi vir na Marcha. Assim que ouvi falar, disse:

— Não. Eu quero ir. Eu vou!

Começou os preparativos, e no dia 17 de fevereiro a gente saiu da Praça da Sé, em São Paulo. Por volta de 11 horas e 20 minutos a gente começou a caminhada. E o acampamento ficou lá na fazenda do estado. Mas, quando nós estávamos mais ou menos 30 dias caminhando, recebemos uma notícia que os companheiros estavam mudando de novo... Em nove meses, se não me foge a memória, parece que foram nove mudanças que nós fizemos de acampamento, para cá e para lá, para cá e para lá... Dizem que os companheiros estão lá na beira da pista, de quem vai de Itapetininga saindo para o interior... Mas só que nós já temos a proposta bem adiantada. Parece que o Incra não foi fazer a medição dos lotes. A vistoria já foi feita e diz que vamos ficar assentados lá por perto mesmo. A área vai ser escolhida. Então, isso já é motivo de alegria para nós!

Na Marcha, pra dizer bem a verdade, não gravei uma lembrança triste, porque eu sou assim: sempre procuro ver as coisas boas... Às vezes vejo coisas ruins, mas não me ligo a elas. Tento despertar e procurar uma boa lembrança para colocar no lugar da ruim. E sempre tenho meus afazeres, né? Como hoje eu sou coordenador também do grupo aqui da Marcha, a gente sempre tem que estar correndo com o povo, organizando uma coisa, outra, e isso preenche os espaços e não deixa pensar em coisas ruins. Engraçado, muitas vezes não tem nem tempo de pensar nas coisas boas!

A coisa que gostei muito foi o companheirismo com todos esses estados, por exemplo Rio Grande do Sul, Paraná, Santa Catarina, Minas Gerais, Pará, Maranhão e Rio de Janeiro. Enfim, vários. Temos em torno de 16 estados. A gente conversou com pessoas de costumes diferentes, de regiões diferentes. Assim, pode trazer uma integração, né? E isso a gente vai levar na memória... faz com que vá amadurecendo, pegando mais coragem ainda, porque conversa com pessoas já assentadas. A maioria dos companheiros já são assentados no Pará, no Paraná, no Rio Grande do Sul, Santa Catarina. Todos os estados têm assentamentos. A gente conversa com pessoas que já vivem há muitos anos e é uma próva de que funciona! É uma prova concreta porque nós temos o pessoal dos assentamentos. Então, vou levar essa esperança também quando voltar no acampamento. Isto valoriza muito e nos dá uma das melhores aulas...

Um momento emocionante foi uma recepção muito grande que nós tivemos na cidade de Ribeirão Preto... Quando chegamos no trevo da cidade, tinha uma multidão de gente nos esperando com fogos! Rajadas de fogos que durou até 15 segundos! Bandeiras! Todos com suas bandeiras, com carros de som, dando o máximo de apoio e caminhando junto conosco até o centro da cidade, onde nos dirigíamos...

Outro lugar que me chamou muito a atenção foi na divisa de Minas Gerais com Goiás, no rio Paraíba, onde nós fizemos uma celebração do *lava-pés*. Vieram dois padres, dois freis de São Paulo — o frei Lancy e o frei Francisco, se não me engano... E lá participaram conosco do *lava-pés*. Entramos com o povo todo dentro do rio e fizemos a celebração... Foi o momento que muitos companheiros derramaram lágrimas! Porque foi emocionante! Companheiros do Movimento recitaram poesias, mensagens criadas dentro da Marcha. Isso tornou mais emocionante o ato religioso que a gente fez. Depois tivemos que sair fora do rio para terminar a celebração porque ele começou a encher. Aquele rio tem um segredo, ele enche rapidamente...

No começo da Marcha, saí com um violão no braço, interessado em cantar porque gosto disso. Mas quando percorri uns três dias me veio na mente que precisava registrar. Aí o que eu fiz? Larguei o violão, dei para um outro companheiro e comecei... Passei a mão na caneta e no caderno e fiz esse trabalho. Registrei tudo o que acontecia na Marcha. Do começo até o final, e estou fazendo ainda porque não acabou, só na hora que chegar no acampamento vai acabar.

Tenho uma vontade muito grande de escrever um livro... Não sei quantas páginas vão dar depois de passar a limpo, mas creio que talvez sejam umas 300... Só que sempre tive dificuldades financeiras, e não sei como fazer para editar esse livro... Eu tenho em torno de 30 letras de músicas e poesias que nunca pude divulgar porque não tenho condições. A única coisa que posso fazer é pedir um apoio dos meus amigos e minhas amigas, das escolas, faculdades, entidades, como sindicatos agroindustriais, enfim todo o pessoal que quiser colaborar comigo. Vou fazer um levantamento e me informar quanto é que fica para imprimir um livro em torno de 300 páginas, como estou calculando, e depois vou repassar a todas as pessoas que tenho endereço. Vou pedir a ajuda dos companheiros para poder fazer um livro que, com certeza, não vai ser pequeno, não, porque mais de 75 dias escrevendo não é pouco, né?

Estou escrevendo o terceiro caderno, e só no primeiro tenho 140 páginas escritas. Aí, tem mais um caderno pequeno de 120 e esse terceiro que vai dar em torno de 150. Quero organizar isso e escrever o livro. Tenho todos os pontos marcados bem certinho. Depois que chegar ao acampamento vou ter condição de relatar melhor como foram os acontecimentos... Porque, se eu fosse contar tudo mesmo, tintim por tintim, como se diz, na prática já estaria com uns cinco cadernos. Procurei marcar os pontos para depois poder retomar com mais calma... Muitas coisas escrevi caminhando no asfalto! E por isso saiu meio malescrito. Agora vou ter que copiar tudo de novo e ver o que saiu errado. Tem muitas coisas que falta, né? Tem que separar os textos para não ficar tudo embolado.

Tenho um controle também dos jornalistas que acompanharam a Marcha, do começo ao fim... Em quase todos os sentidos tenho o controle. Se me perguntarem a hora que chegou um carro ou uma pessoa estranha na Marcha, está anotado. Hora de saída, hora de chegada, o que aconteceu, o que certas pessoas conversavam, muitas coisas. Estava de escuta...

Um dia, uns companheiros meus estavam fazendo uma análise das pessoas que caminhavam na frente e as pessoas que caminhavam do meio para trás. Eles lá conversando, analisando, e eu escrevendo. Aí, depois disse:

— Ô seu Mário, o que é que o senhor está falando sobre a Marcha?...

— O que você quer saber, João? Eu estava falando com a Cleide aqui!

— Ah, é?.. O senhor quer saber o que o senhor falou? O senhor falou isso, isso, isso... Não adianta não querer contar para mim. Eu já peguei tudo.

Estava marchando perto, escutando e escrevendo. Caminhando e escrevendo. Por isso tem coisas que saem meio rabiscadas, mas a gente entende, né?

Outra coisa boa da Marcha é o contato que a gente teve com a sociedade... Nas cidades e comunidades onde chegávamos, conversávamos, promovíamos palestra, mostrávamos a realidade do momento e também o que a gente quer com nossa pauta de reivindicações. E com isso fomos muito bem aceitos pelas autoridades de quase todos os municípios. Pelos colégios também... Eles tiveram uma participação muito importante! Os alunos iam visitar nosso acampamento, e era um momento de muita alegria mesmo! Com isso a gente se sente, a bem dizer, realizado e animado para enfrentar as dificuldades do acampamento.

Minhas filhas caçulas participaram comigo da Marcha... Em todo o percurso, a televisão, os jornalistas, sempre estiveram juntos para realizar reportagens... Mas, para nossa maior alegria, no último dia fomos escolhidos a família da Marcha! A TV Bandeirantes fez por exclusividade o acompanhamento nosso. Pousamos no Núcleo Bandeirante e desde a hora que levantamos cedinho, às 6 horas da manhã, a televisão já estava conversando conosco, antes de entrar em Brasília. E dizia:

— Olha, vocês foram escolhidos para acompanharmos hoje. Onde forem, estaremos junto com vocês.

E, de fato, acompanharam até chegarmos aqui. Depois fizemos a última entrevista ali no Grancircular.

A chegada aqui em Brasília foi muito emocionante. As ruas e os canteiros ficaram completamente tomados. Isso aqui parecia um formigueiro! A gente sentiu uma alegria muito grande! Sentiu-se realizado! Tinha pessoas que, a partir do momento que chegaram aqui, para elas não existia mais nada melhor, né? Foi muito bonito! Fizemos nosso ato, que foi até altas horas da noite com a participação de vários artistas de nome nacional... Já no outro dia a gente teve uma conversa com o presidente. Foi movimentado, e a gente só teve alegrias!

A minha família teve que retornar. Agora tenho outra companheira, que está comigo. A Nice, minha esposa. Nos conhecemos no acampamento, em torno de seis meses. Então, ela retornou com as minhas filhas. Levou as meninas, porque tínhamos pedido uma licença para fazer a Marcha e assim que terminasse elas tinham que retornar ao colégio.

Estou feliz. Espero que a Nice entenda essa nossa dificuldade, e, quem sabe, daqui a alguns dias possamos estar realizando nosso casamento! Porque tendo onde morar e produzir, como é nosso pensamento, não existe outra dificuldade.

Queremos deixar algo bem claro, porque às vezes tem companheiro que perguntam:

— O que vocês conseguiram com essa Marcha?

Isso é o que a gente mais ouve falar. Não! Tínhamos o processo todo encaminhado e já estava em fase bem adiantada. Não viemos aqui só reivindicar... Já sabíamos o que o presidente ia falar. Nós não viemos aqui enganados! Nem ele vai nos enganar, porque o processo já estava em andamento há quase nove meses, né? Já estava na hora deles decidirem mesmo. E se, quando voltarmos, a área estiver escolhida, nós vamos ficar muito satisfeitos! É o que temos de mais claro no momento. O lugar que vamos ficar já está garantido em Itapetininga e vai sair o assentamento lá, né?!

Aí foram passando os dias e a gente foi indo pelas comunidades, tivemos contato com a população e com as autoridades. Levamos as nossas propostas, fizemos as nossas denúncias. Estamos denunciando as injustiças que acontecem no campo com os agricultores, principalmente do Movimento Sem Terra, e também colocando a questão da reforma agrária, que é uma prioridade.

Há uma necessidade de ser feita a reforma agrária pelo seguinte: tem pessoal para movimentar e fazer essa terra produzir... O que está faltando é um interesse da parte política e administrativa do nosso governo... Agora, dia 2 de maio, vai fazer nove meses que estou acampado. Outras pessoas estão há um, dois, três anos. E assim variações de tempo... Mas acho que, se não fizermos pressão, se não levarmos ao conhecimento da sociedade como levamos através desta Marcha, a reforma agrária não ia sair. Se saísse era muito demoradamente...

Outra coisa: nós não reivindicamos só reforma agrária. Queremos que haja uma política adequada que venha ao encontro dos interesses dos assentados e do pequeno produtor também, porque não estamos puxando brasa só pro nosso assado. Queremos que a agricultura se desenvolva, tanto nas áreas onde for feita a reforma agrária como para os pequenos agricultores, o que não está acontecendo. A maioria das famílias assentadas hoje se encontram em grande dificuldade para produzir. Além de ser difícil o transporte da sua alimentação e do seu produto, porque não recebem uma ajuda para o custeio. Não tem uma garantia para sua produção... E é isso que reivindicamos! Na nossa proposta também levamos o lema de Reforma Agrária, Emprego e Justiça. Queremos ter uma união entre o campo e a cidade, por isso que carregamos esse lema. Estamos junto com os desempregados, lutando para que diminuam de número no nosso país. E de que forma isso vai acontecer? É o governo apoiando! Fazendo a reforma agrária, dando condições de trabalhar! Eu sou um profissional na construção civil, na cidade, mas se derem uma terra para mim vou deixar de trabalhar na cidade e vou trabalhar no campo. Lá vou produzir e posso até ter condições de fornecer emprego a mais pessoas. E o que acontece? Surge vaga na cidade e aumentam o serviço na área da agricultura.

Portanto não concordo com essa idéia do governo de que a reforma agrária não adianta, só traz prejuízo, e que não traz vantagem. Como não?! A maioria dessas pessoas que hoje estão no Movimento Sem Terra são pessoas que não têm o que fazer na cidade. Muitas vezes recebemos a crítica de que estamos pegando gente da cidade, funcionários, favelados e levando pro campo. Mas claro que temos que fazer isso! Por quê? Porque eles estão passando fome, não têm onde morar e nem onde trabalhar na cidade! Nós temos que fazer esse contato, ter esse diálogo com eles, para que possamos mudar! Dar condições a essas pessoas de ter uma vida digna e poder comer, pelo menos a alimentação básica! Não digo um negócio assim fino, mas para nós o que interessa é a produção... Nós produzirmos!

A vantagem é essa! O trabalhador da cidade indo para a terra, outros vão poder assumir, conseguir o emprego que ele estava tirando. Nós temos vários profissionais da cidade dentro do Movimento Sem Terra. Assim, uma pessoa que é profissional vai poder trabalhar na área dele. Por exemplo, torneiro mecânico, metalúrgico ou um industrial em fabricações de várias máquinas, carros, enfim todo tipo de fabricação... Por que hoje tem professor, metalúrgico e advogados desempregados, vários profissionais que nem lembro todos no momento... Por quê? O que aconteceu? O agricultor não teve como ficar no campo, foi para cidade e ali aprendeu... E, se ele for uma pessoa inteligente, aprende logo e acaba tomando o emprego daquele que já estava lá batalhando, empregado. Se ele tiver mais capacidade, vai tomar o emprego do outro.

Então é isso. Há uma vantagem sim, com a reforma agrária! Só o governo que não está vendo isso. Mas nós, com as nossas manifestações, com a pauta que estamos reivindicando, temos certeza que há condições de mudar um pouco que seja. Se não mudar 100%, mudando em torno de 80%, creio que vamos ajudar muito nosso Brasil!... Porque a fome, o desemprego, a prostituição, as pessoas que deixam se iludir por drogas, isso aí vai diminuir em grande número...

Como hoje: quase todas as pessoas que nós temos participando do Movimento, creio que 60% delas são profissionais de setores que funcionam na cidade. Tem professores, pedreiros, carpinteiros, armadores. Esses profissionais que têm condições de desenvolver seu trabalho perfeitamente conosco. Então, o que está faltando é o governo dar condição para o agricultor ficar trabalhando na terra... Vai surgir mais vaga na cidade e aí os profissionais que dependem desses empregos vão conseguir trabalhar.

Eu estou acampado há... nove meses. Estou no acampamento Carlos Lamarca, numa fazenda no município de Itapetininga. Hoje, nós temos em torno de 600 pessoas, acho que 450 famílias. Todos os setores funcionam... Eu, por exemplo, faço parte do setor de comunicação. Sou coordenador desse setor. Faço toda a programação e divulgação do acampamento aos domingos, das 9 às 10 horas da manhã, na rádio da cidade. Apresento um programa de música sertaneja e regional, além de também tocar um pouco das músicas que cultivamos no Movimento Sem Terra. Tem de tudo, porque não somos assim de puxar só pro nosso lado. Gosto muito de música sertaneja. Mas lá a gente divulga as nossas músicas, as nossas poesias... Porque tem o espaço de poesias também! Por enquanto, sou eu também quem representa esse espaço aí... Trabalho em torno disso porque gosto muito de música. Gosto de escrever umas poesias, umas músicas. Só que até hoje, pelo problema de ser pobre financeiramente, nunca pude registrar minhas músicas e poesias. Mas ainda sonho em um dia conseguir.

Essa rádio é comunitária, pega em um espaço curto. Não tem uma potência grande. Nem no município todo ela não consegue ser sintonizada. Mas o importante é que a gente conseguiu esse espaço através do reconhecimento dos companheiros da rádio.

Ah! Estava esquecendo... temos o espaço aos sábados, do meio-dia a uma hora, que é para divulgarmos matérias, participar do jornal da rádio. O que tiver para divulgar em torno de notícias a gente ouve nesse horário.

Até agora, graças a Deus, a gente sempre conseguiu apresentar e tem tido um apoio muito grande dos ouvintes. As pessoas participam através de cartinhas, de pedidos de música, de poesias... Assim, a gente procura variar a programação e com isso também vai passando um pouco do que é o Movimento Sem Terra.

No nosso acampamento é o seguinte: chegamos no local, apresentam onde a gente vai ocupar, fazemos a construção de barracos de lona e ali organizamos... nossa vida lá está representada aqui no Acampamento Nacional, na Esplanada, com esses barracos que nós temos... Então, a vida do acampamento é isso aqui!... Só que no nosso as pessoas capricham mais. Fazem ele mais caprichadinho, mas é a mesma coisa... É pisando no chão todo dia! Às vezes, quando dá uma chuva forte, a água entra por dentro do barraco... Por isso, a gente tem que fazer umas camas um pouco mais altas do chão para não ter problema de molhar, que damos o nome de tarimba... A gente enfrenta!... Não é fácil, não. Porque essas lonas, dentro de pouco tempo, por qualquer coisinha, fura! Aí não tem como não correr o risco de, às vezes, ter problemas de saúde e outras coisas... Mas isso aí não é o que faz dificuldade: acampamento, barraco... Eu trabalhei quase quatro anos em garimpo e vivia só na base de barraco de lona! Garimpeiro também vive assim! Para mim, não é novidade... E tem outra: a pessoa que quer, que tem interesse de fato em trabalhar na terra, enfrenta essas dificuldades...

A única coisa que mudou na minha vida depois que entrei no Movimento foi o seguinte: às vezes a família sentiu um pouco... Mas isso acontecia se a gente também não contribuísse com esclarecimentos que viessem de encontro com os interesses... Por exemplo: tenho duas filhas, e o meu compromisso é com elas. A elas tenho que dar educação, o que comer, vestir e calçar... Então, a gente enfrenta sim! Tem dificuldade para dar aquilo que, às vezes, vinha dando com mais seqüência... Agora, sobre os demais aspectos, a gente não teve muita dificuldade, não... Não mudou porque estava ciente do que estava fazendo... Sabia que não ia ser fácil, que ia ter barreiras! Mas, graças a Deus, consegui superar...

Bom, nunca deixei que as crianças parassem de estudar. Sempre, chegando num local, a primeira coisa que a gente se preocupa é com a educação. O Movimento nunca deixou criança sem estudar! Só não estuda quem não quer, porque a gente chega e organiza logo um pessoal que vai cuidar da educação... O setor da educação funciona. A gente faz a matrícula das crianças no colégio mais próximo e, se for preciso, dá um jeito num carro e leva as crianças... Então, elas estão estudando, não estão tendo problema nenhum. Para mim, as dificuldades que enfrentamos estou superando com normalidade...

As dificuldades, como eu estava citando, por exemplo, eram na área da alimentação: aí a gente tem que sair, reivindicar... Roupa, calçado, remédio, materiais de escola, tudo isso a gente também tem que pedir para a sociedade, porque não temos dinheiro para comprar! Não temos aonde trabalhar! A partir do momento que a gente está fazendo ocupações, não tem condições, porque as pessoas nem oferecem trabalho... A gente é um povo discriminado! E na verdade não poderia existir isso... Mas isso aí a gente suporta porque para mim o Movimento Sem Terra é melhor que os tempos que convivi no garimpo! Mexia com ouro todo o mês e passava um aperto, né? Agora, no Movimento Sem Terra não... A gente se organiza e faz as reivindicações para a sociedade daquilo que precisa. E, até hoje, graças a Deus, temos sido muito bem recebidos por todos. Nunca passamos um dia sem comer!... Tem um estoque no acampamento, um barraco só para guardar a alimentação. Sempre temos um controle antecipado e nunca deixa faltar...

Por enquanto nós não produzimos nada... A gente entra na fazenda e logo no segundo dia, ou no primeiro, já vem a reintegração de posse. Aí luta para ver se derruba... Luta e não consegue. A gente tem que mudar. Então não adianta plantar. Teve duas fazendas, que nós tentamos... Até numa delas plantamos mandioca e na outra preparamos a terra só na base do arado. A gente arou a terra e não deu tempo de plantar. Mas fizemos mobilização com trator também, porque temos nos assentamentos e, se for preciso jogar dez, 20 tratores na terra, nós jogamos!

Mas, pelo que queremos, enfrentamos essa dificuldade... Só que dentro de uma lógica: que as autoridades governamentais venham ver, de fato, como é nossa vida, que entendam nossa reivindicação, que é justa! Já existe essa lei aprovada da reforma agrária, só não é executada! Por isso que o Movimento Sem Terra ocupa e resiste, porque, se não fizermos isso, não vamos conseguir! Nós também impomos nossa resistência diante do governo por ele não vir e fazer a reforma agrária na hora que é para fazer... Se ocupássemos uma fazenda, ele fosse lá, fizesse a vistoria e resolvesse o problema, nunca teria um conflito! Mas não querem, e isso faz acontecer os conflitos!... É o próprio governo, a própria administração, que dá esse tratamento moroso com os trabalhadores, com as pessoas que ocupam... Eles não se interessam em resolver o problema e dizem:

— Não. Deixa eles lá...

Para nós comermos, vestirmos, calçarmos ou estudar os nossos filhos — pois temos muitas crianças nos acampamentos —, depende de chegarmos e pedirmos para sociedade, explicar nossa posição. E, graças a Deus, nós temos tido apoio! Mas nós não vamos ficar toda a vida nas costas da sociedade, né? Eles não são obrigados a nos tratar, a nos dar o que comer... Nossa reivindicação é que o governo atenda nosso apelo! Porque, a partir do momento que nós ocupamos uma área, nós estamos fazendo um apelo, um pedido... Só não entende quem não quer!

Acho que o governo diz que somos os provocadores de conflito... Não! Se vamos entrar numa área e somos recebidos pelos pistoleiros desse fazendeiro, desse grande latifundiário, é sinal que ele não tinha boas intenções... Se não quisesse conflito, não tinha lá, dentro de suas terras, pistoleiros com armas sofisticadas para esperar os sem-terra!...

O governo sabe que os sem-terra existem há vários anos, não é de agora! Não é novidade! Então, se quisesse, já teria resolvido, só que eles não querem... Mas agora a posição mudou muito: a sociedade do Brasil inteiro está sabendo da realidade... Nós saímos para a rua! Colocamos o pé e a cara na rua e mostramos de que forma nós somos...

Muitas vezes, caminhamos de pé no chão, de chinelo, mas não é por aí que se analisa as pessoas... O sem-terra não é só aquele que está sem chinelo! Também é aquele que coloca um sapatinho bom, uma roupa adequada... Sabe se comportar e se apresentar! Por exemplo, quando esses dias nós vínhamos fazendo uma marcha, um motorista passou por nós, viu o cara bem-vestido — bem-vestido não: ele estava com uma bermuda adequada, um tênis e estava com uma máquina fotográfica na mão — e falou:

— Esse aí não é sem-terra!

Bom, só porque estava com um tênis e uma camisinha melhor... A camisa parece que até era do Movimento!... Mas eles acham que sem-terra é aquele descalço, mal-vestido, é aquela pessoa que anda suja... Não! Não é isso! A hora que estamos na luta, no trabalho, reivindicando, não olhamos a roupa, ou se é branco, se é preto! Nós não discriminamos as pessoas... Para nós, todos são iguais... Então, é isso que queremos: deixar bem claro para sociedade brasileira que somos seres humanos e que temos o direito de ter a mesma dignidade que qualquer pessoa!... Nós temos o Movimento para isso... Às vezes, só porque a pessoa tem um poder financeiro, é lógico que vai se apresentar melhor que nós... Mas vamos ver se as qualidades são iguais? Não é tirando o mérito, mas às vezes um simples trabalhador... vai ver o currículo dele: é melhor do que o de certos fazendeiros! A gente sabe que eles são criminosos. Não digo todos, mas alguns... Então, mostramos à sociedade que estamos caminhando para denunciar o que tem de errado e apresentar nossa proposta! Porque, se nós só estivéssemos denunciando e não apresentando alternativa, acho que seria injusto... A vantagem é que nós, além de denunciarmos, trazemos uma proposta, como trouxemos até ao presidente Fernando Henrique...

Não posso continuar porque, a partir deste momento, temos uma reunião ali no circo... Quero também destacar que hoje é um dia muito importante: é o dia da nossa despedida! Nós estamos fazendo o encerramento do nosso acampamento aqui na Esplanada... Nessa reunião, estamos tratando do encerramento das nossas atividades, interna e externa... Amanhã estaremos retornando aos nossos acampamentos... Em torno das 17 horas, acho que estaremos embarcando no ônibus, depois do ato de 1º de Maio, em homenagem ao trabalhador, que nós vamos participar...

Entrevista: Suzana Lopes Salgado Ribeiro, 30 de abril de 1997.
Textualização: Andrea Paula dos Santos, Suzana Ribeiro e Isabel Regina Felix.

> Companheirada, pra burguesia não tire o chapéu,
> mesmo que ela nos prometa o Céu.
> É falsidade! Quer nos enganar.
> Grita, sem-terra, unindo as forças, ocupando o chão.
> Mesmo debaixo dessa repressão
> a nossa luta não pode parar.
>
> Zé Pinto, "Não somos covardes".

MAZINHO
Pará

S ERIA *pouco dizer que é impressionante a história de vida de um sobrevivente ao massacre de Eldorado dos Carajás, no Pará. Tímido, com uma expressão bem mais envelhecida do que a idade poderia supor, Mazinho narrou suas experiências, algumas quase que arrancadas, com grande sofrimento. Sem poder segurar o choro, disfarçando e se desculpando pela "fragilidade", não queria falar a ponto de se emocionar. Mazinho passava as mãos trêmulas rapidamente pelo rosto, contendo as lágrimas, e ria forçadamente, tentando se recompor... A entrada no Movimento Sem Terra surge como único meio de fugir da exclusão social, da miséria absoluta. Por isso, essa história de vida é muito difícil, mas extraordinária. Não é sem sofrer com Mazinho que a registramos aqui, o que certamente está recompensado pela alegria de vê-lo como um cidadão que encontrou onde e com quem lutar por uma vida digna.*

... Há uma diferença muito grande entre viver recuado da sociedade e se achar dentro dela! Isto sim é muito bom! É um aroma muito gostoso!

MEU nome é Lindomar de Jesus Cunha, nasci em 4 de 76... dia 4 de novembro de 76. Nasci em Castanhal, no Pará.

Quando me entendi um pouco como gente, lembro que meus pais trabalhavam na fazenda de um rapaz chamado Gabriel. Meu pai era gerente da fazenda e da fábrica de café Mila, em Castanhal. Sua vida era muito sofrida... Por ser gerente da fábrica e da fazenda, era muito tachado e explorado ao mesmo tempo. Trabalhava muito e ganhava pouco: não dava nem para sustentar sua própria família! Por isso tomou a decisão de sair da fazenda e abandonar tudo. Fomos até outra cidade chamada Bom Jesus de Tocantins...

Nessa época, já tinha meus 6 anos de idade e dois irmãos chamados Valdeir e Sônia. E tinha um relacionamento com as pessoas, com as crianças com quem eu estudava. Aí, meu pai teve uma proposta de serviço. Deixamos tudo lá de novo e mudamos para Parauapebas do Pará... em 1982... Lá a gente começou a vida numa fazenda...

Meu pai trabalhava de vaqueiro e plantava roça. Plantava feijão, milho, legumes, essas coisas para alimentação... Chegamos a tirar um saldo bom na primeira colheita, mas já na segunda não deu para tirar algo melhor, porque o patrão criou o olho em cima e levou toda a mercadoria que a gente tinha produzido...

O rapaz, dono da fazenda, chamava-se Oliveira. Inclusive, ele tem, aqui em Brasília e em São Paulo, em torno de 20 apartamentos de aluguel! Esse cabra já tinha até matado pessoas e, com dois anos de serviço de meu pai, ele pagou um pistoleiro para matar ele...

Quem viu o pistoleiro foi só minha mãe e meus quatro irmãos, que já eram nascidos... Ninguém mais viu. O cara era um tal de Carlão, o pistoleirão mais famoso da região do Pará! Quando ele foi lá na minha casa, imediatamente tirei o meu pai da fazenda e fomos para a cidade de Parauapebas... Eu tinha 12 anos de idade... Esse foi um dia muito ruim! Imaginar uma pessoa querendo matar o pai, que criou a gente com tanto sofrimento e que fez o máximo possível pro filho não virar um marginal!...

Mas essa é a velha questão do Pará! É o único estado em que acontece o seguinte: você trabalha e não tem o direito de receber... O direito que se tem numa fazenda no Pará é bala! Isso depois do saldo que tem de pagar aos fazendeiros!

A minha infância foi trabalhando, e até essa idade eu trabalhei demais... Acordava de manhã e a primeira coisa que fazia era amolar o facão ou o machado e ir pra roça limpar, cultivar a terra para produzir o alimento... Às vezes, trabalhava de dia e brincava à noite. A brincadeira que a gente mais gostava lá no mato, na roça mesmo, era de esconder, de cair do poço... Essas brincadeiras que criança sempre gosta!... De vez em quando brincava com meus primos, filhos de um tio meu chamado Eudoilde, um gago.

De emocionante e até de engraçado, lembro de uma vez em que estava brincando com os meus colegas na frente da minha casa, numa baixada cheia de capim-de-água. A minha mãe me chamou para pisar o arroz da alimentação do meio-dia, e eu falei que não ia. Imediatamente ela pegou uma ripa daquelas de paxiúba e correu atrás de mim! Eu dou risada só de lembrar!... Subi uma ladeira muito grande, saí correndo e só voltei pra casa depois de três dias!... Fui até a fazenda de um colega da gente chamado Codemo. Os filhos dele eram muito amigos da gente, acostumados a brincar de bola juntos. Então fui pra casa dele, fiquei três dias e depois meu pai foi me buscar... Voltei e o que aconteceu foi uma GRANDE pisa!

Depois do problema do pistoleiro, fomos pra cidade de Parauapebas. Fomos morar na rua 10, esquina com a rua 11, quadra 10, lote 4, numa casa de aluguel... Aí, meu pai ficou desesperado de morar na cidade e não ter onde trabalhar, não ter emprego, não ter sustento pros filhos... Foi quando ele começou a beber, tomar bebida alcoólica... Começou a espancar a gente e me expulsou de casa.

Nessa ocasião, a mamãe fazia cocada pra gente vender na rua. Então, ela fez a cocada e eu saí pra rua com uma tigelinha... Cheguei na rodoviária e estava vendendo, quando meu pai veio e pegou nas minhas costas:

— Vai pra casa, moleque!

Eu disse:

— Mas tô vendendo cocada!
— Tô mandando ir pra casa!
— Então tá bom, vou pra casa...

Quando fui descendo, tinha a padaria do Divino. Aí o Divino me disse:

— Mazinho! O que tu tá fazendo?
— Eu tô vendendo uma cocada pra mamãe.
— Encosta aqui pra tomar um refrigerante!

Ele é um cara muito amigo meu. Também trabalhava no clube dele na época... E fiquei lá. O papai chegou bêbado e disse assim:

— Não te falei pra tu ir embora pra casa?!
— Falou, papai, mas tô aqui conversando mais seu Divino!

PÁ! Deu na minha cara! Bateu em mim pra burro! Começou a me espancar!... Deixei a bacia lá e fui pra casa correndo, chorando... Quando cheguei, não demorou nem uns 20 minutos, meu pai chegou atrás. Pegou, me bateu demais, me espancou muito e mandou eu sair fora de casa... Saí fora de casa: fui parar na rua. Fiquei na rua um bom tempo!...

Eu tinha um amigo chamado Manel, muito legal, nosso vizinho lá de casa. Foi ele quem me convidou para uma invasão de terra, porque tinha sido convidado por uns amigos dele. Assim, fui para uma área chamada Itapirapé, em Parauapebas, que fica em cima do rio Tacaiuna, uns 300 quilômetros longe da cidade... E, como eu estava fora de casa, enfrentei... Pensei que ia ter uma grande SORTE de poder botar o meu pai em cima da terra, mesmo depois de tudo o que ele tinha feito comigo... Fui numa invasão de terra, com 12 anos de idade!

Nessa ocupação havia 42 pessoas. Só não tinha mulher, porque nessa época era uma coisa muito pesada... Com uma semana que estava lá, tinha marcado meus dez alqueires de terra. Marquei, estava brocando já a roça... E num dia de quarta-feira — não me lembro mais a data — chegaram 26 policiais civis, o dono da fazenda e dois capangas... Fizeram a gente tirar a roupa dentro do mato! Todo mundo nu! Tinha até um pouquinho de graça, porque um companheiro da gente, um velho de 62 anos, foi passando correndo no mato e a tiririca pegou um pouco nos lugares desapropriados dele! Coitado! Cortou, saiu sangue, e a gente ficou sorrindo... O policial começou a bater e, mandando calar a boca, botou a gente nu em cima do carro... Como ia passar pela casa de um cidadão que tinha meio mundo de filha mulher e a gente ia ficar com muita vergonha, eu, como menor, já conhecendo um pouco da lei, me aspei com a polícia e disse o seguinte:

— Se não deixar a gente vestir a roupa, quando chegar em Marabá vou botar vocês no juízo, porque vocês podem fazer isso com pessoas maiores de idade, mas com menores não!...

Tinha um outro menino menor comigo, e eu incentivei a falar a mesma coisa e demos um saldo de qualidade em cima da PM e da civil. Então, mandamos todo mundo vestir a roupa e chegamos à delegacia de Marabá às 4 da manhã...

A delegada lá — que infelizmente era uma mulher — chegou e começou a falar que a gente era invasor, que a gente não queria terra. Ou melhor, que a gente queria só para vender... Já começamos a sentir na pele como a burguesia arma pra gente hoje... Desde 1500 ela vem armando...

Mas, naquela época, ouvindo tudo o que ela falava, só pensava em um dia sair de lá... Queria uma liberdade, uma paz... Mas fica muito difícil resgatar, contar, o que a gente já passou há muito tempo...

Eu não fiquei preso, mas meus companheiros maiores ficaram... Fiquei detido durante 24 horas e eles também. Eu só saí de lá depois de todos, que talvez só foram soltos por causa de mim e de outros companheiros menores que estavam lá...

Depois dessa cadeia, voltei para o mundo da rua de novo. Dormindo em calçadas, alimentando muito mal! Sempre minha mãe ia atrás de mim, mas eu não queria voltar por causa do meu carrancismo e da raiva que meu pai me tinha feito passar...

O mundo da rua é muito difícil! Hoje enxergo as crianças que vivem na rua... Sempre quando passo, vejo uma criança que posso ajudar, eu ajudo, porque já sofri e senti um pouco na pele o que elas sofrem e passam...

Nessa época em que morei na rua, já tinham me colocado outro apelido: era Biu. Quando o pessoal mora na rua, tem uma calçada preferida para dormir. Eu já dormia naquela calçada há dois anos, na cidade de Parauapebas, quando chegou um pivete um pouco maior e disse:

— Olha, Biu, quem vai dormir aí é eu. É eu e pronto!

Respondi:

— É? JAMAIS! Jamais vou deixar você dormir no meu lugar, porque já durmo aqui há dois anos, cara!

— Não! Quem vai dormir aí é eu!
— Não! Sou eu!

Começamos a discutir! Brigamos já!... Sei que o resultado foi que dormi no meu local de novo, no jornal... Eu me enrolava sempre com jornal, porque não tinha nada mesmo!

Nessa ocasião, tinha um clube chamado Paqueras Clube. Foi nesse lugar que encontrei pela primeira vez Osiel Alves Pereira, o Pereirinha — uma criança também largada que morava na rua... Lá era o setor dele — sempre tinha essa competição entre a gente... Então, logo que cheguei, ele correu atrás de mim com um facão. Aí, um mês depois, vi o Pereirinha na cidade, em Parauapebas, e corri atrás dele com o facão também...

A rua é sempre ruim! Mas a coisa mais difícil era comer, porque a gente necessitava das pessoas... Então a gente pedia, outras vezes pegava laranja, já podre, e comia...

Uma vez, eu estava sentado numa calçada bastante alta, e pensei o seguinte: "Um dia eu vou conseguir uma coisa para incentivar a minha família... Incentivar o meu pai, para que ele possa me ver com outro olho, me enxergar como ser humano". Porque ele não me enxergava como ser humano! Eu senti isso na pele!

Foi quando um amigo meu, chamado Beto, me convidou para conhecer o Movimento. Esse rapaz estava junto comigo naquela primeira ocupação de terra que contei... Hoje vive em Roraima e, em 1992, já tinha participado do acampamento Rio Branco I... Conhecia um pouco do Movimento... Como eu estava na rua, já com meus 16 anos de idade, sem nenhuma perspectiva de vida, não dava pra recuar!

Assim, fui visitar o acampamento Marabá, de frente do Incra... Era dia 24 de junho de 1994... Quando cheguei, estavam trabalhando numa das tradições do Movimento, uma mística, onde cantavam uma música chamada "Não somos covardes", que falava assim:

Pegue os cereais e a lona, junte
a criançada,
pois sem-terra organizado
é terra ocupada.
De mãos dadas vamos juntos,
não somos covardes,
somos contra o latifúndio,
só produz maldade.

Uma música muito linda!... Na metade dela, já comecei a me arrepiar e... a chorar!... É uma música que emociona qualquer um!

Então, sentei numa calçadinha, no meio-fio e conheci um colega chamado Gustavo, que hoje trabalha no Movimento. Ele sentou perto de mim e disse assim:

— Você é de onde, companheiro?
— Sou de Parauapebas.
— Eu já não te vi na rua?
— Já. Você já me viu na rua sim...
— Pois é! Tu não quer trabalhar no Movimento? Não quer ficar e se acampar?

Respondi:

— É... Se vocês me derem a oportunidade, eu vou aproveitar...

— Claro! A gente dá oportunidade... O Movimento é popular, aceita qualquer um, não tem preconceito com ninguém, não!...

Já no outro dia de manhã, fui pro mato tirar palha, madeira, fiz o meu barraco... Lá todo mundo fazia sua alimentação por grupo e eu todo dia merendava, almoçava, jantava...

E a minha vida foi mudando cada vez mais... Eu via uma diferença muito grande na MA-NEI-RA como as pessoas me tratavam na rua e no Movimento. Era totalmente diferente! Me tratavam com carinho, com amor! Eu me sentia, e ainda hoje me sinto, uma pessoa amada no meio deles!... Há uma diferença muito grande entre viver recuado da sociedade e se achar dentro dela! Isto sim é muito bom! É um aroma muito gostoso!

Quando estava, no máximo, com um ano e três meses dentro do Movimento, a gente já partiu pro assentamento Palmares, em Parauapebas, que hoje faz três anos de aniversário e está acontecendo uma festa lá... Eu queria muito estar lá, mas não posso...

Com meus 17 anos, essa foi a época que mais mexeu com a minha vida!... Foi quando procurei a minha família.

— Onde tu estava, que sumiu tanto tempo, não aparecia, não mandava notícia?

Começaram a se preocupar comigo... Fiquei sentado lá no sofá... Chamei a minha mãe — sempre me abro mais com ela — e falei:

— Mamãe, é o seguinte: eu estou no Movimento Sem Terra, já conquistei a terra, tem uns 10 alqueires lá. Conquistei não foi para mim, mas para vocês! Quero que a senhora fale pro papai, porque não vou falar com ele agora.

Só a partir desse momento meu pai me paparicou. Me levava em todo canto, pros bares, pagava coisas, comprava roupa para mim. Nessa época, ele já tinha um emprego na Serra dos Carajás, trabalhava como ajudante, servente... Essa foi a parte mais emocionante da minha vida! Foi esse reencontro com a minha família... Foi muito importante!

A primeira ocupação que participei foi um processo muito grande! Tudo começou no acampamento na área da CVRD — Companhia Vale do Rio Doce — quando ainda eu não fazia parte do grupo... Com dois dias de ocupação, foram despejados e partiram pra frente da CVRD, ficaram acampados dois dias. Se dirigiram pra frente da Prefeitura Municipal de Parauapebas e lá ficaram durante dois meses. Depois, permaneceram por três meses no Estádio de Terra Seca, também em Parauapebas. De lá partiram para Marabá, e entrei nesse acampamento quando estava inteirando dois meses. Nesse lugar, ficamos juntos durante seis meses...

No acampamento, o dia-a-dia era muito emocionante. A gente vai convivendo e aprendendo cada vez mais com o outro!... Vai mudando, evoluindo... Cada pessoa vai se capacitando mais!

Quando acordava, a primeira coisa que a gente fazia era uma assembléia, e logo de manhãzinha todo mundo cantava. Depois dessa união, tomava café e fazia as coisas que interessavam... Era bom!... Aquele acampamento tem muita esperança! Deixou muita recordação no coração de todos!...

Acho que o MELHOR mesmo que aconteceu nesse acampamento foi o seguinte: o presidente do Incra em Marabá — um cara chamado Líbero — sempre sacaneava com o pessoal, com os trabalhadores. Um dia, fizemos uma assembléia e decidimos:

— Vamos pegar esse filho da puta! Vamos prender esse cara e fazer com que coma osso!...

Entramos no prédio do Incra e mantivemos ele preso por uma semana... Durante esse tempo ele recebia comida. Depois resolvemos:

— Agora ele vai comer o que nós comemos!

Sempre comemos o feijão que o governo manda, que passa quatro dias no fogo até cozinhar! A gente bota um prego dentro e ele cozinha primeiro que o feijão!...

Então, começamos a pressionar... Demos um bom pedaço de osso para ele comer! A gente tem até uma fita de vídeo mostrando esse cara roendo o osso, para aprender!... Achei importante ele sentir na pele o que sentimos, porque, enquanto a gente passa necessidade, o filho da mãe está lá em cima, na maior mordomia, e ainda quer escurecer o lado do trabalhador...

Com isso, ele se sentiu oprimido! E depois chegou onde a gente queria, o consenso. Assumiu um compromisso, e nós voltamos pro acampamento que ainda estava em frente ao Incra. A gente ficou lá dois meses, e ele não cumpriu o prometido... Então, decidimos ir até Parauapebas fazer uma vistoria, para talvez ocupar uma área. Mas tinha um traidor do nosso lado, chamado Carlinhos. Tudo o que ele e a gente fazia dentro do acampamento, esse camarada tomava nota. E, de repente, entregou todo mundo de bandeja pra polícia! Não era nada grave! E ao mesmo tempo era, porque ele fez uma acusação em cima dos companheiros Tito e Maurinho, dizendo que tinham serrado uma torre da Eletronorte, de Carajás. Isso ainda foi em 94... Os companheiros passaram seis meses na cadeia! A gente conseguiu soltar eles, mas ainda hoje são julgados!...

Depois disso ficou "dificultoso"... A gente tinha medo até de trabalhar no Pará, porque esse estado e a polícia gosta muito de reprimir!... Mas como temos um espírito de revolucionário da América Latina jamais vamos esquecer a luta do Movimento e vamos partir sempre pra necessidade do povo brasileiro!...

A história desse acampamento que estou agora também é grande! Saindo de Marabá, fomos pra frente da Companhia Vale do Rio Doce. Ninguém do país ainda tinha conseguido ultrapassar um PASSO depois da corrente da Vale do Rio Doce!... Só o Movimento Sem Terra, nessa época, conseguiu andar 20 metros depois da corrente! Nosso objetivo era reivindicar a terra.

Fomos reprimidos de novo pela polícia. Algumas pessoas foram espancadas, inclusive peguei umas porradas. Um companheiro, chamado Tupião, que é do Rio Grande do Sul, levou uns tapinhas... O companheiro Evandro, presidente da CUT de Belém, também foi espancado, assim como outros tantos... Os policiais sempre agredindo!...

Nesse dia, ficamos lá mais ou menos das 6 da manhã às 4 da tarde, sem ninguém passar de um lado pra outro... Uma parte nossa ficou do lado de dentro e outra do lado de fora. As correntes ficavam no meio, nem a gente entrava pra lá, nem eles passavam pra cá. Ficamos naquela demanda assim: enchia a garrafa de água aqui e jogava pro pessoal lá, botava comida na sacolinha e jogava pro pessoal... Se tinha que passar uma criança de lá pra cá, tinha que preparar aqui e o pessoal jogar de lá pra gente pegar!... Então ficou uma coisa difícil! Quando saímos dali, fomos diretamente pra frente da Câmara Municipal de Parauapebas e fiquemos acampados três meses...

Isso quer dizer que aquela negociação com o homem do Incra não adiantou nada! Eles gostam de empurrar a gente com barriga no estado! Do acampamento de três meses em frente à Câmara, saímos diretamente para outro que foi chamado "Zé de Areia", que era o nome de um rapaz, dono de uma olaria. Nesse lugar, a gente ficou durante cinco meses.

Um belo dia aconteceu uma ótima ocupação. Foi em 15 de maio de 94... Entramos à meia-noite. Quando chegamos lá em cima a gente começou a dar uns tiros de foguete, e o pessoal já corria pra trás com medo que fosse pistoleiro... Era a maior gozação! Depois, fizemos nosso acampamento debaixo das árvores. Nessa época, tinha 1.500 famílias. Quando a gente começou esse acampamento eram 2.500!... Muitas pessoas foram desistindo por causa da necessidade, da fome... Ficamos um bom tempo lá, mas logo começamos a receber... repressão da polícia. Mandavam liminar de despejo e diziam:

— Olha, se vocês não saírem em 24 horas, vamos pôr 5 mil homens aqui e vamos acabar com todo mundo!

A gente respondia:

— É o seguinte: só estamos em 1.500 pessoas, se vocês quiserem matar, mata... Vamos morrer por aqui mesmo!... Não sairemos daqui!...

A segunda repressão foi do dono da fazenda. Ele falava:

— Se vocês não saírem, eu vou botar 2.mil pistoleiros pra matar todo mundo!

Então, escrevemos outra carta:

— Se você quer matar, mata... Só que nós sabemos que sua fazenda produz maconha e cocaína. Se você quer que a gente publique nos meios de comunicação, faça isso...

Ele se sentiu reprimido e não fez nada com a gente. Esses plantios, os cemitérios clandestinos e o trabalho escravo foi o que também ajudou no processo de desapropriação da fazenda!...

Na época em que esse fazendeiro chegou na região — mais ou menos na década de 70 —, ainda era aquele tempo em que se dizia:

— De tal rio a tal rio é meu!

Era aquela demarcação sem medir, sem nada, só de rio em rio... Então, ele chegou e começou a trabalhar fazendo só a rocinha dele. Depois já arrumou um sócio — um camarada chamado Chico — e convidou uns peões para trabalhar na roça. Já começou a botar gente para trabalhar de escravo, a espancar e a matar as pessoas!... Eu mesmo, no ano passado, achei um crânio dentro da terra! Depois tive que enterrar de novo e deixei lá...

O pessoal diz que o trabalho escravo acabou, mas NÃO!... Ainda HOJE existe trabalho escravo no campo e na cidade. No campo é o trabalho forçado, e na cidade, infelizmente, os patrões, em vez de pagar três salários para um funcionário, pagam um e comem os outros dois sozinhos! Acho que isso é uma escravidão. No campo ainda existe esse tipo de escravidão... No Pará, também EXISTE demais da conta! Conheço companheiros que têm três anos de fazenda e nunca receberam nada! E nem podem sair, porque o fazendeiro manda pistoleiro matar!

Em 95, um ano depois da invasão e sempre sob ameaças, fiquei sabendo da desapropriação. Eu estava no Maranhão, participando de um curso de formação, capacitação, do Movimento. Me lembro que era 5 de novembro — um dia depois do meu aniversário e já final de curso... Fizemos a festa!... A maioria do pessoal era do Pará mesmo... Fiquei muito alegre!... No acampamento, o pessoal também festejou. Comemoramos a vitória!... Conseguimos uma conquista!... Estamos assentados, fizemos um projeto de habitação e já construímos as nossas casas! A minha família mora lá! Só acho ruim porque meus pais estão separados... Minha mãe e meus irmãos estão no assentamento em Parauapebas, e meu pai está morando em Rondon do Pará...

Já casei duas vezes. Da minha primeira família, tenho uma filha que vai fazer 3 anos e mora em Goiânia. Nessa Marcha, passei lá, mas nem tive tempo de visitar!... Também o avô dela não permite que eu visite. Tudo isso é uma bagunça, que é até bom deixar de lado!... Tenho dificuldade em falar desse assunto...

Conheci essa minha primeira mulher em Rondon do Pará, quando fiz um passeio na casa de meu tio. Começamos a namorar e aconteceram algumas coisas... Ela ficou grávida... E acabou voltando pra casa em Goiânia... O pai dela andou atrás de mim durante uns três meses pra me matar, dizendo que eu tinha desonrado a filha dele, sendo que ela já era desonrada!... Ele andou um bom tempo me campeando pra me matar!... Daí, a minha filha nasceu e botei na justiça para ganhar a menina! O juiz deu o direito à mãe de ficar com a criança. Então aceitei e só disse que tenho o direito de visitar enquanto ela não for maior de idade, para tomar a própria decisão!...

Conheci a minha segunda mulher, a Cláudia, num acampamento. Desse casamento não tive nenhum filho. Depois que a gente se separou, ela passou a trabalhar no Movimento... Acho que é uma forma de se vingar de mim!... Ela dizia assim:

— Vou te mostrar como sou capaz de trabalhar no Movimento!...

E eu respondia:

— Vai fundo, garota! Você também tem capacidade! As mulheres também têm seu espaço. Então trabalha, mostra o que você é!...

E assim fico andando sozinho no mundo... Acho muito ruim, me sinto só!... Mas, quando chego em casa, tem a recompensa: o carinho da minha mãe e da minha família...

Lá no assentamento, estamos plantando a quarta roça. A gente planta arroz, feijão, milho... Também temos muita mandioca plantada, para investir no mercado... É que conseguimos fazer um projeto de uma casa de farinha!...

Durante o acampamento, trabalhava como organizador do trabalho do Movimento... era um coordenador... Os companheiros eram divididos em grupos, para tornar o trabalho mais fácil. Então, tinha coordenador de disciplina, saúde, alimentação, educação... Todos esses setores existem dentro do Movimento.

Todo mundo desempenhava seu trabalho: um com educação, outro com segurança... Não segurança armado! Vou deixar claro: segurança de pauzinho na mão, ali pra estar vigiando, pra não entrar pessoas estranhas. Como eu ficava mais nas discussões políticas, estava sempre de retaguarda.

Mas o que preferia mesmo era fazer mística — não vou mentir... Gosto muito do lado do teatro! Gostava de fazer mística junto com um companheiro que perdi o ano passado — o Osiel Alves Pereira, o Pereirinha, aquele menino de rua com quem briguei de facão!... Era meu conhecido de infância lá em Parauapebas...

Reconheci ele quando cheguei no acampamento em Marabá, em 94. Tinha entrado um pouco antes do que eu e estava com uma furada nas costas! Um cara tinha furado o Osiel na rua e assim ele procurou o Movimento... Se integrou mesmo! Deu tudo de si!

Meu apelido dentro do Movimento é Zumbi, e por causa disso gostava muito de apresentar aquele livro de Zumbi dos Palmares junto com o Osiel!... Num curso que a gente fez juntos, criamos um grito de ordem e resgatamos o livro em mística... Eu sempre gostava de fazer o papel de Zumbi, e ele de Ganga Zumba. A gente fazia a apresentação em assembléias, atos-show... Hoje o grupo de teatro está meio desfalcado, porque estou viajando muito, os outros companheiros também. O Movimento chamou mais a gente pra luta, está necessitando mais da luta...

O primeiro dia que apresentamos a peça foi muito emocionante! Foi no acampamento, no mesmo dia do assentamento, quando a gente chegou do curso. Foi "Zumbi dos Palmares" que apresentamos... Quando terminamos a peça e cantemos o hino do Movimento Sem Terra, fomos bastante aplaudidos e todo mundo gritava:

— OSIEL E MAZINHO!... OSIEL E MAZINHO!...

A gente ficou bastante emocionado!... As meninas queriam atacar!... Deu um pouco de vergonha... Foi engraçado!

Era sempre muito bom... Osiel acreditava em mim e eu acreditava nele. Na parte que ele pegava, cumpria; na parte que eu pegava, fazia o mesmo. Assim como os meus companheiros de teatro. Era muito bom a gente trabalhar junto, e sofremos uma perda muito grande quando ele foi embora... Deixou a gente... Sentimos bastante sua falta no grupo de teatro! Ele foi assassinado no massacre de Eldorado dos Carajás...

Osiel era um jovem moreno, cabelos longos, usava brinco, cordão, pulseira... Osiel Alves Pereira...

A gente tinha ido pro acampamento chamado Santa Macaxeira, Complexo Macaxeira, em Eldorado dos Carajás. Ele foi trabalhar lá e eu fui designado para outras tarefas do Movimento... Uns seis meses depois que a gente tinha voltado do curso, em abril, já se programava uma caminhada até Belém, para massificar a capital. Quando chegamos em Curionópolis, no Pará, fizemos um acampamento.

Depois de uns três dias, os companheiros estavam com fome e, como a gente não agüenta a fome mesmo, houve um SAQUE de um caminhão... A gente pegou alimentação e comeu... Quando deu meia-noite, as luzes se apagaram. Naquela noite os policiais iam atacar a gente! Mas, como era no meio da cidade, eles largaram, não quiseram atacar... Desconfiamos, mas fizemos de conta que nada tinha acontecido...

Continuamos andando... Quando chegou dia 16, perto de Eldorado de Carajás, fizemos outro acampamento, onde aconteceram outros obstáculos... Pessoas ameaçavam. Mas ameaças bobas, que não dava pra gente se preocupar... Foi onde vi o Osiel, que trabalhava comigo... Só que nesse dia ele estava doente. Estava com uma dor de cabeça e chegou a desmaiar! Aí a gente deu remédio e ele ficou bom. Estava normal no outro dia. Continuamos a caminhar... Quando cheguei lá no outro local, em Eldorado, ele falou o seguinte para mim:

— Ô companheiro! Você volta pro acampamento e fica lá com os companheiros.

Eu disse:

— Então, tudo bem! Eu vou pra lá. Aqui tem muita gente...

Nesse lugar, no meio de uma estrada em Eldorado, tinha 2.500 pessoas, e no acampamento, 3 mil.

Levei Cláudia, a minha esposa. Chegando no acampamento, tive que mandar ela de novo de volta, e ainda fiquei mais uma semana até que toda a alimentação acabou...

Assim, no dia 17 de abril, às 7 horas da manhã, tive que sair do acampamento para buscar alimentação na caminhada... Era um pouco longe e cheguei às... 3 e meia da tarde. Uma companheira da gente começou a brincar e ficamos lá brincando, conversando... Ela, que é meio cigana, chegou e disse assim para mim:

— Mazinho, é o seguinte: sabia que a polícia vai matar a gente hoje?

Eu disse:

— Não. Não acredito nisso, não...

Tem uns companheiros lá que trabalham junto com a gente, acostumados a brincar... Aí, como a gente brinca muito, começamos a dizer:

— Ah, já que a gente vai morrer, vamos todo mundo dar uma forradinha no estômago!...

Começamos a brincar, e meu compadre Márcio disse também:

— Compadre, vamos dar uma forradinha!...

Meia hora depois da brincadeira, a gente olhou pra um lado, olhou pra outro e estava fechado de polícia...

Aí, eu disse:

— Meu compadre, será que é verdade mesmo!?

Ele respondeu:

— Meu compadre, é o seguinte: será que esse governo é covarde?! Assumiu um compromisso com a gente e não vai cumprir?!

Porque ele tinha se comprometido com a gente:

— Olha, se vocês desocuparem a estrada, amanhã mesmo — que era dia 17 — trago dez ônibus, oito caminhões e alimentação pra vocês irem para Belém.

Nós, como movimento popular, temos nossa posição também, dissemos o seguinte:

— Se você garantir isso até meio-dia, a gente mantém a pista desocupada. Agora, se der esse horário e você não chegar com isso aí, a gente vai ocupar a estrada e não vai deixar nada passar!...

E foi o que fizemos. Meio-dia, não apareceram com os ônibus, nós ocupamos a estrada de novo!...

Então, quando a gente olhou e viu tudo cheio de polícia, nós tentamos tirar as pessoas da estrada. A gente tentou... Puxamos as pessoas... Tiramos as pessoas da estrada. Mas... como a operação foi muito rápida não deu tempo de tirar TODAS...

Naquela fita, que mostra esse dia, tem pouca gente na estrada... Isso porque já tinha puxado um bocado... A gente TENTAVA tirar o pessoal dali! Mas a polícia já chegou atirando nas pessoas!... Não é como mostra na fita, que dizem que a gente atacou!.. Mentira! Eles atacaram a gente!.. Eles mataram a gente!... Falam:

— Sem-terra mata próprio sem-terra.

Mentira!.. Porque a gente não tinha arma. A gente não matou ninguém!... Com meia hora de tiroteio, peguei um tiro na perna direita. Foi quando saí um pouco de ação... Quando caí no chão e levantei, tive que carregar nas costas um colega meu, chamado Garoto... A polícia tinha atirado e arrancado um pedaço da perna dele... Carreguei Garoto e deixei o meu companheiro, o Osiel Alves Pereira, no carro de som chamando as pessoas para saírem da estrada... Quando a polícia viu, tentou ir pro rumo dele... Osiel correu pra uma casa... Essa casa estava cheia de crianças e mulheres deitadas no chão, com medo das balas...

A polícia chegou lá no local, pegou meu companheiro pelo cabelo, começou a mandar gritar o grito de guerra... Ele começou a gritar:

— MST, MST, MST!

E eles batendo:

— Grita aí teu grito de ordem, seu filho da puta!

— MST, MST....

— Grita, filho da puta!

PÁ. Batiam nele, batia, batia...

— Grita, filho da puta!

— MST...

Fui para um hospital e lá fiquei PRESO... A minha família ficou louca, logo me caçando, pensando que tinham me matado... A polícia queria me levar até Marabá, extrair a bala... Botaram três policiais dentro do carro, mas era caminhonete aberta e a região de Parauapebas é muito cheia de ladeiras... Saindo de Curianópolis, pulei da caminhonete... Caí no mato e me deram uma rajada de tiros mas, graças a Deus, não pegou nenhum em mim! Fugi deles. Tive que me disfarçar... Me vesti de mulher e fui parar na minha casa. Quando cheguei, minha mãe já estava pra Marabá me caçando lá no Instituto Médico Legal.

Ela e a minha irmã, que até estava grávida, me caçaram e não me acharam... Então esse dito Garoto, que carreguei nas costas, deu a informação que eu estava em casa... Mas com uma semana tive que sair fora do estado, porque a polícia continuava me procurando... Sempre aquela acusação velha... ordinária... Sempre acusam a gente de formação de quadrilhas!... Desde quando o povo brasileiro que luta pelos seus direitos é formador de quadrilha? Fica difícil quando a polícia acusa a gente disso!...

Fui para Minas Gerais, em Governador Valadares, numa casa do Movimento. Nessa época, vivia com Claudia e gostava da vida de casado! Mas tive que deixar o Pará e ela teve que ficar, não aceitando muito bem... Foi aí que tomou a decisão e eu aceitei. Decidiu ir pro acampamento... Telefonei e ela disse que não queria mais nada comigo... Tudo bem!...

Depois de um mês em Minas Gerais, fui pro Maranhão. Lá, trabalhei e depois voltei pro Pará... Começaram as repressões, mas falei para mim mesmo que não saía mais do estado! Se quisessem matar, que matassem!... Eu só queria morrer no meu estado... Me largaram pra trás... Continuam aí uns processos, mas meu advogado derruba...

Eu sinto uma HONRA muito grande pelo meu companheiro Osiel. Quero deixar claro: não sinto Osiel como morto... Ele VIVE... Vive na alma de todo mundo que é brasileiro... E... dá pra gente sentir a perda de um companheiro de luta, que sempre estava ajudando a transformar essa sociedade. É muito ruim quando a gente sabe que um companheiro se foi, deixou a gente...

Não gosto nem de lembrar... Mexe muito comigo... Porque tudo isso é ruim... Quando se TOCA em qualquer coisa da vida, no nosso sentimento, a gente sofre duas vezes...

Fiquei afastado por um tempo, mas depois disse para mim mesmo:

— Antes eu morrer lutando do que morrer deitado.

Não estou lutando para mim, mas sim pelas pessoas do meu país, que precisam. Estou lutando pela minha PÁTRIA! Não por um movimento individual. Estou lutando por um movimento nacional, um movimento popular... O maior movimento do Brasil!... Então, me sinto muito feliz de trabalhar com o Movimento! Tenho certeza que essa entrevista vai ser publicada e tem uma coisa que gosto de garantir: eu vou lutar pelo Movimento até a minha morte. Nunca vou sair, nunca, nunca...

A vida da gente é assim, sofrida... A partir do momento que não se tem uma família adequada para manter a gente, a vida é muito sofrida... Só de imaginar uma coisa: tive condição de estudar com meus pais apenas até a 2ª série. No Movimento, não!... O Movimento Sem Terra conseguiu me formar tanto na leitura como na formação política! Quem diria que um dia eu poderia falar com as pessoas? Que soubesse, ao menos, me pronunciar com qualquer indivíduo ou entidade?... O Movimento me trouxe esse conhecimento!.. Agradeço muito o movimento popular no Brasil!...

Depois de tudo, voltei pro mesmo assentamento onde minha família está, em Parauapebas, e já estou participando de outro acampamento novo, ajudando outras famílias. Fica na região de Marabá, numa fazenda chamada Pastoriza.

Esse acampamento é bastante sofrido também... A gente ficou em frente ao Incra, em Marabá, durante uma semana... De lá, a gente decidiu:

— Vamos fazer um acampamento em um assentamento vizinho feito pelo Incra e não pelo Movimento.

Então, um companheiro que tem consciência política do que é o Movimento mesmo convidou a gente para acampar dentro de 10 alqueires dele. Ficamos lá durante quatro meses, com toda aquela deficiência de alimentação, saúde, escola pros nossos guris... O pessoal já estava doido mesmo, então decidimos:

— Vamos ocupar essa área!

Botamos nosso trapos de dia, entramos dentro da área e estamos lá nesse acampamento... A polícia já mandou um despejo, mas nosso advogado conseguiu derrubar por 24 horas. Estamos esperando desapropriação. Agora, o Régis — o novo superintendente do Incra, outro safadão — deixou pro dia 17 do mês passado para sentar com a gente e negociar... Como viajei no dia 29 do mês retrasado, ainda não tinha sido feita a negociação. Telefonei hoje para lá e eles me disseram o seguinte:

— O Régis, safado, não negociou com ninguém, e a Pastoriza está daquele mesmo jeito. O pessoal está lá dentro!...

Eu disse:

— Fala para eles não saírem!... Um dia, ele vai negociar porque se sentirá aborrecido e dará terra para nós.

Temos grande deficiência nesse acampamento: na questão da alimentação, saúde, educação... Mas os outros acampamentos são bastante desenvolvidos nesse lado!...

Com relação à Marcha, a gente veio em 94 pessoas do Pará... Ficamos acampados em Goiânia, no estádio. De lá, nós acompanhamos a Marcha.

Vim o tempo todo andando, e o dia-a-dia era sofrido... Eu mesmo sofri nos primeiros dias! Nunca gostei muito de andar mesmo, não vou mentir! Me divirto muito lembrando disso... Com dois dias que estava andando, já estava todo com calo nos pés! Não agüentava mais calçar sandália, tinha que andar pendurado num caminhão... É difícil demais!... Mas a gente vai acostumando e vai se dando melhor. No começo a gente sofre muito porque não tem costume, o corpo fica bastante abatido por causa do sol... Então, é muito ruim, mas ao mesmo tempo é muito bom, porque a gente sabe que vai conquistar o que a gente quer!...

A recepção em algumas cidades foi boa e em outras não receberam a gente com muita força... Eram cidadezinhas pequenas, mandadas por aqueles maiores, tubarões... Nesses lugares, as pessoas ainda têm medo de se manifestar ao Movimento...

Ah... Mas quando chegamos aqui e encontramos as três marchas juntas foi muito emocionante! A partir do momento que a gente começou a abraçar todo mundo, começaram a chorar... Não chorei porque, sabe, homem quer sempre dar uma de machão... Mas quando abraçamos o outro começamos a andar de novo para cá, o centro da cidade... A minha maior emoção foi quando a gente topou com todos os trabalhadores da cidade mobilizados, esperando pela nossa chegada. Me senti emocionado!... Me sinto emocionado de participar da maior Marcha Nacional que aconteceu no país... Eu me sinto orgulhoso de ter participado da história desse Brasil!...

Quando chegou o dia 17, que foi a homenagem de um ano do massacre de Eldorado, já vim triste, bastante ruim por dentro... Foi bonita a manifestação... Muito bonita mesmo! Sem nenhum conflito, sem nada, mas para mim, por dentro, não foi bom, porque lembrava daquele dia... Às 4 horas da tarde, fiquei sentado em cima daquele carro de som, recordando tudo o que tinha acontecido naquele dia... que fez um ano... e comecei a chorar... Uns amigos meus começaram a me dar conselho... Só então fiquei numa boa... Mas para mim foi muito ruim! Acho que pros meus companheiros que ficaram no Pará também não foi bom. Foi ruim também pra eles que tinham muita aproximação com o Osiel... Foi muito difícil!... Inclusive lá em Goiânia o companheiro Antonio, que é irmão do Osiel, esteve com a gente. Ele caminhou de Guará até aqui, no Acampamento Nacional, e então ficamos uns três dias juntos. Depois teve que ir embora para o Mato Grosso de novo... Deu aquele abraço na gente no dia 17, e fiquei bastante empolgado por estar ao lado dele, ajudando naquela data difícil... Porque, se para ele era difícil, para nós também era! Então, um pouquinho de coragem dele mais a minha, já era uma força maior.

Mas tudo que já aconteceu com a gente, com a minha vida, eu espero deixar pra trás... Osiel vive até hoje na minha ALMA...

Para mim, a Marcha foi a coisa maior que já aconteceu em nosso país! Todo mundo sabe disso! Maior do que a Coluna Prestes, que andou um bom tempo... E na minha maneira de pensar é o seguinte: a grande coisa que a gente conquistou nessa Marcha foi o apoio da sociedade. O amor dela criou o Movimento... Quando a gente conquista a sociedade, e ela começa a ver a gente com outro olho, deixando de enxergar o Movimento como algo isolado, mas sim como uma solução pro Brasil, a gente fica muito cheio, muito empolgado!... Acredito que a sociedade cada vez mais vai ENTENDER a necessidade que todos os trabalhadores — o operário, o trabalhador do campo, o trabalhador da cidade, o estudante, o professor — têm de entrar no Movimento... A necessidade que um dia vão sentir e vão ser obrigados a entrar, porque ele convida todo mundo. Nele, tem espaço para todo mundo!... O Movimento é uma luta de todos. Não é só minha, nem só sua! Todo mundo vai sentir tudo isso na pele!... No início, sentia que o Movimento era uma luta muito isolada, mas agora, de uns dois anos pra cá, sinto que é um Movimento popular!... É o maior do Brasil! É o único que já ganhou dois prêmios Nobel! Eu me sinto muito honrado, porque nunca podia imaginar, naquele mundinho da rua, que ia participar de um movimento popular, considerado o maior do mundo!...

Espero pro meu futuro o seguinte: que tenha o meu lar e que todo mundo tenha um bom lar. Que a sociedade, que todos possam usar o mesmo que eu... Se usar um relógio, que todos possam também. Uma sociedade primitiva, onde todo mundo possa controlar as coisas... Para mim, eu tendo isso, estou feliz na minha vida...

Entrevista: ANDREA PAULA DOS SANTOS, 30 de abril de 1997.
Textualização: ANDREA PAULA DOS SANTOS, ISABEL REGINA FELIX e SUZANA RIBEIRO.

> Quando chegar na terra
> lembre de quem quer chegar.
> Quando chegar na terra
> lembre que tem outros passos pra dar.
>
> A. Bogo, "Quando chegar na terra".

VALDECIR
Paraná

Tímido, *fala pausada, sotaque sulino, Valdecir começou seu depoimento tropeçando nas palavras. Aos poucos foi acalmando-se e deixando fluir, calmamente, suas experiências de vida. Seu jeito sereno às vezes nos faz pensar em uma pessoa que nunca enfrentou dificuldades. Engano que sua entrevista desmente, revelando uma personalidade forte, lutadora e muito equilibrada. Observador, Valdecir nos acompanhou de longe, o que possibilitou uma proximidade expressa em troca de experiências e um convite para conhecermos sua cooperativa.*

O coletivo dá força para a gente viver.

O meu nome é Valdecir Bordignon, sou de origem italiana. Meus pais são filhos de italianos mesmo! Vieram até o Brasil porque na época eram os sem-terra da Itália! Lá não tinham mais valor...

Sou nascido no dia 21 de setembro... em 1970. Na cidadezinha de Marao, no Rio Grande do Sul. Minha família sou eu e mais seis irmãos: dois homens e quatro irmãs.

Quando tinha 5 anos, meu pai mudou para o Paraná. Meu pai sempre foi agricultor, isso já vem de família. Meus avós tinham terra, mas, como eram muitos filhos, acabou não sobrando para o meu pai. Por isso foi para uma pequena cidade do Paraná, onde vivi até os 7 anos...

Em 79, 80, meu pai resolveu, com mais companheiros da região, tentar a vida em Rondônia; foram em busca de terras. Foi puxado pela mídia, pela propaganda, que dizia que o Norte do país seria um local muito bom para se fazer a vida! Chegou em Rondônia e viu que não era aquilo que diziam... Até conseguiu comprar um pouco de terra, mas todos nós quase morremos da malária!

A malária, na região Norte, é uma doença que até hoje a saúde brasileira ainda não pensou em combater. Como outras: a febre amarela, a dengue... A gente sofreu muito por lá, com a malária.

Eu mesmo quase morri lá! Porque era criança, tinha 10, 11 anos, e peguei malária oito vezes! Com meus irmãos, a mesma coisa. Foi uma época horrível para gente! Terminou com tudo que a gente tinha. Quase não podíamos mais voltar ao Paraná... mas meu pai deu um jeitinho e nós voltamos em 82, 83. Aquela terra que ele tinha comprado tocou de vender e pagar as despesas com as doenças...

Quando voltamos, a gente tinha só a roupa do corpo. Meu pai começou a trabalhar de arrendatário de novo. Trabalhou dois anos e, em 84 para meados de 85, surgiram os primeiros acampamentos do Movimento Sem Terra no Paraná.

Começaram em 83, 84, no Rio Grande do Sul, e veio subindo. No Paraná, a organização começou mesmo em 84, 85... e meu pai foi para o acampamento e eu fiquei estudando na cidade.

O MST do Sul tem uma organização maior que o do Norte. A organização geral interna é a mesma, mas a regional é diferente. No Sul, o Movimento está mais avançado, porque fez mais luta e conseguiu arrumar mais militantes... No Norte e no Nordeste, é organizado, mas não tem uma massa, porque é mais novo. Pelo pouco tempo que foi organizado nesses estados, não conseguiu ainda ter a estrutura que tem no Sul, onde já existe há 15, 16 anos! Tudo começou no Sul e, com o passar dos tempos, conseguiu se desenvolver, porque não se consegue, em pouco tempo, virar a cabeça das pessoas... Elas são criadas em um sistema em que não conseguem nem pensar direito! Os meios de comunicação formam essas pessoas.

Eu estudava ainda nessa época e continuei, né? Fazer o 1º grau foi muito difícil. Meu pai era acampado e não tinha condição nenhuma de me ajudar... Uma família embaixo de um barraco não tem condições de ajudar ninguém. Terminei o ginasial porque tinha vontade de fazer! Imagina: a gente ia na aula o ano inteiro, com a mesma muda de roupa, com o mesmo calçado! Até que consegui concluir a 8ª série...

Depois que terminei, fui para o acampamento também... onde ficamos cinco anos, até que meu pai foi assentado em 89. Ele ficou trabalhando, com os meus irmãos. A maioria da família já era casada, éramos só três irmãos e uma irmã, em casa.

Quando meu pai e meus irmãos foram assentados, voltei para a cidade e fui tentar fazer o 2º grau... comecei a estudar de novo. Mas meu pai ainda não tinha condições de me ajudar, porque era recente assentado. Hoje o agricultor vive numa situação em que só faz para comer. Sobreviver em cima do seu pedaço de chão... Tem uma política agrícola que não é o jeito que deveria ser!

Na cidade escolhi o curso de educação geral, no 2º grau, porque queria fazer uma faculdade. Consegui fazer até o 2º ano. Pois também trabalhava num supermercado, e era muito puxado... o meu salário era um salário mínimo! Ainda tinha que pagar alimentação e outras despesas. Comprava os livros à meia: pagava uma metade, e outro rapaz, um colega da aula, pagava a outra. A gente vivia assim... Esse colega não era assentado como eu, era da cidade, isso é para ver que a situação na cidade também é a mesma coisa. Foi assim até que não consegui mais.... então não concluí o 2º grau.

Voltei para o assentamento do meu pai, e a gente trabalhou até 95. A gente conseguiu fazer uma boa casa, que tinha até eletricidade. Viabilizamos a propriedade... mas a gente sempre viveu assim longe do dinheiro. O que a gente fazia era para as necessidades. Posso dizer que nunca tive dinheiro para fazer festas ou me divertir... o que também é necessário para um jovem! Ele tem que ter pelo menos uma muda de roupa boa e se divertir! A minha juventude não teve isso. Todos os jovens do campo também não têm! Por isso que o jovem do campo é mais tímido do que o cidade! Por estar mais isolado e por viver sempre lascado!

Participava de um grupo de jovens no assentamento. Esse grupo era mais ligado a Igreja, a jogo de futebol e a diversões. Mas de 94 para 95 a gente, vendo nossa situação, resolveu se reunir e começar a discutir o associativismo dentro do assentamento. Nossos pais tinham lotes individuais, trabalhavam com a família e pronto! Vendo que isso não era mais a solução, começamos a discutir a sociedade, como formar associações e cooperativas dos jovens do assentamento. E em 95 a gente conseguiu formar a associação de jovens. Começamos com 12 — no assentamento tinha 25 jovens —, mas discutimos e aí a gente ficou em sete, porque outros cinco acharam que não era uma idéia que podia se desenvolver. Mas os sete continuaram!

Hoje, um assentado na nossa região tem de 14 a 16 hectares: é o que uma família consegue trabalhar, e ainda sobra mão-de-obra. Mas a terra era de nossos pais: a gente era sem-terra dentro do assentamento! Por isso começamos a pensar; porque tinha que colocar a cabeça para funcionar nesse momento, e a gente resolveu desenvolver uma associação de suínos. Emprestamos um pedaço de terra do pai de um jovem que fazia parte da minha associação e começamos... Aquilo estava indo bem, mas com a queda do preço do suíno a gente se lascou de novo!

Mesmo assim, a gente nunca deixou de fazer parte da executiva regional do MST. Mas a gente era sem-terra e não tinha onde desenvolver nossas atividades. Por isso, o pessoal da direção do Movimento pediu para ocupar uma área, porque ficar ali não tinha futuro nenhum.

A gente abandonou a associação, deixando tudo aos nossos pais. Doamos para eles aquilo que a gente tinha construído. Pegamos um caminhão e saímos. Saímos; sete jovens com a proposta de trabalhar coletivamente, como a gente vinha fazendo.

O lugar que a gente ocupou comportava 20 famílias. A gente foi em sete, e de outra região veio o restante das famílias. Nós éramos solteiros com a idéia de fazer uma cooperativa de jovens. A gente disse à regional do Movimento que queria pessoas mais jovens. Para não dar contradições entre os jovens e os mais velhos! Porque não é a mesma realidade... cada um tem seu jeito! A gente também pensou na cultura do pessoal que vinha, mas isso é um negócio que a gente tem que conviver!

Recebemos ameaças de despejo de pistoleiros, mas o local já estava na justiça vinha de tempo. Esse acampamento era no norte do estado do Paraná e a gente era do sudoeste, mais perto da divisa com a Argentina. Havia conflito, e a área estava prestes a ser desapropriada. Demos sorte porque a área saiu em dois meses. Foi bem diferente de quando meu pai foi se acampar...

Ele e meus irmãos apanharam muito da polícia, até eu mesmo apanhei, quando fui para o acampamento... não gosto de falar nisso: é muito triste! Apanhei com um fuzil, sabe? Bateram com o cabo do fuzil na minha cara! Eu tinha de 15, 16 anos... Foi um negócio duro! A gente nem comenta muito. É uma coisa que deve de esquecer... Esquecer para a gente, mas deve lembrar sempre que tem outros que estão também nessa situação. Era época da saída da ditadura... entrando a democracia. Aquele momento era bem mais difícil, porque hoje a sociedade apóia o Movimento. Mas o sistema que nós temos agora às vezes é quase pior que a ditadura...

Um tempo atrás matavam bastante sem-terra! Hoje se vê que eles continuam matando a mesma coisa, ou até mais! Nesses massacres de Curumbiara e Eldorado dos Carajás...

Antes de ir até a área da ocupação, recebi uma proposta do Movimento Sem Terra para fazer um curso de quase três anos, de técnico em administração de cooperativas, no Rio Grande do Sul. Assim, ainda na época da criação de suínos, estudei para me formar em administração e desenvolver melhor a associação, que a gente considerava uma miniempresa rural.

Como a gente já tinha experiência em trabalho coletivo, a área não foi dividida! Todo o espaço ficou coletivo! Já tinha um bom trecho daquele curso feito e consegui desenvolver uma cooperativa de produção. Agora tem área de grãos, de horta, de frutas e também de animais. No futuro, a gente quer implementar uma fábrica, uma agroindústria de conservas de frutas e verduras.

Meu pai trabalhou com sua família, do jeito individual, desde 89 até agora. Mas o pequeno agricultor não teve condições de estudar para poder desenvolver uma agricultura boa. A pessoa, para desenvolver sua propriedade, precisa receber apoio do governo e também tem que ter um pouco de técnica para administrar a propriedade. E é por isso que os assentados individuais não conseguem desenvolver muito seu trabalho, não têm experiência de como administrar a propriedade, e os recursos são mínimos em um assentamento individual.

A diferença que tem em uma cooperativa de produção é que os valores são discutidos entre as pessoas; várias famílias fazem parte: discutindo a cultura e como trabalhar o coletivo. Acho que uma cooperativa de produção hoje é uma sociedade completa! Tudo que precisa tem: formação, educação, capacitação e um trabalho coletivo que é muito rico! Ali se faz crítica e autocrítica de si mesmo, o que pode fazer com que as pessoas cresçam! O assentado individual não tem isso, vive com sua família naquele sistema antigo em que o pai é o chefe da família e o resto tem que obedecer... e por isso a família não consegue desenvolver as atividades! Ou até consegue, mas não como uma cooperativa de trabalhadores. Lá a gente consegue desenvolver muito mais!

Acho que todos os jovens agricultores e também da cidade, que têm uma profissão e não têm emprego, deviam de montar sua cooperativa, porque ela é muito rica. Dentro dela se consegue as coisas muito mais fácil! Porque a gente vai à luta! E um individual não vai à luta sozinho.

A gente não vive sozinho! Eu mesmo, se fosse ser assentado individual hoje, não queria; não vale a pena viver isolado das pessoas. Só com pessoas que se consegue viver!! As pessoas hoje perdem para os animais, que, onde andam, estão em grupo, elas pensam que cada um tem que viver sua vida...

A cooperativa funciona como uma empresa. O associado é dono, mas também tem que obedecer. Primeiro tem que obedecer a ele mesmo, pois, se montar regras, vai ter que respeitar... Temos uma instância que cobra dele: cobra o que ele ajudou a construir. Nenhuma empresa funcionaria se colocasse as pessoas para fazer as coisas por livre e espontânea vontade. Dentro das cooperativas de produção do Movimento Sem Terra tem um sistema em que o sócio faz parte do núcleo de discussão que forma as regras. Tem uma administração em que é o grupo mesmo dos assentados que se elegem, colocam na direção um orientador, para que faça e desenvolva a tarefa da cooperativa. As decisões maiores são tomadas em assembléia! Dessa forma, o próprio associado que dá a regra também obedece ela...

As decisões principais são a respeito do trabalho do dia-a-dia! Por isso a assembléia ajuda a discutir os horários de trabalho, a disciplina dentro da cooperativa, o orçamento dela, no que deve aplicar os seus recursos. Enfim, todas as atividades dentro da cooperativa é o associado que discute e também ele mesmo bota-se na direção de fazer cumprir aquilo que foi discutido. É um negócio bem democrático, que tem lógica...

A agricultura exige mais trabalho em certas épocas do ano, por causa do plantio, mas tem tempos que o trabalho é menos. Na cooperativa, a gente não tem trabalho definido... Mais ou menos a gente trabalha por dia nove, dez horas, conforme a época. As pessoas têm claro na cabeça que precisa gente para administrar e fazer o trabalho, além do pessoal liberado para continuar a luta do Movimento Sem Terra...

Dentro da cooperativa, tem vários setores: de lavoura, de horta, de agroindústria ou de animais. Cada um trabalha em um setor, conforme a mão-de-obra que ele necessita. O trabalhador se especializa no que faz, a cooperativa fornece a especialização. A maioria delas tem falta de mão-de-obra, porque desenvolvem muitas tarefas... as pessoas recebem cursos de capacitação, pois acreditam, sabem que, tendo uma formação, vão desenvolver melhor seu trabalho. Isso não tem discussão; é ciente, é consciente que precisa de curso... Quando um sai para fazer alguma capacitação, as pessoas dão força!

Outras pessoas são liberadas pela cooperativa para fazer um trabalho mais político; um trabalho de luta que é liderado pelo Movimento Sem Terra! Como as pessoas vêem que foram assentadas, pensam que os outros também devem ser. Não lutamos para fazer assentamento, e sim para fazer uma mudança na sociedade. E os cooperados têm consciência disso! Num assentamento individual não se consegue liberar as pessoas, porque é só sua família; em uma cooperativa a gente consegue trabalhar todos esses lados...

A maioria das cooperativas, hoje, precisa de uma direção que dê linhas e faça as negociações e o trabalho mais burocrático de administração. Mas sem nenhum ganhar mais que o outro; isso por causa do sistema de cooperativa que os assentados desenvolveram...

Por exemplo, se a gente fosse trabalhar por dia não ia dar certo porque eu ia querer trabalhar um dia, você trabalhava dois, e não ia dar muito certo porque você estava trabalhando a mais. Na cooperativa, o sistema é por produtividade, quanto mais o cara produz, se esforça dentro da cooperativa, mais ele ganha, aumentando assim seu salário mensal.

É muito difícil explicar, assim, meio rápido, como se mede a produtividade... mas é mais ou menos assim: a gente estipula tantas horas para se fazer um trabalho. Deixa dar um exemplo: uma pessoa demora oito horas desenvolvendo o trabalho de cuidar dos animais, fazer com que eles estejam produzindo o que a cooperativa necessita. O indivíduo fazendo isso em menos tempo — se ele fizer em sete horas, vamos dizer —, ele pode pegar essa hora que sobra e trabalhar em outra tarefa e assim marca uma hora a mais no seu dia... assim ele ganha mais do que quem trabalhou no horário da cooperativa porque se esforçou mais, conseguiu fazer com que os animais produzisse em sete horas... É um negócio assim, meio complicado de explicar... mas funciona!

Foram desenvolvidas várias experiências até fora do país. Tem cooperativa que nem implantou ainda porque não consegue conhecer bem o assunto, falta pessoas capacitadas.

O pequeno agricultor, o filho de agricultor, o que trabalha de arrendatário sempre pensa que as coisas podem mudar, pensa sempre num futuro melhor. Pode perguntar a qualquer um da roça, ele quer sempre mudança.

Sempre quis mudar a minha vida. A partir do momento que entrei no Movimento Sem Terra é que eu e minha família conseguimos! Porque meu pai não tinha terra e foi assentado, conseguiu dar comida para a família dele e também ter um pouco mais de dignidade! Quando a gente não está dentro do Movimento Sem Terra, não tem visão do mundo, vive isolado, não sabe o que acontece no país. É a mesma coisa que colocar aquele negócio nos olhos dos cavalos, que não deixa ver dos lados: só vê a frente. Porque a ideologia do capitalismo faz com que a pessoa fique assim.

Dentro do Movimento Sem Terra, a gente consegue abrir a cabeça, consegue entender o país e entender um monte de coisa que não consegue guia. Um homem sozinho, um ser humano sozinho não consegue! O sistema em que fomos criados faz de nós uns tapados, sabe? A gente não consegue ver o mundo, mas dentro do Movimento Sem Terra ele se mostra! Não porque as pessoas dizem, a gente mesmo é que tem que descobrir. Vai discutindo coletivamente, e descobre! Consegue ver o que é certo e o que é errado!! E é por isso que a gente tem força para lutar por justiça e por mudança.

Da Marcha, o que tenho para contar é que os primeiros dias foram um caos, para as perna e pés da gente!! Ficou tudo doido, cheio de bexiga... mas mesmo assim, pisando com os pé cheio de bexiga, a gente ia. A intenção era chegar em Brasília!

O que mais marcou na caminhada foram as pessoas! A gente só tinha força porque as pessoas choravam pela gente... de emoção de ver a gente caminhar!! A gente vivia ouvindo buzina, vendo as pessoas acenarem! Isso que me faz continuar. É o apoio que faz ir para a frente. Porque imagina eu sair sozinho de São Paulo... chegava uns 10 quilômetros e voltava...

Outra coisa que motivou também foi a animação, a mística. As pessoas vão junto contigo marchando, caminhando, um dá força para o outro! É isso que digo: o coletivo dá força para a gente viver.

O fato que mais marcou foi o apoio que teve quando chegamos aqui perto no Distrito Federal. Em Valparaíso, onde a gente chegou para almoçar, vi uma faixa que dizia assim: BEM-VINDOS OS LEGÍTIMOS DONOS DA TERRA.

Aquilo lá não agüentei... sabe, eu chorei... me emociono agora, só de lembrar!

Depois, quando chegou em Gama, eu vinha em cima do carro de som, falando, e via os prédios cheios de papel picados. E as pessoas... uma multidão recebendo a gente. Foi muito emocionante!! No ginásio da cidade, lá no Clube do Gama, estudantes vinham conversar, perguntar coisas; pediam para a gente ir fazer debate nos colégios. Foi um negócio muito interessante. Se for preciso fazer outra Marcha, a gente faz. Caminha tudo de novo!

O apoio dos artistas também foi importante. Pessoas que a gente assistia pela televisão e não imaginava que um dia pudesse ser do Movimento Sem Terra, como o Juarez Soares, o Nil Bernardes — da banda Orquestra da Terra, da novela Rei do Gado —, acompanharam a gente a estrada toda. O Nil Bernardes vinha cantar à noite, na cidade que a Marcha parava. Pessoas com quem nem imaginava que ia conviver, a gente conviveu...

Antes da Marcha, a gente se perguntava: a sociedade é a favor ou contra a reforma agrária? E agora a gente tem certeza, tem claro que ela apóia mesmo! Isso que é o mais importante da Marcha! Porque a gente não veio aqui em Brasília para falar com o Fernando Henrique...

Sabemos que nunca, enquanto tiver um sistema capitalista e governantes corruptos, a reforma agrária vai se desenvolver. Não pode desenvolver enquanto estão assentando sem-terras e expulsando os pequenos agricultores. Não acredito que vão fazer alguma coisa... O mais importante é o que a gente conseguiu: o apoio da sociedade! Deu para ver que ela quer reforma agrária e que a gente pode mudar o país!

Minha vida foi praticamente dentro do Movimento Sem Terra. Naqueles anos para trás quando era criança, tive várias emoções, mas são emoções de criança... Minha vida de verdade começou no MST. Com as alegrias e as tristezas. As tristezas de nunca ter uma sociedade mais justa!

Sempre tem um negócio que a gente não concorda... Não dá para concordar! Perceber pessoas que vivem no nível mais alto de vida, que têm seu carro do ano, e ver pessoas que moram debaixo do viaduto, debaixo de pontes, passando fome...

A família tinha uma vidinha que dava só para viver. E, por isso, sempre ficava um negócio dentro da gente, que não consegue colocar para fora... Só bota quando vai para a luta! Quando ajuda a fazer ocupações e discute propostas! E ver as conquistas é emocionante: ir num assentamento e ver as pessoas felizes! Ir numa cooperativa e ver as pessoas que não tinham nada, hoje, estão produzindo o que comer, e dando comida para a sociedade! Fico emocionado quando revivo o passado assim, e vejo que a gente teve conquistas!

Não sei se as pessoas sentem medo quando entram numa área, mas eu não sinto! O meu maior medo é o de não fazer ocupação! Quando está programado uma ocupação, o meu maior medo é que ela não aconteça... A gente está no sistema de briga, não tem medo, porque quem sente medo não faz as coisas. Quando entro na ocupação, entro feliz... se levar um tiro, for morto, sei que estou lutando por uma causa que é justa. Estou lutando pelo que as pessoas que estão junto comigo precisam, necessitam para sobreviver. É por isso que não tenho medo de estar em ocupações, e quanto mais puder participar vou participar.

Não tenho um sonho de ficar rico. O meu sonho é mudar a sociedade. É acabar com esse sistema e fazer uma sociedade justa, onde todos tenham dignidade. Todos tenham comida. E que não haja mais prostituição. Onde realmente se diga: é uma sociedade! Porque não concordo de jeito nenhum que uma pessoa tenha poder em cima da outra! Isso nunca concordei! Quero fazer com que todas as pessoas tenham o mesmo direito, e que possam ter dignidade de vida. Esse que é meu sonho!

O país precisa ter mudanças, porque, hoje, são 400 milhões de hectares que podem produzir, e só 60 milhões produzem. Isso porque as pessoas concentram a terra não querendo produzir, mas para ter o poder na mão. Terra virou poder, não é mais meio de produção!! A gente quer que a terra vire meio de produção! Acredito que a mudança do país está na distribuição de terras, porque a base de um país é a agricultura.

Sou solteiro e não tenho namorada... Até podia ter uma, mas vivo assim... Estudo no Rio Grande do Sul; quando pego um tempinho ajudo o Movimento. Participo de todas as atividades da região, porque é ele que está me ajudando a fazer o curso. Mais tarde, quando terminar, posso até pensar em arrumar uma namorada ou casar, e experimentar a vida de casado. Penso em ter uma família com 2 ou 3 filhos e viver uma vida realmente aberta politicamente e também ideologicamente. Quero estar aberto também ao Movimento, se ele precisar de mim. Estou disponível para seguir o destino...

Acho que já falei muito... Tem muitas outras coisas que vivi, que foram ruim, que foram boas, e que fazem parte da minha vida. Quando vou para a cama e lembro de tudo isso, vejo que tem muitas coisas bonitas que aconteceram... um baile, uma namorada... Mas são coisas que passam, que acontecem, que não são o mais importante. O mais importante para mim é lutar por uma causa justa! Lutar para que o ser humano seja respeitado!

Entrevista: Suzana Lopes Salgado Ribeiro, 30 de abril de 1997.
Textualização: Suzana Ribeiro, Andreas Rauh Ortega e Luis Filipe Silvério Lima.

ESCUTAR AS
VOZES DA MARCHA

> Este é nosso País
> essa é nossa bandeira
> é por amor a esta Pátria-Brasil
> que a gente segue em fileira.
> Queremos mais felicidade
> no céu deste olhar cor de anil
> No verde esperança sem fogo
> bandeira que o povo assumiu.
> Amarelo são os campos floridos
> as faces agora rosadas
> Se o branco da paz irradia
> vitória das mãos calejadas.
> Queremos que abrace esta terra
> por ela quem sente paixão
> quem põe com carinho a semente
> pra alimentar a Nação.
> A ordem é ninguém passar fome
> Progresso é o povo feliz
> A reforma agrária é a volta
> do agricultor à raiz.
>
> ZÉ PINTO, "Ordem e progresso".
> CD *Arte em movimento* — MST, 1998.

SENDO legítimo que as histórias dos *trabalhadores sem-terra* se dizem por si, sem a necessidade de explicações complementares, vale assinalar o que segue como um esforço mais atento a ouvir e compreender que a explicar. Renunciamos, de partida, a diagnósticos sociológicos, prescrições economicistas e recomendações apoiadas em direitos amorais. Até porque seria equivocado supor que os narradores *sem-terra* não tivessem potência e autonomias capazes de projetar a própria lógica vivencial. Situamos, portanto, no nível da ética a problemática das costumeiras "análises". De igual maneira, pretendemos valorizar as experiências contadas no que elas têm de mais concreto: sua capacidade de expressão e de transformação.

Pretendemos, ao contrário, reconhecer o mérito de quem, impondo-se, grita por condições sociais e humanas. Se fazemos esta reflexão, é para organizar a recepção das mensagens por grupos despreparados para ouvi-las. Aceitá-los enquanto indicadores de mudanças substanciais e facilitar sua integração na ordem política passa a ser eco de compromissos que se complementam. É sob essas condições que alguns intelectuais exercitam-se como reconhecedores de trabalhos efetuados em favor de uma cultura militante.

Este texto, portanto, foi preparado para os consumidores de livros e de propostas que verticalizem suas perguntas na terra cavada pelas experiências dos pobres, no caso específico dos *trabalhadores sem terra*. Sobretudo, assinalamos a importância da demarcação de um outro território: o da narrativa de pessoas empenhadas na justiça social, que não tem brotado no solo da cidadania brasileira.

Registrar histórias de vida é mais que colher depoimentos. Deixar florescer a reflexão sobre o sentido de uma existência — e nela a luta por causas essenciais — implica posturas valentes. Reconhecer o esforço de quem quer trabalhar e que, para tanto, luta desprendidamente, comprometendo muitas vezes a própria família e até a vida, passa a ser papel de uma *história do tempo presente*. A cultura acadêmica tradicional, em claro contraste, refuta posições que, a seu ver, se simplificam na opção de "dar vozes aos vencidos". Exercícios eloqüentes de alienação perturbam o desenvolvimento do processo como um todo e fazem com que a teorização conspire contra o progresso do saber e da melhoria social. A cultura tradicional se porta de maneira a matar o sentido social dos trabalhos acadêmicos.

A moderna história oral — área de estudos que cuida de proceder documentos inéditos e propor seu sentido social junto aos registros de um tempo — não aceita o papel de "porta-voz qualificada". O que se faz necessário é revelar, para os interessados em mudanças, que os narradores não são tratados como "objeto de pesquisa". Agora aquilatados como "colaboradores", são prioritariamente os agentes e nós os trabalhadores que, no máximo, transformamos em escrita as suas vozes. Não aceitamos mais a distância e a "coisificação" de temas que implicavam neutralidade. Pelo contrário, a qualificação de "colaborador" exige uma postura dialética que costura linhas diferentes em um só tecido. O que se emenda é um trabalho capaz de dar roupa nova para uma sociedade.

Com propósitos afinados, com direitos medidos e negociados democraticamente, as histórias pessoais merecem ser respeitadas em sua "integralidade" e não em frações ajuizadas por outros. Isso é muito e, paradoxalmente, é pouco. *Muito,* se registrado o parâmetro tradicional que dá a última palavra ao analista, percebendo o objeto de pesquisa como um produto estranho. *Pouco,* se marcado o sentido da luta de trabalhadores que escrevem sua história agressivamente, exigindo que os procedimentos intelectuais, acadêmicos e cultos de um grupo aprendam a ver no "outro" também condições de saberes próprios e respeitáveis.

Criticamos, pois, os critérios de julgamento feitos por uma parte sem a concorrência da outra, tornada "objeto de pesquisa". Assim, prezamos a justiça em busca de um mundo não desigual, onde o papel do intelectual é menos de autoproteção e mais de reconhecimento de condições de mudanças. Nesta alternativa, aliás, se dá a ritualização entre o trabalho daqueles e o labor dos acadêmicos que apenas traduzem um processo para os códigos do poder. É claro que há nisso um nítido compromisso social. Falamos de política intelectual.

A postura que pretendemos como bússola desta reflexão busca garantir totalidade narrativa e essência de conteúdos revelados às experiências registradas. Outra etapa, eventualmente apresentada, é a verificação de temas decorrentes que se mostram oportunos para o debate social coletivo e político. Assumimos as histórias, abdicando o parcelamento aleatório dos conteúdos, em particular porque isso costuma ocorrer sem a participação dos depoentes, exibindo uma opinião autoritária. Os então denominados especialistas, acadêmicos ou intelectuais que espelham as causas próprias, elidem parte substantiva do trabalho narrativo dos depoentes e passam, eles, a resolver quais os assuntos a ser focalizados. Esta se mostra, para os oralistas, uma postura perversa, que implica apropriação de histórias e de causas que não são suas. Metaforicamente, de maneira invertida, o que se vê nesse caso é uma prática de saque do território alheio como se fosse patrimônio herdado pelos donos dos saberes constituídos.

Nosso compromisso é dar contexto às histórias de vida dos *trabalhadores sem terra,* reconhecendo que para isso elas têm de existir em sua plenitude. Curiosamente, é por meio da escrita que essas possibilidades se realizam, e isso, como se sabe, também é paradoxal, pois a escrita, em geral, tem sido um mecanismo de segregação que galga poderes de exclusão social dos não-alfabetizados ou pouco reconhecidos na ordem escolar estabelecida.

É lógico que, protestando em favor dos registros das histórias integrais, não se trata de zelar por purismos absolutos. Não. Temos perfeitamente estabelecido que as falas — dos narradores e as nossas — estão localizadas em patamares diferentes, mas é exatamente a partir disso que se postula, primeiro, a validade da história completa, para depois sugerir destaques que se afiguram relevantes para a aceitação de debates convenientes. Sem esse reconhecimento fica difícil supor os dilemas firmados em princípios morais que ainda buscam a dimensão dos valores propugnados como sociais: de liberdade, de igualdade e, principalmente, de solidariedade.

Não se trata de mera mediação. O que pretendemos é dar alguns destaques que provocam a interlocução entre partes que certamente se estranham, mas que se preocupam e se sensibilizam, buscando conviver com a diferença. A democracia, perguntamos com ênfase, não se constrói exatamente nos alinhamentos entre dessemelhantes? E para isso não é preciso ter claro os elementos de distinção? E que responsabilidade pode ser maior do que dar condições de diálogos? Suas histórias, em conjunto e integrais, não constituem matéria básica para explicações? Com que direito fragmentá-las? Com a mesma arrogância que costumam empregar para defini-los sem direito a posse nenhuma?

A operação intelectual é sempre complicada ao se abordar a questão do entendimento do "outro". Não sem razão, um dos temas mais eloquentes das chamadas *ciências humanas* contemporâneas é a questão da "alteridade". Vislumbrando na qualificação da identidade alheia a alternativa de discutir a própria, o que salta aos olhos é o individualismo e sua descartabilidade dos compromissos coletivos. Como se fosse verdade que os pressupostos da pós-modernidade garantissem aos intelectuais o direito de não mais se integrarem nos projetos sociais. Parece que, *grosso modo*, vivemos numa redoma onde os problemas são sempre os causados pelos "outros" e que a nós é dado viver nossa vida sem preocupações com o que, conformada e confortavelmente, não mais pode ser mudado.

Estes, relegando à história o papel de depósito de registros das falências dos grandes projetos — dos quais o socialismo seria um deles —, ficam inventariando para as gerações futuras a noção de debilidade da política. Incapaz de desempenhar seu papel, a política seria equiparada a uma espécie de esquizofrenia de gerações sonhadoras. É, aliás, nessa linha que emerge o conceito de utopia. E, o que é pior, utopia passa a ser atestado de sonho não realizado no tempo passado. Como se fosse vão projetar utopias de futuro, pois o passado devoraria as esperanças.

Curiosamente, desmentindo esse enredo, com força brutal emergem alguns movimentos que perturbam a comodidade do propalado pós-modernismo. O motor que impulsiona tais investidas parte de uma ação básica — da luta pela sobrevivência em seu grau mais vital — e provoca reações que abalam todo o sistema social. O corpo coletivo se vê afetado, às vezes agredido, porque, quando reconhece o outro, o vê como usurpador de direitos que se fizeram consagrados em um esquema excludente. De maneira evidente, o que se fixa então é uma prática em que as fronteiras entre os "eus" e os "outros" prescrevem uma "alteridade" egoísta e desumanizada. Onde o direito é regra de quem o fez e, para quem o consome por meio do poder instituído historicamente, resta mesmo reconhecer a própria história e desprezar a dos demais. Por isso é fundamental conhecer as histórias pessoais, as trajetórias, os dramas, as alegrias e as contradições dos narradores. Foi com esse objetivo que este trabalho se construiu.

As entrevistas feitas com os participantes da Marcha até Brasília documentaram um encontro fantástico entre o poder constituído e o constituinte. Como não registrar isso? Aliás, seria melhor perguntar: como registrar? A opção desenhada pelos membros do Núcleo de Estudos em História Oral (NEHO/USP) foi colher as histórias pessoais. Histórias de vida que se assumiram coletivas na materialização de um projeto social relevante que implica seus adeptos e não-adeptos.

A situação, bem sabemos, era especial. Tratava-se de um momento na experiência da comunidade e de seus indivíduos, mas de maneira nenhuma aceitamos a especificidade daquela circunstância como inversão do cotidiano. Pelo contrário, o que prezamos é a qualidade daquele instante como coroamento de um processo. Neste "carnaval" cívico, deram-se as oportunidades de se afinar códigos políticos materializados em causas coletivas.

Das histórias colhidas, alguns elementos destacam temas preferidos pelos narradores. É exatamente pela ênfase dada por eles a algumas questões que reconhecemos que nelas estão contidas mensagens.

Entre tantos assuntos, a questão fundamental apresentada diz respeito ao contorno conferido ao próprio grupo. A identidade do Movimento pode ser pensada em nível do tratamento dado a diversas situações. Tendo claro que os conceitos de democracia e de direito são a estrada pela qual trafega a luta, as questões individuais se apresentam como coletivas.

Na Marcha, estiveram presentes pessoas de diversos estados da federação, e cada um deles certamente apresenta problemáticas específicas. Como se constroem as afinidades e como se mantém a assimetria individual? Podemos imaginar uma comunidade de destino ao examinar, por exemplo, a forma como os pronomes "eu" e "nós" são empregados pelos entrevistados.

Todas as entrevistas são emblemáticas nesse sentido, na medida em que muitas vezes o "eu" se funde ao "nós" e se transforma num eterno "a gente". O "a gente" ganha inúmeros significados no discurso dessas pessoas, pois refere-se à junção de "eu" com os "outros", ou seja, à coletividade. As pessoas, como parte dessa militância coletiva, compartilham a mesma identidade. Assim, refletem a comunhão, o estar juntos em um ambiente solidário, no qual se celebra e se forja a identidade coletiva.

A religiosidade também fundamenta essa identidade coletiva. Ela é resultado da atuação da Comissão Pastoral da Terra (CPT), norteada pela Teologia da Libertação, no próprio cotidiano do MST, desde seu surgimento. Pela religiosidade passa a justificativa de lutar, como nas entrevistas de Marlene, Jonas e Ojefferson, que evocam a idéia da Terra criada por Deus para todos, onde seus discípulos lutam pela terra prometida desde os tempos bíblicos.

É também pela posição política dos religiosos diante da luta pela terra — de apoio ou não — que verificamos em que medida os colaboradores cobram o exercício de uma crença libertadora. Pensamos aqui no exemplo de Maria José, quando enfrenta o padre de sua cidade e pensa em retirá-lo de lá para que possa ao menos freqüentar a igreja. Ou no caso de Dirce, ao aderir a uma greve de fome de religiosos em apoio ao Movimento, chegando até a usar uma aliança como símbolo do pacto.

Esse sentimento de comunhão se funde na prática da "mística", uma celebração que realizam antes e depois de cada ato, cada reunião, materializando o significado das lutas por meio da simbologia religiosa, que se torna política. A apropriação simbólica permite que as pessoas mantenham sempre seu estado de comunhão, convencendo-se da necessidade da luta no dia-a-dia, num aprendizado de novos valores que passa a ser ritualizado.

Essa ritualização religiosa abrange todo tipo de manifestação política, como fica evidente na própria fala de Benedito sobre a Marcha Nacional, comparando-a à busca de Moisés pela terra prometida, à frente do povo hebreu, e à *via crucis* de Jesus Cristo.

A mística cria novos heróis, diferentes dos já sagrados pela história oficial. Esses heróis são os próprios participantes do MST, como os colaboradores deste livro, que também reinventam a história elegendo nomes com um passado de lutas populares. Che Guevara, Chico Mendes, Antônio Conselheiro mesclam-se com a lembrança dos índios que resistiram à colonização, assim como dos trabalhadores rurais e religiosos assassinados na luta pela terra.

Zumbi dos Palmares é um dos que mais está presente nas narrativas, levando-nos a refletir sobre a dimensão dada ao problema étnico no Movimento. Seria equivocado supor que a pobreza nivela a todos. Pelo contrário, quando se encontra uma variação de tipos, de situações de origem étnica e de procedência regional, pode-se perceber a solidez da solda que une os membros do MST. Neste sentido, cabe destacar o papel dos negros nesta comunidade.

É lógico que o exame breve é complicado. Percebemos, entretanto, que o cenário democrático da causa da reforma agrária, construído pelo movimento social, abriga e dá voz a especificidades claras. Em face disso, observamos que os negros no MST talvez não tenham um papel tão recortado dos demais, como propõem os movimentos sociais de cunho étnico. A maneira de enfrentar o preconceito e a desigualdade parece estar mais relacionada à prática de alçá-los à condição de cidadãos brasileiros — inclusive como grandes heróis —, inserindo as causas historicamente qualificadoras da problemática do negro no âmbito da luta geral.

Descendentes de ex-escravos, ligados muitas vezes a atividades rurais, não estariam os negros tentando se juntar aos demais para também promover uma renovação de seu papel na história? A recorrência de nomes como Zumbi e Ganga Zumba não seria sintoma disso? O exame de alguns depoimentos pode iluminar essa questão, como nas entrevistas de Marquinhos, Ojefferson e Mazinho.

As mulheres formam outro importante grupo de reivindicações específicas, pois ocupam posições fundamentais na luta do Movimento. Suas posturas em face das atuações merecem cuidados, pois elas, entre tantas atividades, acumulam a responsabilidade de ser chefes de família. Ao mesmo tempo, sua condição de mulher não se anula. Elas cumprem papéis específicos no coletivo, mas também se exercitam em funções familiares.

Não seria necessário grande esforço para se imaginar que a mulher no Movimento acaba se diferenciando do padrão feminino burguês e da família constituída em moldes tradicionais. No processo da luta pela terra, elas vão tomando consciência das relações de gênero estabelecidas na sociedade, procurando renová-las em outras condições de maior igualdade. Nesse sentido, vale considerar as especificidades da vida de Dirce, que conta as dificuldades de ser uma liderança feminina; de Lúcia, que destaca a questão da família; de Marlene, que é cabeça de família; de Maria José, que evoca uma emancipação política da mulher; de Cristiane, que se liberta e ganha voz ativa no Movimento, com a condescendência dos pais...

Em contrapartida, se falamos do feminino, não podemos esquecer do masculino. O sentido de uma masculinidade ainda eivada das características de uma sociedade patriarcal burguesa choca-se com os novos problemas propostos pela partilha de atividades com as mulheres. O primeiro exemplo entre tantos é Ojefferson, que diz ser filho único, por ser o único homem da família, ressaltando a importância de ser homem e as responsabilidades que isso acarreta. Contraditoriamente, é sua mãe, uma mulher forte e corajosa, que ingressa no MST e o arrasta para a militância. Aqui também é nítida a transformação que o dia-a-dia dentro do Movimento traz na consciência das pessoas. Podemos senti-la na história de vida de Zenir e Valdecir, em que uma masculinidade mais solidária e responsável se desenha, na medida em que apresentam suas intenções em constituir família mais tarde, quando tiverem uma situação de vida estável. Fica, sobretudo, o desejo de que possam compartilhar com suas mulheres o cotidiano doméstico, assumindo novos papéis na estrutura familiar.

A família, por sua vez, está presente todo o tempo nessas entrevistas. É interessante destacar, todavia, a freqüência com que os conflitos entre pais, filhos e irmãos surgem a partir da entrada de uns ou de outros no Movimento. Irmãos de famílias numerosas que ingressam no Movimento e levam consigo os outros. Filhos que se envergonham de seus pais por serem do MST e, posteriormente, acabam ingressando também na luta. Filhos que tomam a frente, muitas vezes puxando a família ou criando uma situação de confronto com pais discordantes. Pais, filhos e irmãos que lutam juntos mas pensam de maneiras diversas sobre os caminhos que devem ser trilhados. E pais que educam e apóiam os filhos dentro do Movimento.

Marlene encontra na família a força para continuar lutando, e, para proporcionar-lhe uma vida melhor, adia a realização do sonho de continuar seus estudos. João fala com orgulho de suas filhas que o acompanham na Marcha. Como ele, são muitos os que relatam o encontro de uma companheira ou companheiro de luta e de vida no Movimento, constituindo novas famílias.

Decorrente disso, surge outro ponto que merece atenção. Muitas dessas famílias — como as de Jonas, Lúcia, Rosineide, João e Ojefferson — foram organizadas ou reorganizadas após a entrada no MST. Ou seja, a entrada no Movimento impõe novo ritmo à vida das pessoas e comprometimentos outros que ultrapassam a relação homem-mulher, não se restringindo à luta política. Seguem juntos ideais e companheirismo. A saída de uma antiga estrutura familiar patriarcal é favorecida, bem como sua (re)construção em outros moldes.

Talvez por isso a família seja a base do desenvolvimento de justiça social proposto pelo MST. A agricultura familiar ganha espaço dando trabalho a seus membros e não dispensando o desenvolvimento tecnológico nas cooperativas. O trabalho — coletivo, de preferência — é a base para uma nova educação social e política, para o exercício da cidadania e para a revalorização da cultura camponesa.

Assim, a educação técnica e a teórica estão aliadas numa proposta metodológica amplamente fundamentada e praticada com afinco dentro do Movimento. Ela é aplicada desde a educação básica, nos próprios acampamentos e assentamentos, até o ensino técnico em escolas como o Iterra, em Veranópolis, RS.

A educação é uma das características mais relevantes do Movimento. Por outro lado, dando-se em circunstâncias especiais, ela revela um sentido ideológico de indisfarçável comprometimento, inspirada em nomes como Paulo Freire, Vygotsky, Emília Ferreiro, Makarenko, José Martí, Florestan Fernandes, Darcy Ribeiro, Marx e Lênin. Neste sentido, é conveniente que se perceba por meio dos depoimentos como se materializam essas escolas e quais são seus conteúdos básicos.

Os sem-terra rompem com uma longa tradição pedagógica que desassocia a prática educacional da prática política. Articulam um projeto original, cultivado a cada dia, que estimula constantemente que se questione *a favor de quem* e *do que* está se ensinando. Tal atividade é realizada muitas vezes por profissionais e por pessoas engajadas que pensam a democracia não como um dado, mas como algo a se conquistar. Essa é a escola dos sonhos de Antônio, Rosineide, Dirce, Marlene, Maria José, e é nela que crianças como Cristiane aprendem a lutar.

Pensamos que esse aprendizado traz muitos pontos positivos. Entretanto, preocupamo-nos com sua assimilação por vezes dogmática, por exemplo no caso do ensino de história, em que apenas nomes, fatos e velhos mitos seriam substituídos sem uma forma reflexiva tão revolucionária quanto o conteúdo apresentado. Talvez a organização do MST ainda não tenha conquistado condições materiais e humanas para realizar plenamente a sua proposta. No entanto, isso de forma alguma invalida os resultados já obtidos, em termos de estabelecimento da cidadania de pessoas antes completamente excluídas, como nos atestam os vários narradores que escutamos.

Por meio das narrativas, descobrimos que o Movimento dos Trabalhadores Rurais Sem Terra, mais que propor novos valores — diferentes dos comumente estabelecidos — para uma transformação social profunda em nosso país, já os executa na prática. Uma prática permeada de conquistas, mas também de problemas a equacionar. Seus participantes sabem de tudo isso. E lutam todos os dias contra os nossos problemas sociais e os que ainda prevalecem e influenciam seu cotidiano. Dialeticamente se renovam e também aos que estão abertos para ouvir suas experiências e aprender com suas lições.

Sobre a construção de uma sociedade com novos valores escreveram:

A VEZ DOS VALORES

> A todos os militantes que plantam diariamente,
> através da esperança, um novo amanhecer.

Talvez a frase que mais nos chamou a atenção no ano de 1997 foi essa: "Duas coisas são eternas: o tempo e o povo". Poderíamos buscar outras coisas que são eternas mas estas duas já nos bastam para nossa reflexão. Por que esta frase nos chama tanto a atenção? Com certeza pela lógica da continuidade da vida. Viveremos eternamente através do tempo e do povo.

Sendo assim, não nos pertencemos individualmente. Somos a projeção histórica de nossos antepassados. Carregamos não apenas os traços físicos de nossos pais e avós. Mas também sonhos e esperanças que eles formularam e incutiram em cada consciência, pois sabiam que através de nós continuariam vivos. Eis por que se empenharam em moldar nossa conduta.

Cabe a nós, neste momento, definir "em que futuro" viverão nossos descendentes. Eles serão nossos continuadores.

No final do século e do segundo milênio, a história nos responsabilizou a não falarmos em nome próprio, mas em nome de uma organização, o MST.

Nos tornamos fortes, em parte pela nossa capacidade de simplificarmos as "impossibilidades", tornando-as reais. Mas também pelas virtu-

des que conseguimos desenvolver. Estas atingiram a profundeza do imaginário da sociedade. Os ricos temem mais nossas virtudes que nossa força orgânica. Pois estas movem consciências e corações para plantar utopias no cenário social.
Nada pode ser mais perigoso do que algo que se move por conta própria. Pois foge do controle e da repressão dos poderosos.
A força do exemplo se torna não somente admiração, mas referência. E se materializa em virtudes que se reproduzem para todos os séculos. Para estas virtudes, que se conformam em valores, é que devemos dar atenção nos próximos anos. Elas determinarão como será o futuro que pretendemos entregar aos nossos descendentes. Quais são alguns destes valores?

E seguem dizendo que esses valores são o cultivo da solidariedade e da beleza como símbolo do bem-estar; a valorização da vida; o gosto pelos símbolos como representações materiais das utopias; a capacidade de dar respostas simples para grandes problemas; o respeito aos sentimentos das pessoas e à história; o gosto de ser povo ressaltando uma idéia de nação; a defesa do trabalho e do estudo e, por fim, a capacidade de indignar-se como exercício de educação da consciência[1].

Por serem assim, essencialmente revolucionários, o poder estabelecido procura isolá-los, estigmatizá-los, distanciá-los de nós. Eles apenas fazem parte caricatamente da realidade criada pela mídia, que nos faz sonhar com a sociedade de consumo, individualista e competitiva, disfarçando sua face desigual e preconceituosa, desagregadora e violenta.

Como antídoto, eles nos oferecem a religiosidade libertária, ao invés daquela que oprime e domestica. A participação da mulher, do homem e das etnias na condução dos rumos da sociedade em termos igualitários, ao avesso da marginalização e opressão entre grupos. A constituição da família sobre bases mais democráticas, contrariamente à sua destruição ou existência em moldes patriarcais. O trabalho coletivo e social, em oposição ao desemprego e à competitividade capitalista. A educação consciente, politizada e contextualizada, em contraposição à alienante ou inexistente. Por fim, a solidariedade, em contrapartida ao individualismo.

Na justaposição de dois projetos antagônicos de sociedade — em que o do MST se apresenta com matizes claramente socialistas —, encontramos com os sem-terra o sentido de uma nova Pátria-Brasil. Nossa *Nação* finalmente é reapropriada — pelos que dela foram excluídos — no cotidiano dos acampamentos, dos assentamentos, das manifestações e, especialmente, das marchas, como a Marcha Nacional de 1997. Nessa ocasião, os sem-terra fizeram questão de divulgar, mais uma vez por meio da música, que lêem as palavras escritas em nossa bandeira sob outra ótica: a *ordem* é ninguém passar fome, e o *progresso* é o povo feliz.

---

1. BOGO, A., *A vez dos valores*. Caderno de formação n. 26, São Paulo, Movimento dos Trabalhadores Rurais Sem Terra, MST, 1998.

BIBLIOGRAFIA

QUESTÃO AGRÁRIA NO BRASIL

ANDRADE, M. de P. *Chacinas e massacres no campo*. São Luís, Universidade Federal do Maranhão, 1997. (Coleção Célia Maria Corrêa — Direito e Campesinato, n. 4)
AXELRUD, I. *Reforma agrária*. São Paulo, Global, 1987.
BASTOS, E. R. *As Ligas Camponesas*. Petrópolis, Vozes, 1984.
FORMANN, S. *Camponeses, sua participação no Brasil*. Rio de Janeiro, Paz e Terra, 1979.
FOWERAKER, J. *A luta pela terra*. Rio de Janeiro, Zahar, 1982.
GRAZIANO Neto, F. *A tragédia da terra*. São Paulo, Unesp, 1990.
MARTINS, J. de S. *Os camponeses e a política no Brasil*. Petrópolis, Vozes, 1981.
_____. *Expropriação e violência, a questão política no campo*. São Paulo, Hucitec, 1980.
_____. *A reforma agrária e os limites da democracia na "Nova República"*. São Paulo, Hucitec, 1986.
_____. *A militarização da questão agrária no Brasil*. Petrópolis, Vozes, 1981.
_____. *O cativeiro da terra*. São Paulo, Hucitec, 1986.
_____. *Não há terra para plantar neste verão*. Petrópolis, Vozes, 1986.
_____. *Caminhada no chão da noite*. São Paulo, Hucitec, 1989.
_____. *A chegada do estranho*. São Paulo, Hucitec, 1993.
_____. *O poder do atraso — ensaios de sociologia da história lenta*. São Paulo, Hucitec, 1994.
MEDEIROS, L. *História dos movimentos sociais no campo*. Rio de Janeiro, Fase, 1990.
OLIVEIRA, A. U. *Geografia das lutas pela terra no Brasil*. São Paulo, Contexto, 1996.
ROMEIRO, A. et alii (orgs.). *Reforma agrária, produção, emprego e renda. Relatório da FAO em debate*. Petrópolis, Vozes, 1994.
SALGADO, S. *Trabalhadores*. Ed. Schwarcz, 1997.
SILVA, J. G. da. *Caindo por terra*. São Paulo, Busca Vida, 1987.
_____. *Para entender o Plano Nacional de Reforma Agrária*. São Paulo, Brasiliense, 1985.

STEDILE, J. P. (org.). *A questão agrária hoje.* Porto Alegre, Editora Universidade Federal do Rio Grande do Sul, 1994.

VEIGA, J. E. da. *A reforma agrária que virou suco.* Petrópolis, Vozes, 1990.

MOVIMENTOS SOCIAIS E RELIGIOSIDADE

BETTO, F. *O que é comunidade eclesial de base.* São Paulo, Brasiliense, 1981.

BOFF, L. *Igreja, carisma e poder.* Petrópolis, Vozes, 1981.

_____. *Nova evangelização — perspectiva dos oprimidos.* Petrópolis, Vozes, 1990.

_____. *América Latina, da conquista à nova evangelização.* São Paulo, Ática, 1992.

CATÃO, F. *O que é Teologia da Libertação.* São Paulo, Brasiliense, 1986.

IOKOI, Z. M. G. *Igreja e camponeses. Teologia da libertação e movimentos sociais no campo. Brasil e Peru, 1964-1986.* São Paulo, Hucitec, 1997.

MST

CAMPOS, I. S. E. de & MST (orgs.). *Sem-terra, as músicas do MST.* Porto Alegre, Unidade Editorial/Prefeitura Municipal de Porto Alegre/Secretaria Municipal de Cultura, 1996.

FERNANDES, B. M. *MST — Formação e territorialização.* São Paulo, Hucitec, 1996.

GÖRGEN, F. S. *Os cristãos e a questão da terra.* São Paulo, FTD, 1987.

_____. *O massacre de Santa Elmira.* Petrópolis, Vozes, 1989.

_____ e STEDILE, J. P. *A luta pela terra no Brasil.* São Paulo, Scritta, 1993.

PAIERO, D. & DAMATTO JR., J. R. *Foices e sabres. A história de uma ocupação dos sem-terra.* São Paulo, Anna Blume, 1996.

SALGADO, S. *Terra.* São Paulo, Ed. Schwarcz, 1997.

STEDILE, J. P. (org.). *A reforma agrária e a luta do MST.* São Paulo, Vozes, 1997.

WAGNER, C. *A saga de João sem terra.* Petrópolis, Vozes, 1988.

PERIÓDICOS E PUBLICAÇÕES DO MST

A vez dos valores. São Paulo, Movimento dos Trabalhadores Rurais Sem Terra — MST, 1998. (A. BOGO, org.; Caderno de Formação n. 26)

Alfabetização de jovens e adultos. Como organizar. 2. ed., São Paulo, Setor de Educação, 1996. (Caderno de Educação n. 3)

Alfabetização de jovens e adultos. Didática da linguagem. 2. ed., São Paulo, Setor de Educação, 1996. (Caderno de Educação n. 4)

Escola itinerante em acampamentos do MST. São Paulo, Setor de Educação, 1998. (I. Camini, org.)

Princípios da educação no MST. 2. ed., São Paulo, Setor de Educação, 1997.

Sem-Terra. Jornal mensal do Movimento dos Trabalhadores Rurais Sem Terra.

Terra. Revista trimestral do Movimento dos Trabalhadores Rurais Sem Terra.

Todos podem ser obtidos na Secretaria Nacional do MST, Rua Barão de Limeira, 1232, São Paulo, SP, CEP: 01202-002. Telefone: (011) 3361-3866. E-mail: semterra@mst.org.br

HISTÓRIA ORAL

ATAÍDE, Y. D. B. *Decifra-me ou te devoro. História oral dos meninos de rua de Salvador.* São Paulo, Loyola, 1993.

BOM MEIHY, J. C. S. *A Colônia brasilianista. História oral de vida acadêmica.* São Paulo, Nova Stella, 1990.

_____. *Manual de história oral.* 2. ed., São Paulo, Loyola, 1998.

_____ & Levine, R. M. *Cinderela negra. A saga de Carolina Maria de Jesus.* Rio de Janeiro, UFRJ, 1994.

_____. *Canto de morte kaiowá. História oral de vida.* São Paulo, Loyola, 1991.

_____ (org.). *(Re)Introduzindo história oral no Brasil.* São Paulo, Xamã, 1996.

BORDIEU, P. (org.). *A miséria do mundo.* Petrópolis, Vozes, 1997.

BOSI, E. *Memória e sociedade. Lembranças de velhos.* São Paulo, T. A. Queiroz/Edusp, 1979.

BURGOS, E. *Me llamo Rigoberta Menchú y así me nació la conciencia.* 6. ed., México, Siglo Veintiuno, 1991.

FERREIRA, M. de M. & AMADO, J. (orgs.). *Usos e abusos da história oral.* Rio de Janeiro, Ed. FGV, 1996.

FLORES, W. V. & BENMAYOR, R. (orgs.). *Latino cultural citizenship.* Boston, Beacon Press, 1997.

GRELE, R. J. "La historia y sus lenguajes en la entrevista de historia oral, Quién contesta a las preguntas de quién y por que?", *Historia y fuente oral,* n. 5, 1991, pp. 111-129.

HEIFETZ, J. *Oral history and holocaust.* Oxford, Pergamon Press, 1984.

NADER, A. B. *Os autênticos do MDB. História oral de vida política.* Rio de Janeiro, Paz e Terra, 1998.

PASSERINI, L. *Facism in popular memory.* Cambridge/Paris, Maison des Sciences de l'Hommme/Cambridge University Press, 1987.

PATAI, D. *Brazilian women speak.* New Brunswick, Rutgers University Press, 1988.

_____ & GLUCK, S. B. *Women's words. The feminist practice of oral history.* New York/London, Routledge, 1991.

PERELMUTTER, D. & ANTONACCI, M. A. (orgs.). *Ética e história oral. Projeto História.* São Paulo, n. 15, abr./1997.

PLÁ BRUGAT, D. *Los niños de Morelia.* México, Instituto Nacional de Antropología y História, 1985.

PORTELLI, A. "O que faz a história oral diferente". *Proj. História,* n. 14, São Paulo, fev. 1997, pp. 31-32.

_____. *The death of Luigi Trastulli and other stories: form and meaning in oral history.* Albany, N.Y., SUNY Press, 1991.

Revista NEHO-História. N. 0, São Paulo, Núcleo de Estudos em História Oral/USP, 1998.

SANTOS, A. P. dos. *Ponto de vida, cidadania de mulheres faveladas.* São Paulo, Loyola, 1996.

THOMPSON, P. *A voz do passado*. São Paulo, Paz e Terra, 1992.
TODOROV, T. *Nós e os outros. A reflexão francesa sobre a diversidade humana*. vol. 1, Rio de Janeiro, Zahar, 1993.
VANSINA, J. *Oral tradition as history*. Madison, University of Wiscosin Press, 1985.
VIEZZER, M. *"Se me deixam falar..." Domitila — Depoimento de uma mineira boliviana*. 14. ed., São Paulo, Global, 1990.
VILANOVA, M. *Las mayorias invisibles. Explotación fabril, revolución y represión*. Barcelona, Icaria/Antrazyt, 1997.
WEBER, D. *Dark sweat, white gold — California farm workers, cotton, and the New Deal*. Berkeley, University of California Press, 1994.
ZELDIN, T. *Uma história íntima da humanidade*. Rio de Janeiro/São Paulo, Record, 1996.

Edições
Loyola

RUA 1822, 347
IPIRANGA
SÃO PAULO SP
IMPRESSÃO